Adieu régime

bonjour la vie!

Révision : Marie-Annick Thabaud
Correction : Anne-Marie Théorêt
Infographie : Johanne Lemay

Catalogage avant publication de
Bibliothèque et Archives Canada

Lalancette, Marie-France

    Adieu régime, bonjour la vie! : pour en finir avec le culte
de la minceur

    1. Alimentation. 2. Cuisine santé.
3. Régimes amaigrissants. I. Titre.

RA784.L34 2007   613.2   C2007-941658-6

Pour en savoir davantage sur nos publications,
visitez notre site : **www.edhomme.com**
Autres sites à visiter : www.edjour.com
www.edtypo.com • www.edvlb.com
www.edhexagone.com • www.edutilis.com

09-07

Dépôt légal : 2007
Bibliothèque et Archives nationales du Québec

ISBN 978-2-7619-2416-0

DISTRIBUTEURS EXCLUSIFS :

• Pour le Canada et les États-Unis :
MESSAGERIES ADP*
2315, rue de la Province
Longueuil, Québec J4G 1G4
Tél. : 450 640-1237
Télécopieur : 450 674-6237
* une division du Groupe Sogides inc.,
  filiale du Groupe Livre Quebecor Média inc.

• Pour la France et les autres pays :
INTERFORUM editis
Immeuble Paryseine, 3, Allée de la Seine
94854 Ivry CEDEX
Tél. : 33 (0) 4 49 59 11 56/91
Télécopieur : 33 (0) 1 49 59 11 33
Service commandes France Métropolitaine
Tél. : 33 (0) 2 38 32 71 00
Télécopieur : 33 (0) 2 38 32 71 28
Internet : www.interforum.fr
Service commandes Export – DOM-TOM
Télécopieur : 33 (0) 2 38 32 78 86
Internet : www.interforum.fr
Courriel : cdes-export@interforum.fr

• Pour la Suisse :
INTERFORUM editis SUISSE
Case postale 69 – CH 1701 Fribourg – Suisse
Tél. : 41 (0) 26 460 80 60
Télécopieur : 41 (0) 26 460 80 68
Internet : www.interforumsuisse.ch
Courriel : office@interforumsuisse.ch
Distributeur : OLF S.A.
ZI. 3, Corminboeuf
Case postale 1061 – CH 1701 Fribourg – Suisse
Commandes : Tél. : 41 (0) 26 467 53 33
                  Télécopieur : 41 (0) 26 467 54 66
                  Internet : www.olf.ch
                  Courriel : information@olf.ch

• Pour la Belgique et le Luxembourg :
INTERFORUM editis BENELUX S.A.
Boulevard de l'Europe 117,
B-1301 Wavre – Belgique
Tél. : 32 (0) 10 42 03 20
Télécopieur : 32 (0) 10 41 20 24
Internet : www.interforum.be
Courriel : info@interforum.be

Gouvernement du Québec – Programme de crédit d'impôt pour
l'édition de livres – Gestion SODEC – www.sodec.gouv.qc.ca

L'Éditeur bénéficie du soutien de la Société de développement des entreprises culturelles du Québec pour son programme d'édition.

Le Conseil des Arts du Canada
The Canada Council for the Arts

Nous remercions le Conseil des Arts du Canada de l'aide
accordée à notre programme de publication.

Nous reconnaissons l'aide financière du gouvernement du
Canada par l'entremise du Programme d'aide au développement de l'industrie de l'édition (PADIÉ) pour nos activités
d'édition.

Marie-France Lalancette, nutritionniste

Adieu régime
bonjour
la vie !

Pour en finir avec
le culte de la minceur

 LES ÉDITIONS DE
L'HOMME

À ma sœur Nathalie
et à toutes les Nathalie du monde
qui se sont laissé convaincre
que les beautés du corps étaient
plus visibles que celles de l'âme.

Avant-propos

Ce livre n'a nullement pour but de vous proposer une méthode miracle pour maigrir. Mais il vous permettra de vous rendre compte que vous n'êtes pas seule à avoir un problème avec votre corps, de mieux vous comprendre et, je l'espère, de sortir de l'enfer des régimes pour entrer dans un tout autre monde. Un monde où vous trouverez l'alimentation qui vous convient et connaîtrez le plaisir de manger, auquel toute personne a droit.

Ce livre représente un cri d'alarme au nom de toutes les jeunes filles qui souffrent en silence devant leur miroir. Parsemé de témoignages, il décrit la réalité d'aujourd'hui telle qu'elle est vécue par les adultes de demain. En donnant une idée de l'ampleur insoupçonnée de l'obsession de la minceur, qui touche aussi bien les femmes que les adolescentes et se propage tranquillement et vicieusement pour atteindre les hommes et les jeunes garçons, il a aussi pour objectif de donner aux lectrices et aux lecteurs l'envie de participer au mouvement visant à renverser la vapeur avant qu'il ne soit trop tard. Des stratégies à appliquer quotidiennement et un changement tant de mentalité que d'attitude sont proposés afin que les personnes ayant compris la gravité du problème cessent de perpétuer la course à la minceur qui attire les jeunes de plus en plus tôt.

Si les femmes veulent améliorer leur sort, je crois qu'elles en sont tout à fait capables. Par conséquent, il n'est pas dans mes intentions de les prendre en pitié. Je désire seulement les amener à mieux comprendre ce qu'elles vivent en ce qui a trait à leur image corporelle afin de les aider à se sentir mieux dans leur corps.

En tant que parents, enseignants, intervenants, bref en tant qu'hommes et femmes adultes, nous devons tous entretenir non pas un sentiment de culpabilité, mais un sentiment de responsabilité envers les jeunes et leurs souffrances. Car leurs préoccupations sont le reflet de nos préoccupations, de nos valeurs et de nos choix de société. Avant de quitter ce monde, je voudrais voir la société encourager les individus à s'aimer tels qu'ils sont et permettre aux femmes, pour le bonheur de tous, d'échapper à l'emprise que le culte de la beauté exerce sur elles. Libérée de ce joug, toute femme peut espérer récupérer une énergie auparavant gaspillée et utiliser cette énergie pour « être » au lieu de « paraître ». Lorsque j'entends le mot *paraître*, j'entends aussi *par-être*. En fait, « par-être », c'est être en parallèle, être à côté de ce qui est important. En troquant « le paraître » pour « l'être », les femmes acquièrent les armes nécessaires pour se sentir capables de « faire », capables de se réaliser pleinement.

Je me considère comme une diététiste plutôt rebelle. Il m'a fallu quelques années pour changer de camp, mais j'ai toujours eu conscience que perdre du poids n'était pas si facile que ça et douté que ce soit dans tous les cas la meilleure solution. C'est à force de rencontrer des parents venus me consulter pour leurs enfants que j'ai réalisé à quel point nous étions allés trop loin. Pour vous aider à comprendre le chemin tortueux des remises en question m'ayant menée à entrer dans le camp des professionnels de la santé qui souhaitent favoriser celle-ci en passant par l'acceptation de la diversité des profils corporels, je prendrai pour exemple une consultation assez ordinaire.

Raison de la consultation : un problème de poids. Date de naissance de la cliente : 31 juillet 1997. À chaque fois que je me trouve face à une cliente aussi jeune, je sais pertinemment ce qu'il en est. Une jeune obèse, me direz-vous ? Si seulement c'était vrai ! Mais non, cette petite de 10 ans, Ariane, est loin d'être obèse. Très mignonne, elle a, comme bien d'autres, franchi le seuil de mon bureau parce qu'elle n'entrait pas dans le moule ; elle est un tout petit peu potelée, mais si peu.

Pour Ariane, la sentence est cruelle : déjà, elle est traitée de « toutoune » ou de « bouboule ». Des surnoms de ce genre, j'en ai entendu des plus originaux, de « cul de mammouth » à « grosse nouille » en passant par « dodu déchet » et « grosse noune ». Ces surnoms évoquent des écolières ayant peine à suivre les autres au cours d'éducation physique, portant des pantalons de jogging peu sexy et flottant dans de larges t-shirts. Pourtant, parmi toutes les jeunes filles venues me voir à la demande d'un parent ou de leur propre chef, je n'en ai encore jamais rencontré dont le profil corporel soit réellement alarmant. Mais les membres de leur entourage, posant sur elles un regard comparatif, les voient plus grosses qu'elles ne le sont en réalité, et leurs parents sont préoccupés.

Ariane, craintive, s'installe entre sa mère et son père, un peu comme si elle était prise dans un guet-apens. Elle me sourit sans rien dire, mais je détecte dans son regard fuyant le malaise dû à son dialogue intérieur : «Elle va sûrement me dire que je mange mal… Elle va me faire le même discours que mes parents. Je connais la chanson. Patience, dans une heure, ce sera fini… Moins j'en dirai, mieux je m'en tirerai!» Elle ne sait pas encore combien je la comprends d'être sur ses gardes. Dans son existence, tout lui confirme qu'elle n'est pas normale, qu'elle a un problème, y compris le fait de se retrouver ce soir devant moi, une «diététiste».

Par conséquent, je laisse parler les parents en premier, les propos des parents étant toujours éclairants. Le regard qu'ils portent sur leur fille est très évocateur du regard que cette dernière porte sur elle-même. Ariane est chanceuse : ses parents estiment qu'elle est belle telle quelle est, mais ils sentent qu'elle a des difficultés avec les jeunes de son âge. Ils veulent être sûrs de bien agir, sûrs que leurs habitudes et leurs attitudes ne sont pas en cause. En outre, ils ne savent pas trop comment l'aider. Que d'occasions de ressentir de la culpabilité pour les parents d'aujourd'hui, qui sont les premiers blâmés pour le poids de leurs enfants!

Mais il y a plus… Hésitante, la mère avoue ce qui l'ennuie vraiment. Le pédiatre a comparé le poids de sa fille à des chartes de poids normal et en a conclu qu'Ariane avait un poids d'une fille de 12 ans plutôt que 10. C'est ce qui l'a poussé à conseiller aux parents de consulter une diététiste.

Il y a dix ans, fraîchement diplômée, cet avis d'un médecin m'aurait mise mal à l'aise. Car je n'ai pas toujours eu l'audace d'attaquer de front les pressions sociales à maigrir, ni de les remettre en question. Non parce que je croyais au bien-fondé de cette tendance universelle à vouloir catégoriser les gens selon leur poids en les classant dans des boîtes étiquetées, puisque je n'y ai jamais cru. Mais durant mes quatre années d'études universitaires, je n'avais entendu que le discours dominant, la plupart du temps enseigné par les médecins eux-mêmes, souvent des sommités dans leur domaine : les gros avaient besoin d'aide, avaient-ils tenté de me convaincre. En ce cas, la société avait-elle besoin d'aide ? À cette question, personne ne répondait. À l'époque, je me disais déjà que les médecins avaient probablement raison, mais que leur vision manquait de ces nuances qu'il incombe à une diététiste d'apporter. Or, ce sont les nuances qui font toute la différence dans l'existence d'une personne. Dans le cas d'Ariane, par exemple, si je me taisais sur ce verdict fataliste, son amour-propre risquait d'en prendre un coup. Au risque de me mettre à dos son médecin – qui ne s'attendait sûrement pas à cela de la part d'une diététiste –, je me devais d'apporter une nuance qui préserverait son amour-propre. Le diagnostic du pédiatre était peut-être justifié par rapport aux chartes, mais ces chartes ne tiennent pas compte d'un aspect important de la croissance : les enfants ne grandissent pas tous au même rythme ni de la même manière. Certaines jeunes filles se développent en largeur avant de se développer en hauteur. Elles développent des rondeurs féminines plus tôt que les autres, au détriment de la hauteur en centimètres, qu'elles atteindront de toute façon tôt ou tard. À l'âge adulte, la majorité des jeunes filles se rejoignent sur le plan du profil corporel, bien qu'elles n'aient pas toutes emprunté le même chemin. Bref, Ariane n'a rien d'une obèse, ni d'une future obèse. Elle grandit tout simplement à sa façon, laquelle semble anormale à ses camarades filiformes, qui répondent aux critères de beauté actuels.

Pendant que ses parents me confient leurs inquiétudes et leurs attentes, Ariane reste muette. Sans le laisser paraître, j'observe son attitude non verbale. Elle regarde partout. Elle scrute la pièce. Sans doute se demande-t-elle où se cache ma balance. Elle n'en trouvera pas dans mon bureau. Il y a longtemps que je me suis débarrassée de cet instrument de torture psychologique (qui n'a d'ailleurs d'utilité que pour peser les non-vivants dont le contenu en eau ne change pas, comme les patates, le sel et la farine).

J'aide la fillette à briser la glace. « Et toi, Ariane, qu'en penses-tu ? Toi, comment te trouves-tu ? » Elle répond timidement : « Moi, je me trouve correcte. Mais je sais que je ne suis pas comme les autres filles de mon école. On dirait qu'elles sont toutes faites comme des échalotes… » Quelle sagesse ! Cette petite beauté perçoit déjà les incohérences de notre société. Heureusement, elle n'a pas encore intériorisé le message normatif de la culture dominante. Le problème, elle le voit chez les autres.

Ma première mission consiste à expliquer à Ariane que sa différence, due à sa façon de grandir, s'estompera dans les quelques années à venir. Les «échalotes» aussi auront un jour des rondeurs de femmes normales, puisque, entre 8 et 18 ans, les êtres humains doublent de poids, à peu près, mais pas tous au même rythme. C'est ça, la croissance.

Ma deuxième mission est de rassurer les parents. «Comment étiez-vous physiquement à l'âge d'Ariane?» À la réflexion, la mère estime qu'elle était précoce, elle aussi, au point de faire rire de ses seins... Ce vieux souvenir qui refait surface l'aide à comprendre le vrai problème de sa fille: le regard des autres.

Ma troisième mission, celle pour laquelle le médecin m'a adressé Ariane, est de favoriser de saines habitudes (et attitudes) alimentaires, à titre préventif. Un relevé alimentaire m'offre un bon point de départ. Avec candeur, une Ariane rassurée me décrit ce qu'elle a mangé aujourd'hui et finit par m'avouer son plus gros péché: grignoter des biscuits en regardant la télé avant que sa mère ne revienne du travail. Trois biscuits et un grand verre de lait la satisfont. Je ne vois là aucun problème, pour l'instant. Les parents me confirment dans cette idée. Ils ont l'impression d'avoir incul-qué de bonnes habitudes à leur fille. Ces habitudes sont d'ailleurs le reflet des leurs. La mère insiste sur le fait qu'elle s'est toujours surveillée: «Je fais attention», me dit-elle. Une lumière jaune s'allume dans ma tête; j'éprouve une impression de déjà-vu. Je lui demande de préciser ce que signifie pour elle «faire attention», bien que je connaisse déjà sa réponse: «Vous savez, manger moins de pain, de pâtes, de patates, tout ce qui fait grossir.» J'en aurais mis ma main au feu... Si je veux amener la fille à prendre de saines habitudes, je dois donc avant tout convaincre la mère de l'inexactitude de telles croyances populaires quant à «ce qui fait grossir» et de l'inefficacité à long terme des régimes basés sur la restriction alimen-taire. L'ennui avec les régimes, c'est que la partie est perdue d'avance. Le corps gagne à tous les coups. Pire encore, il se venge. N'aimant pas être privé de carburant, surtout si on l'en prive souvent, il prend les grands moyens: il accumule des réserves, c'est-à-dire de la graisse, pour se pré-parer à de futures périodes de restrictions. Résultat, parmi toutes les femmes venues me consulter après avoir vécu l'enfer des régimes, je n'en ai jamais rencontré une seule qui puisse se vanter d'être plus mince qu'avant son premier régime. Malgré tous leurs efforts, leur corps n'a fait que jouer au yoyo, et leur poids n'a pas cessé d'augmenter. Tout cela parce qu'elles se sont attribué la responsabilité de leur reprise de poids, sans songer à remettre en cause l'efficacité à long terme de la méthode. Pour les jeunes, les régimes sont un piège impitoyable : plus ils les commencent tôt dans leur existence, plus ils augmentent le risque de prendre du poids par la suite.

En ce qui concerne Ariane, j'ai espoir qu'elle ne passera pas dans la moulinette de l'industrie de l'amaigrissement, parce que ses parents ont frappé à la bonne porte. Ils auraient pu tomber sur un soi-disant spécialiste pour qui prévenir le « fléau de l'obésité » passe par apprendre à « faire attention » dès l'enfance et pour qui l'obsession de la minceur est sans conséquence.

Les parents d'Ariane ont toutes les qualités voulues pour éviter que leur fille ne devienne obèse. Ils aiment le sport et partagent cette passion avec Ariane. Ils lui accordent le droit de ne pas finir son assiette quand elle n'a plus faim, même au restaurant. Ils choisissent de préférence des aliments nutritifs, mais ne considèrent pas pour autant les aliments moins nutritifs comme des poisons à proscrire. Ils mangent ces derniers en quantité modérée dans les limites de la faim, et ne les laissent pas prendre la place des autres aliments sains, qu'Ariane aime d'ailleurs tout autant. Ils peuvent être rassurés, et le médecin aussi ; Ariane vit dans un milieu familial qui n'est nullement obésogène, et sa relation avec la nourriture est saine. « Quand je n'ai plus faim, je ne mange plus, ça ne rentre plus », confirme-t-elle. En définitive, Ariane se sent normale et reconnaît que nos critères de beauté irréalistes mettent les « échalotes » sur un piédestal. Elle s'en sortira.

Nombre de fillettes ne sont pas aussi chanceuses. Je pense à toutes celles dont les parents n'osent pas aborder la question du poids, de peur de les blesser ou de les confronter, ni demander de l'aide. Je pense à toutes celles dont les parents n'ont pas les moyens de payer une consultation nutritionnelle. Que leur reste-t-il comme source d'information ? Le discours dominant, castrant, culpabilisant, qui mine l'estime de soi. Un discours qu'ils entendront partout, et leurs enfants aussi.

Et je pense à toutes ces femmes qui arrivent découragées dans mon bureau, les larmes aux yeux quand elles parlent de leur poids, honteuses à l'idée qu'elles méritent de se faire reprocher de manger mal ou trop, d'avoir abandonné leur diète et de ne pas avoir de volonté. Je les comprends, c'est le discours qu'elles entendent régulièrement, et elles ne s'attendent pas à ce que le mien soit différent.

Pour changer de camp, il m'a fallu dix ans. Dix années à rencontrer des femmes de tous les poids obsédées par la minceur, des femmes soulagées d'avoir fait une fausse couche parce qu'elles étaient incapables de supporter le gain de poids associé à la grossesse, des fillettes désemparées devant leur premier petit bourrelet et habituées à ne pas déjeuner ou à jeter une partie de leur lunch. Dix années à voir l'air de dégoût, accompagné d'un gros « Beurk ! » collectif, d'écolières adolescentes à la vue des photos de « Belles de Renoir » que j'avais judicieusement sélectionnées parmi les plus minces.

Pour convaincre mes patients que la société fait fausse route, je ne dispose habituellement que d'une heure. Une toute petite heure de consultation. Alors il me faut être drôlement convaincante… et convaincue ! C'est l'une des raisons pour lesquelles j'ai ressenti le besoin d'écrire un livre, pour avoir le temps de vous expliquer pourquoi il est indispensable de voir la saine alimentation et le poids d'une autre façon, d'une manière plus globale et plus humaine. Je l'ai aussi écrit parce que je suis certaine que nous sommes tous capables, individuellement et collectivement, de changer les idées et les choses. J'espère que sa lecture sera aussi libératrice pour vous que le fut pour moi sa rédaction.

Chapitre 1
LE SYNDROME DE MÉDUSE

Restons à chaque instant auteur de notre vie.

JACQUES SALOMÉ

Apparemment, rien n'a changé depuis qu'Ève a croqué dans la pomme. Aujourd'hui encore, Ève se demande si elle devrait croquer dans la pomme... ou dans le chocolat ! Si succomber à la tentation d'une belle pomme appétissante représentait déjà un péché du temps de la Genèse, il n'est pas étonnant que manger du chocolat et autres gourmandises culpabilise plus d'une femme de nos jours. Encore aujourd'hui, bien ancrée dans les esprits occidentaux, l'idée que la femme est la mère du péché persiste.

Connaissez-vous Méduse, personnage de la mythologie grecque ? Fille de Phorcys et de Céto, Méduse est une belle jeune fille dont Poséidon s'éprend. Séduite dans un temple dédié à Athéna (ou plutôt violée, puisque, à cette époque, on confondait viol et séduction), elle est punie par la déesse, qui la transforme en Gorgone. Ses cheveux deviennent des serpents (selon certaines versions, ce serait Aphrodite qui, jalouse de sa chevelure, aurait changé celle-ci en un paquet de serpents) et son regard pétrifie désormais tous ceux qui le croisent. Tel est le sort de Méduse, punie d'être trop belle. Mais ce n'est pas tout. Plus tard, Persée (un autre héros de la mythologie grecque), décapite Méduse, aidé par Hermès et Athéna. Du sang de la victime jaillissent ses deux fils, Chrysaor, père de Géryon, et le cheval ailé Pégase. La tête de Méduse est alors utilisée par Persée pour pétrifier Atlas, délivrer Andromède et tuer Polydecte. Finalement, elle est offerte à Athéna, qui la fixe sur son bouclier, l'égide.

La première fois que j'ai entendu cette histoire, il m'est venu à l'esprit que les représentations sexistes des femmes et violentes à leur égard ne dataient pas d'aujourd'hui. Les viols, les châtiments et les têtes coupées abondent dans la mythologie grecque... On est en pays de connaissance ! Mais ce qui m'a tout de suite frappée, c'est la similarité entre l'histoire de Méduse et le culte de la beauté. Un peu comme Méduse, la femme d'aujourd'hui est punie parce que ses rondeurs naturelles sont séduisantes. Et comme Méduse, elle est devenue « la méchante », elle se culpabilise d'avoir des rondeurs attirantes et c'est sa rivale qui devient son bourreau en la diminuant psychologiquement afin de conserver sa supériorité sur elle. Le culte de la minceur prouve qu'on craint encore les rondeurs et le pouvoir de séduction de la femme, qu'on amplifie ce pouvoir jusqu'à le présenter comme démoniaque et culpabiliser la femme de le détenir. Comme le châtiment infligé à Méduse par Athéna, le culte de la minceur force la femme à s'isoler, à ne plus interagir sainement avec autrui et lui enlève toute objectivité à l'égard de son corps. Il lui donne le sentiment d'être un monstre et la pousse à ne plus regarder personne en face. Pour finir, Méduse est décapitée, un peu comme la femme dans les médias, où seul son corps est important, sa tête étant estimée peu utile. En définitive, les médias utilisent la femme à des fins économiques, exactement comme Persée a utilisé Méduse pour arriver à ses fins avec Atlas. L'industrie, c'est Persée, et elle nous Persécute ! Mais le pire, c'est que la femme d'aujourd'hui y croit et adhère au culte de la beauté.

Par ailleurs, dans notre société, on ne blâme pas seulement la femme en tant que femme. On reproche aussi à la mère d'être responsable de nombreux problèmes sociaux. On l'accuse d'avoir donné un mauvais exemple, d'avoir été trop contrôlante, d'avoir été trop ou pas assez maternelle, d'avoir transmis ses problèmes à ses fils et, surtout, à ses filles. On va même jusqu'à faire croire aux femmes que si elles sont grosses à présent, c'est à cause de leurs mères ou de leurs mauvaises relations avec elles.

Les femmes étant les nourrices, on s'attend forcément à ce que leurs choix aient un impact sur les habitudes alimentaires prises par leurs enfants, et en particulier sur celles de leurs filles, qui s'identifient à elles et les imitent pour apprendre à se comporter en femmes. C'est l'une des raisons pour lesquelles la mère est souvent attaquée dans les discussions portant sur les troubles alimentaires ou l'obésité. On trouvera toujours des corrélations scientifiques entre le comportement des mères et celui de leurs filles, puisque, à notre époque encore, c'est principalement elles qui assument la lourde responsabilité d'éduquer leurs enfants, et donc de les nourrir. Or, il est bien certain qu'une personne responsable de nombreuses tâches court plus de risques de commettre des erreurs que celle qui ne fait rien. En résumé, on jette le blâme sur les femmes parce que c'est surtout elles qui s'occupent des enfants et sont plus présentes au moment des repas, plus impliquées. Pourtant, l'absence peut être aussi nocive que la présence, bien qu'elle fasse beaucoup moins souvent l'objet de reproches.

Les pères qui s'impliquent dans l'éducation de leurs enfants (heureusement, il y en a de plus en plus!) ont à cœur de partager cette tâche à part égale, mais ils commettent eux aussi des erreurs et voient à quel point il est difficile d'élever une famille. Habituellement, il leur suffit de goûter quelques jours à la vie de parent au foyer à temps plein pour réaliser l'ampleur de la responsabilité que cela représente.

Ce livre ne blâme ni les mères, ni les femmes, ni les hommes. Il explique simplement la situation des femmes et remet en perspective la problématique de l'obsession de la minceur, pour la comprendre dans sa globalité, sans chercher de coupable. Par contre, étant donné que les mères jouent un rôle prépondérant dans la transmission des valeurs – puisqu'elles sont encore au premier plan dans l'éducation des enfants –, elles ont aussi à jouer un rôle primordial dans la résolution de ce problème. Elles ont le pouvoir de renverser la vapeur afin que tout ce qui leur a été transmis comme héritage et leur a posé problème ne vienne pas gâcher la vie de leurs filles. Les femmes briseront les chaînes qui les étouffent et qui ont étouffé leurs mères dans le cadre de leur rôle traditionnel. Comme les suffragettes ont obtenu le droit de voter, elles obtiendront le droit de manger. Évidemment, les hommes pourront se joindre à leur mouvement, par exemple en revendiquant leur place dans l'éducation alimentaire des enfants, car tout le monde doit faire sa part pour faciliter l'épanouissement de la prochaine génération. En outre, le culte de la minceur n'est pas uniquement une affaire de femmes adultes, mais touche aussi les jeunes filles. L'Enquête sociale et de santé auprès des enfants et adolescents menée en 1999 l'a démontré. Au cours de cette étude, les filles ont été plus nombreuses que les garçons à dire que leurs amis avaient recours aux régimes pour maigrir, tant dans le groupe des

13 ans (53 % de filles par rapport à 23 % de garçons) que dans celui des 16 ans (60 % par rapport à 33 %). Dans ces deux groupes, elles ont aussi été plus nombreuses que les garçons à répondre que leur mère, leur père ou des membres de leur fratrie faisaient des commentaires négatifs sur leur poids[1]. Néanmoins, la situation des jeunes hommes continue elle aussi de s'aggraver, comme le prouve l'augmentation de l'incidence de l'anorexie chez les garçons.

L'anorexie et la boulimie, troubles cliniques considérés comme une maladie grave par le milieu médical, affectent une proportion sans cesse grandissante de la population. Toutefois, leur incidence est relativement faible comparée à celle de leurs manifestations sous-cliniques, appelées communément « obsession » de la minceur. Cependant, on se préoccupe beaucoup moins de ces troubles, qu'on n'a pas encore réussi à classer comme une maladie, entre autres parce qu'ils sont trop répandus. Pourtant, ce « syndrome » semble prendre des proportions alarmantes.

L'obsession frappe de plus en plus les jeunes filles, et ce, dès l'école primaire. Plus de 30 % des fillettes de 9 ans craignent de devenir grosses, et cette crainte augmentant avec l'âge, 80 % des jeunes filles de 18 ans l'expriment. Apparemment, en ce qui concerne la peur d'engraisser les arguments sociaux et les facteurs psychologiques pèsent plus lourdement dans la balance que la santé. Les préoccupations relatives au poids et à l'alimentation seraient liées à la perte d'estime de soi et à la dépression. Les adolescentes affirment qu'une taille appropriée est importante pour se trouver un copain, et lorsqu'on leur demande ce qui les a incitées à commencer un régime amaigrissant, 95 % d'entre elles évoquent des motifs esthétiques[2].

Selon l'Enquête multinationale sur les comportements de santé des jeunes d'âge scolaire réalisée par l'Organisation mondiale de la santé en 1997-1998, le pourcentage de jeunes filles qui déclarent s'être mises au régime ou devoir le faire varie, selon les pays, de 21 % à 50 % chez celles de 11 ans et de 42 % à 66 % chez celles de 15 ans. Cette étude démontre qu'il existe une corrélation entre le fait de vouloir changer quelque chose à son corps et le fait d'éprouver le sentiment d'être seul, d'être déprimé, d'être impuissant, d'être un intrus et de ne pas être heureux. Il existe aussi un lien entre ce désir et le fait d'avoir une attitude négative à l'égard de l'école et de pauvres rapports de communication avec ses parents[3]. Pour sa part, une étude montréalaise a révélé que 54 % des filles en première, troisième et cinquième année de cycle secondaire avaient déjà tenté au moins une fois de perdre du poids. Dans l'ensemble, les élèves féminines étaient peu satisfaites de leur silhouette, puisque les deux tiers souhaitaient être plus minces. Pourtant, la quasi-totalité des élèves avaient un poids santé. Par ailleurs, 54 % de celles qui avaient essayé de perdre du poids avaient sauté des repas, 33 % avaient pris des substituts de repas et 18 % avaient fait un jeûne total[4].

Ces statistiques laissent entendre que l'obsession de la minceur est devenue un état d'âme à la mode. Le désir de maigrir n'est qu'une manifestation d'un problème social beaucoup plus grave auquel nous sommes confrontés, voire habitués, quels que soient notre âge et notre sexe : une importance démesurée accordée au corps de la femme et de stricts critères de beauté. Toute une panoplie d'industries dépendent plus ou moins du devoir des femmes de répondre à ces critères, notamment l'industrie des médias (magazines, journaux, télévision, livres, cinéma, vidéos, etc.), l'industrie de l'amaigrissement et l'industrie pharmaceutique. Même le milieu médical y trouve son compte grâce à la chirurgie esthétique. À cause de tous les nouveaux produits, techniques et méthodes pour modifier le corps, la situation des femmes d'aujourd'hui est en quelque sorte pire que celle des femmes d'hier, parce qu'il y a 50 ans, les femmes n'étaient pas tenues pour responsables de leur beauté. Être beau est devenu un devoir moral. Être laid n'est plus assimilé à un handicap, mais plutôt à une incapacité individuelle de changer les choses. La femme est au service de son corps, et son corps sert à faire tourner l'économie. Partout dans les médias, les images du corps de la femme véhiculent des messages qui contribuent à maintenir les stéréotypes et les attitudes négatives à l'égard des femmes. Ces messages font croire aux femmes qu'elles doivent travailler sur leur apparence et atteindre un certain poids pour accéder à la réussite, puisque les seules femmes présentes dans le paysage médiatique font partie des 5 % de femmes très minces. Par contre, les hommes, eux, sont encouragés à passer à l'action pour réussir. Ils n'ont donc pas l'impression que leur réussite sociale dépend uniquement de leur poids.

Les médias ne sont pas les seuls responsables de la situation, mais ils ont permis de potentialiser les messages stéréotypés dont les femmes étaient déjà la cible dans la société et ont ainsi contribué à amplifier l'obsession de la minceur. On a pu constater leur influence directe sur les adolescentes en observant les effets de leur développement dans certaines sociétés, notamment dans des régions des îles Fidji. Après l'avènement de la télévision, il n'a fallu que trois ans pour que la préoccupation des adolescentes à l'égard du poids atteigne des niveaux comparables à ceux de notre culture occidentale médiatisée depuis longtemps[5].

Malgré sa progression vertigineuse chez les jeunes, l'obsession de la minceur est un problème largement sous-estimé, de même que ses conséquences sur la qualité de vie des jeunes, en particulier les jeunes filles.

À mon dernier rendez-vous à la clinique des troubles alimentaires, il y avait une fille très très maigre. Je l'enviais tellement. J'étais certaine qu'elle se disait en me regardant : « Ouache, elle est énorme, répugnante. » J'avais envie de lui demander si, elle aussi, elle se trouvait grosse, pleine de graisse, même si son entourage s'obstinait à lui dire qu'elle n'avait que la peau sur les os…

YOUNGGIRL04
PROPOS EXTRAITS D'UN FORUM
DE JEUNES SUR INTERNET

Pourtant, être au régime à 7 ans, c'est grave. C'est débuter dans la vie en ayant déjà une image négative de soi et de son corps. C'est imiter les grandes en restant sur sa faim, dans l'unique but de transformer sa silhouette. C'est, sans aller jusqu'à l'anorexie ni la boulimie, emprunter à ces sérieux troubles des comportements malsains, malgré les conséquences que cela entraîne. C'est fumer, sauter des repas, refuser de combler ses besoins alimentaires pour ne pas prendre de poids. C'est vouloir maigrir avant même d'avoir grandi. C'est apprendre à investir temps, argent et énergie pour ressembler à une idole, à un modèle impossible à copier. C'est penser à modifier son image avant même d'avoir acquis une identité solide. Très jeunes, les filles en viennent à consacrer une énorme énergie au « paraître » plutôt qu'à l'« être ». Elles envisagent déjà leur vie de femme adulte comme une lutte contre leur corps. Esclaves de l'image que la société leur renvoie, les femmes de demain sont comme leurs mères : elles considèrent leur apparence et surtout leur poids comme les principales conditions de leur bonheur.

Les conséquences sur la qualité de vie et la santé sont graves. D'abord, les régimes mettent en péril l'équilibre nutritionnel. Ensuite, ils représentent un facteur de risque d'obésité future. Et ce, en particulier chez les jeunes, puisque plus tôt ces régimes sont commencés, plus grand est le risque d'un gain de poids à l'âge adulte[6]. En outre, ils ont bien d'autres conséquences néfastes sur la santé des jeunes, dont les mieux connues sont les perturbations du système métabolique, l'arrêt de la croissance et le retard de la puberté. Enfin, ils augmentent, chez les jeunes, le risque de souffrir d'ostéoporose et de carences alimentaires, ainsi que celui de développer un trouble alimentaire plus sérieux, tel que l'anorexie ou la boulimie. Chez les jeunes filles, le suivi de régimes est également associé à de nombreuses autres habitudes malsaines, comme celle de fumer du tabac. Certaines études ont révélé que les adolescentes s'estimant grosses étaient plus susceptibles de fumer que celles ne se jugeant pas grosses, ce qui n'était pas le cas chez les garçons[7]. D'autres ont démontré que les risques d'être fumeuse étaient deux fois plus grands chez les adolescentes de poids normal tentant de perdre du poids que chez celles ne souhaitant pas maigrir[8]. Sur le plan socio-affectif, des chercheurs américains ont comparé des jeunes filles obèses à des jeunes filles de poids moyen et découvert que les adolescentes obèses étaient moins nombreuses à fréquenter des amis, plus nombreuses à connaître des problèmes émotifs sérieux, à rapporter une tentative de suicide et à redoubler une année scolaire, et plus de deux fois plus nombreuses à se considérer comme des élèves médiocres[9]. Ces faits tendent à prouver que la discrimination des femmes plus grosses que la moyenne débute à l'école et met en péril leur estime de soi et leurs compétences sociales.

Les adolescentes d'aujourd'hui regardent la télévision depuis leur plus tendre enfance. Cela les rend encore plus vulnérables que leurs mères, qui, pour la plupart, ont eu quelques années pour se bâtir une identité avant de subir l'influence des médias. Les mères de ces jeunes ont par ailleurs reçu les valeurs de leurs parents, qui, nés à la fin de la Seconde Guerre mondiale, étaient plutôt enclins à croire que le fait d'être bien portant était un signe de force, de santé et de prospérité. Mais les années ont passé, et l'obsession de la minceur est devenue en quelque sorte une règle que la génération suivante a intériorisée.

Anorexie nerveuse, boulimie, obsession de la minceur, rien ne va plus. Les troubles alimentaires gagnent du terrain. On voit même apparaître un nouveau trouble alimentaire directement lié à l'abondance de messages trop souvent contradictoires concernant l'alimentation : l'orthorexie nerveuse. Ce nouveau « syndrome », qui touche autant les hommes que les femmes, ressemble à l'anorexie nerveuse dans le sens où la personne orthorexique se prive de manger au point de mettre sa santé en danger. La différence majeure entre ces deux troubles réside dans la justification de cette privation : l'anorexique a peur de prendre du poids, alors que l'orthorexique a peur d'être malade. L'orthorexique interprète tout ce qu'elle apprend sur les dangers potentiels de certains aliments comme une raison d'éviter ces aliments. Elle a si peur d'être malade qu'elle se rend malade par son alimentation complètement déséquilibrée. Cette peur la conduit même à se croire malade dès l'instant où elle mange un aliment qu'elle considère comme un poison. Tout comme la grande peur d'engraisser conduit l'anorexique à s'imaginer prendre du poids dès le moment où elle mange un aliment supposé engraissant. Les deux types de troubles mènent à la multiplication des interdits alimentaires au point de nuire à la santé. L'augmentation de l'incidence de l'anorexie nerveuse et l'émergence de l'orthorexie nerveuse portent à croire que les causes sociales des troubles alimentaires sont largement sous-estimées.

Le « fléau » de l'obésité, grandement amplifié et dramatisé, suscite immanquablement l'intérêt des médias et du milieu médical. On en entend si souvent parler qu'on a l'impression que tout le monde est obèse. Pourtant, selon Santé Canada, l'obésité touche 23,1 % des Canadiens. Celle-ci est donc loin de constituer la calamité que les médias nous présentent. Ce qui est vraiment inquiétant, lorsqu'on remet les choses en perspective, c'est le rythme auquel l'incidence de l'obésité progresse, tant chez les adultes que chez les jeunes. Mais il y a des choses que les médias n'expliquent pas, des nuances importantes qu'ils devraient apporter pour éviter la panique générale et cesser d'aggraver ce que j'appelle « le fléau de l'industrie de l'amaigrissement ».

Quand on analyse de vraies statistiques (voir tableau 1), on s'aperçoit qu'au Canada le pourcentage de personnes obèses est passé de 13,8 à 23,1 % entre 1978 et 2004[10]. Il a donc doublé en 25 ans.

TABLEAU 1

Répartition en pourcentage de l'indice de masse corporelle (IMC), selon le sexe, population à domicile âgée de 18 ans et plus, Canada, territoires non compris, 1978 à 1979 et 2004

	Hommes et femmes		Hommes		Femmes	
	1978 à 1979 %	2004 %	1978 à 1979 %	2004 %	1978 à 1979 %	2004 %
Insuffisance pondérale	2,4	2,0	1,42	1,42	3,5	2,5
Poids normal	48,4	38,9[1]	44,3	33,6[1]	52,5	44,1[1]
Embonpoint (sans obésité)	35,4	36,1	42,8	42,0	28,4	30,2
Obésité de classe I	10,5	15,2[1]	9,5	16,5[1]	11,3	14,0[1]
Obésité de classe II	2,3[2]	5,1[1]	[3]	4,8[1]	2,9	5,5[1]
Obésité de classe III	0,9[2]	2,7[1]	[3]	1,6[1]	1,5[2]	3,8[1]
Embonpoint et obésité (IMC ffl 25)	49,2	59,1[1]	54,4	65,0[1]	44,0	53,4[1]
Obésité (IMC ffl 30)	13,8	23,1[1]	11,5	22,9[1]	15,7	23,2[1]
IMC moyen	25,4	27,0[1]	25,7	27,2[1]	25,2	26,7[1]

Remarque : Les estimations de l'Enquête santé Canada de 1978-1979 ont été normalisées selon l'âge en fonction de la population de l'ESCC de 2004.
1. Valeur significativement différente de l'estimation pour 1978 à 1979 (p < 0,05).
2. Coefficient de variation compris entre 16,6 % et 33,3 % (à interpréter avec prudence).
3. Coefficient de variation supérieur à 33,3 % (données supprimées en raison de la très forte variabilité d'échantillonnage).
Sources des données : « Enquête de 2004 sur la santé dans les collectivités canadiennes : Nutrition » et « Enquête Santé Canada de 1978 à 1979 ».

En France, l'incidence de l'obésité semble un peu moindre (voir tableau 2) – je dis bien « semble », parce qu'il est toujours dangereux de comparer les résultats d'études menées dans des pays différents, puisqu'il est difficile de savoir si les méthodes utilisées sont semblables. D'après certaines statistiques françaises, 12,4 % de la population souffrait d'obésité (IMC au-dessus de 30) en 2006[11]. Selon d'autres statistiques publiées en 2004, 5,3 millions de Français adultes étaient considérés comme obèses et 14,4 millions avaient un excès de poids[12].

Au Québec, le pourcentage de personnes obèses est passé de 7,9 % à 14,1 % entre 1987 et 2003 (voir tableau 3). Il a donc presque doublé en 15 ans, mais il se situe quand même en dessous de la moyenne canadienne[13].

TABLEAU 2

IMC (kg/m2)	Pourcentage en 2006
moins de 18,5	4,9 %
18,5 à 25	53,5 %
25 à 30	29,2 %
30 à 40	11,6 %
plus de 40	0,8 %

Source: ObÉpi – Roche, 2006.

TABLEAU 3

Évolution du poids pour l'ensemble du Québec entre 1987 et 2003

	1987	1992-93	1998	2000-01	2003
Hommes					
Poids normal	55,5	46,1	43,5	47,9	43,5
Embonpoint	35,1	42,5	42,6	37,9	41,1
Obésité	7,5	10,0	12,8	13,0	14,3
Femmes					
Poids normal	64,6	60,7	57,8	56,9	56,2
Embonpoint	19,9	23,6	25,6	25,5	25,3
Obésité	8,3	10,1	12,0	12,2	13,9
Total femmes et hommes					
Poids normal	60,0	53,4	50,5	52,4	49,8
Embonpoint	27,6	33,1	34,2	31,6	33,2
Obésité	7,9	10,1	12,4	12,6	14,1
Population estimée (k)	4 588,6	5 122,5	5 217,6	5 592,8	5 669,9

Sources: Santé Québec, enquête Santé Québec, 1987; «Enquête sociale et de santé», 1992-1993 et 1998. Statistique Canada, «Enquête sur la santé dans les collectivités canadiennes», cycle 1.1 (2000-2001) et cycle 2.1 (2003), fichier de partage des données québécoises.

À propos de ces résultats, l'Institut de la statistique du Québec nous met néanmoins en garde en expliquant la chose suivante: «L'évolution des données dans le temps doit être interprétée avec prudence, car l'information sur le poids et la taille des individus a été recueillie par un intervieweur en 2000-2001 et en 2003, tandis qu'elle l'a été à partir d'un questionnaire autoadministré dans les trois enquêtes précédentes. Comme le mode de collecte a une influence sur les réponses des individus, ce changement a pu influencer les résultats et altérer leur comparabilité. » En d'autres termes, nous ne pouvons éliminer l'hypothèse que l'apparente escalade de l'obésité entre 1987 et 2003 soit simplement due au changement de méthodologie à partir de 2000. Si, entre 1987 et 2003, on avait utilisé les mêmes méthodes de collecte de données, les résultats relatifs à l'obésité avant l'an 2000 auraient peut-être été plus élevés. Pour avoir une idée plus juste de l'évolution de l'obésité, nous ne devrions donc considérer que les deux dernières enquêtes. En ce cas, nous dirions que le pourcentage de personnes obèses est passé de 13 % à 14,3 % entre 2000-2001 et 2003, ce qui correspond à une augmentation de 1,3 % en deux ans. La nouvelle serait beaucoup moins alarmante, et aussi beaucoup moins sensationnelle. Les journalistes n'ont pas l'habitude de lire les petites remarques figurant en bas des tableaux, et quand ils les lisent, ils n'en tiennent pas toujours compte.

À propos de la même enquête, l'Institut de la statistique du Québec fait une autre petite remarque : « L'indice de masse corporelle (IMC) équivaut au poids (en kilogrammes) divisé par le carré de la taille (en mètres). Les catégories considérées dans ce tableau sont le poids normal (IMC de 18,5 à moins de 25), l'embonpoint (IMC de 25 à moins de 30) et l'obésité (IMC de 30 ou plus). La catégorie "poids insuffisant" (IMC inférieur à 18,5) n'a pas été retenue, car elle comporte un grand nombre d'estimations qui ne sont pas suffisamment précises et fiables à l'échelle régionale. La "population estimée" correspond toutefois à l'ensemble des quatre catégories. » Autrement dit, lorsqu'on totalise les pourcentages des trois catégories retenues, la somme n'est pas égale à 100 %. En ce qui concerne l'étude de 2003 chez les femmes, par exemple, on arrive à un total de 95,4 %. La différence de 4,6 % correspondrait à la population ayant un poids insuffisant (IMC inférieur à 18,5), mais faute de précision des données, on ne peut affirmer que ce chiffre est valable. Par conséquent, ce tableau donne l'impression que les Québécois ont soit un poids « normal », soit un poids excessif, alors qu'il y en a aussi dont le poids est insuffisant, ce qui, différemment mais assurément, peut aussi nuire à la santé. Par ailleurs, portez attention à ce que l'on considère comme normal dans ce tableau : un IMC de 18,5 à 25. Un poids normal commence-t-il vraiment à un indice de masse corporelle de 18,5 ? Si on prend la taille moyenne d'une femme canadienne, soit environ 1,62 m (5 pi 4 po), pour avoir un indice de masse corporelle de 18,5, il lui faudrait peser 48 kg (105 lb). Pour la majorité des gens, ce poids n'est pas normal du tout! Prenons un autre exemple : si on mesure 1,62 m (5 pi 4 po), pour avoir un IMC de 24,9 – ce qui correspond à la limite supérieure de ce que l'on considère comme normal dans notre société –, il faut peser 65,8 kg (145 lb). Cela est très près du profil moyen des Canadiennes. À 66,2 kg (146 lb), la femme de 1,62 m (5 pi 4 po) passe dans le groupe des anormaux. Moi-même, dont la silhouette fait l'envie de la majorité de mes patientes, je me situe autour de 23 d'IMC, mais si je prends 4,5 kg (10 lb), je ne serai plus normale. Or, si on considère qu'avec l'âge on prend en moyenne 2,25 kg (5 lb) tous les 10 ans en raison du ralentissement normal dû au vieillissement et sans modifier le moindrement ses habitudes, j'aurai certainement de l'embonpoint dans 20 ans! J'ai pris 27 kg (60 lb) durant mes deux grossesses. Deux ans après l'accouchement, je pesais encore 9 kg (20 lb) de plus qu'actuellement. Selon la classification de l'Institut de la statistique du Québec, j'avais donc de l'embonpoint. Pourtant, les personnes autour de moi me regardaient encore comme une personne mince, et cela ne m'empêchait pas de faire mon travail de diététiste. J'ai bien des collègues qui travaillent dans le domaine de la perte de poids et ont un IMC de plus de 25. Le poids jugé normal ici ne correspond pas à la réalité ; les femmes ayant un IMC de 18,5 se trouvent plutôt dans les films, à la télé et dans les revues, pas dans la vraie vie !

Par ailleurs, on a tendance à mettre l'embonpoint et l'obésité dans le même panier, et donc à accentuer l'impact médiatique des statistiques puisque ces deux groupes réunis constituent 59,1 % de la population canadienne. Pourtant, selon moi et de nombreux professionnels de la santé, l'embonpoint ne signifie pas grand-chose. Il ne signifie surtout pas ennuis de santé ni « problème » de poids. En fait, les diététistes laissent habituellement une marge de manœuvre plus grande avant de recommander des interventions par rapport au poids, une zone tampon entre 25 et 27 permettant des variations individuelles. En définitive, les critères relatifs au poids santé pour les études statistiques sont souvent tellement stricts qu'ils excluent la majorité de la population. Quand on considère les personnes ayant de l'embonpoint comme anormales, on fausse les statistiques et on fournit aux médias les principales données pour alimenter leurs propos alarmistes.

Dans l'exercice de ma profession, je travaille avec des personnes de tous les poids, des plus chétives aux plus enrobées. Cela m'a permis de constater plusieurs choses. D'abord, je me suis aperçue que bien des personnes d'un poids dit «normal» avaient des comportements alimentaires malsains de surconsommation et que de nombreuses autres adoptaient des comportement de restriction, tout aussi malsains, bien avant d'atteindre la maigreur ou l'IMC de 18,5. Ensuite, je me suis aussi aperçue que, pour une femme ayant un IMC de 26 et étant en bonne santé, la pire chose à faire était de se mettre au régime dans le but de perdre 5 kg (10 lb), car la ronde des régimes risquait alors de lui nuire beaucoup plus que de l'aider. Inversement, il vaut probablement mieux qu'une personne ayant un IMC de 19 et se restreignant sans cesse pour demeurer à un poids considéré comme un poids santé renonce aux régimes, car ce poids n'est pas sain pour une personne devant se restreindre à ce point pour le maintenir. Bien des personnes se situant très près de l'IMC de 18,5 se privent sans cesse, mais leur médecin ne leur parle pas de leur poids, puisque, d'après les normes, elles semblent à l'abri des problèmes de santé. Mais la santé est une notion relative. Par conséquent, réduire la question du poids à une simple catégorisation en fonction de la santé ne fait qu'entraver l'adoption de saines habitudes de vie, car on oublie ainsi que, en ce qui concerne la santé, les habitudes de vie sont un déterminant plus important que le poids.

Quand on examine la situation chez les jeunes, on s'aperçoit là encore que les médias ont une nette tendance au sensationnalisme. Dans la presse, à la télévision et à la radio, on nous rabâche que 25 % des jeunes souffrent d'un surplus de poids, mais on ne nous dit pas que de 4 à 10 % des jeunes, selon les groupes d'âge, sont obèses[14].

Certes, il y a bien une augmentation de l'embonpoint, due à un environnement de plus en plus obésogène. Mais en alarmant les gens à ce sujet, on crée une peur de la grosseur qui est à la base d'un fléau beaucoup plus important : l'obsession de la minceur, qui entraîne l'adoption de comportements alimentaires malsains.

Selon des statistiques établies en 2003, environ 15 % des femmes étaient obèses. On sait par ailleurs que 80 % des femmes veulent maigrir. Néanmoins, on se soucie peu de l'obsession collective de la minceur, comme si le fait de penser à son poids constamment était une réaction normale, voire une nécessité pour prévenir l'obésité. La plupart des femmes qui suivent des régimes ne sont même pas encouragées à le faire par le milieu médical. Elles s'imposent de maigrir, ou plutôt y sont contraintes par la société. Une société où la minceur est mise à l'avant de la scène et la grosseur, bannie, en raison d'une conception très étroite de la santé. Les personnes grosses sont les premières victimes de cette conception, mais elles sont loin d'en être les seules victimes. Tous les membres de la société subissent la pression exercée en faveur de la minceur et modifient leurs comportements en conséquence. La peur de grossir fait autant de ravages chez les minces que chez les obèses. Elle est à la base de la préoccupation excessive de 80 % des femmes et de plus en plus d'hommes à l'égard du poids.

On sait pourtant que plus de 95 % des personnes au régime reprendront le poids perdu en moins de cinq ans. Mais les personnes qui disent « faire attention » s'avouent difficilement que cela équivaut à suivre un régime. Elles se croient donc à l'abri de l'échec auquel les régimes mènent à long terme. Quant aux personnes qui se laissent séduire par des régimes amaigrissants, bien qu'elles en connaissent l'issue, elles sont persuadées qu'elles seront, grâce à telle ou telle nouvelle méthode prétendue révolutionnaire, dans les 5 % de femmes qui réussissent. Souvent, elles réussissent effectivement à maigrir, mais temporairement, car les effets des régimes sont de courte durée. Et lorsque les kilos reviennent, l'échec est systématiquement associé à l'arrêt du régime par manque de volonté, et on jette le blâme sur la victime. On achète le livre, les produits amaigrissants et les gadgets dans l'espoir de perdre du poids, et la plupart du temps, on maigrit plus ou moins, que ce soit sous l'effet de notre regain de motivation ou de la méthode elle-même. Puis, on reprend du poids et, comme 95 % des gens qui sont dans la même situation, on attribue l'échec à notre manque de volonté et, tôt ou tard, on achète de nouveau le même ou un autre produit miracle. Le système est parfait, l'industrie de l'amaigrissement prospère sans difficulté. On ne remet pas suffisamment en question cette industrie. Tout le monde est au régime, mais tout le monde grossit d'année en année. Il y a de quoi s'interroger. Il est grandement temps de faire un bilan collectif et individuel quant à cet engouement pour la minceur et l'esthétisme. Aux États-Unis, en l'an 2000, 145 000 jeunes de moins de 18 ans avaient subi une intervention chirurgicale esthétique. Le phénomène atteint maintenant le Québec[15]. Un sondage réalisé en 1999 par l'American Society of Plastic Surgeons a révélé qu'entre 1994 et 1998 le taux de mortalité chez les personnes ayant subi une liposuccion était de 1 sur 5 000[16]. C'est énorme pour une intervention considérée comme très banale! Il est temps de remettre les pendules à l'heure et de se demander s'il est nécessaire de se conformer à tout prix aux modèles de beauté proposés par la société, qui, d'une décennie à l'autre, sont de plus en plus éloignés de la réalité. Pour être mannequin, une femme ne doit pas peser plus de 55 kg (120 lb) et doit mesurer au moins 1,73 m (5 pi 8 po) (ce qui donne un indice de masse corporelle de 18, seuil où la fertilité commence à être compromise). Puisque ce modèle de beauté ne correspond qu'à 5 % de la population féminine, alors les 95 % de femmes plus grasses n'ont plus qu'à rêver devant les 5 % de femmes plus maigres qu'elles.

Chapitre 2
IL ÉTAIT UNE FOIS LA BEAUTÉ

*L'on m'a dit aussi que vous vous fardiez. Fort bien! Dieu vous a donné
un visage, et vous vous en fabriquez un autre.*

WILLIAM SHAKESPEARE,
extrait de *Hamlet*

Les normes sociales, plus spécifiquement celles qui ont trait à la beauté, ne datent pas d'hier. Et depuis la nuit des temps, l'apparence d'une personne a servi aux êtres humains – hormis aux aveugles – à se forger une première impression de cette personne. Ce qui change d'une époque à l'autre, c'est la valeur donnée à certaines caractéristiques physiques. Mais à toutes les époques et dans la plupart des cultures, il y a toujours eu une constante évidente: les femmes ont une fonction ornementale plus valorisée que les hommes, sauf dans des contextes très particuliers. Ce qu'on entend par «fonction ornementale», c'est le devoir de bien paraître, en opposition au devoir d'agir, de réaliser des tâches, qu'on qualifierait plutôt de «fonction instrumentale». Autrement dit, l'homme est valorisé par ses actions, alors que la femme est beaucoup plus valorisée par ses attributs physiques.

L'histoire nous permet de comprendre les raisons pour lesquelles les femmes désirent tant se conformer aux normes relatives à la beauté. Elle nous fait découvrir que chaque époque propose un modèle de beauté féminine reflétant le climat social et le rôle attribué aux femmes. Les normes sociales et les rôles sociaux sont donc intimement liés. C'est pourquoi, pour élucider la question de l'obsession de la minceur, il faut analyser l'histoire de la conception de la beauté dans une perspective sociologique.

L'ÉPOQUE DE RENOIR (1850-1900)

On évoque souvent l'époque de Renoir pour parler d'une époque où les rondeurs étaient socialement acceptées. Si bien que, durant mes ateliers sur l'histoire de la beauté, je ne saurais dire combien de femmes se sont exclamées : « Je ne suis pas née à la bonne époque ! J'aurais dû naître à la fin du XIXe siècle, au moment où les rondeurs étaient bien vues ; j'aurais fait fureur ! » Cependant, on se fait une idée trop romanesque de cette période à laquelle on se réfère fréquemment, et à tort, pour représenter l'acceptation du corps des femmes. Comme aujourd'hui, les peintres contemporains de Renoir peignaient des femmes nues au corps réaliste, mais le modèle de beauté féminine était loin de valoriser ce type de corps, puisque maigres et rondes devaient toutes porter un corset rigide. Certes les femmes rondes pouvaient être séduisantes, mais au prix de retenir leur souffle en dessous de leur haute gaine métallique. Pour attirer les regards, les femmes devaient mettre en valeur leur poitrine et leurs hanches, en amincissant leur taille. Elles satisfaisaient ainsi à l'idéal de beauté proposé, et cet idéal correspondait à ce qu'on attendait d'elles : mettre au monde des enfants et les élever. Il n'était pas rare qu'elles s'évanouissent. Il arrivait même qu'elles meurent à la suite de la perforation d'un organe par des côtes comprimées par un corset trop serré. Certaines étaient même prêtes à se faire enlever des côtes pour pouvoir serrer plus fort. À l'époque, la mode était donc excessivement contraignante.

Vu que le rôle des femmes était alors de mettre au monde des enfants et de les nourrir, il n'est pas étonnant que des hanches larges, symbolisant la fertilité, et une poitrine généreuse, symbolisant la nourrice, aient compté parmi les critères de la beauté. La maigreur, elle, évoquait plutôt la maladie et la fragilité. Or, à l'époque, il fallait travailler dur pour gagner sa pitance et faire vivre sa famille. Par conséquent, les jeunes femmes en quête d'un mari avaient intérêt à ne pas paraître trop frêles, mais plutôt capables d'enfanter et de travailler aux champs. C'est pourquoi on les préparait au mariage en leur faisant suivre des cures d'engraissement (ce qui se fait encore dans certains pays peu riches). En ce sens, l'époque de Renoir en était effectivement une où les rondeurs naturelles de la femme jouaient en sa faveur dans sa vie personnelle, malgré le fait qu'elle ait dû les cacher en public. Toutefois, sur le plan médical, il ne fallait pas être trop grosse. La notion d'obésité existait déjà à la Belle Époque. Les critères pour être qualifié d'obèse étaient probablement plus raisonnables qu'aujourd'hui, mais la médecine voyait quand même d'un mauvais œil le fait d'être plus gros que la moyenne. Dans les années 1910, par exemple, le docteur Doyen défendait le corset, mis en péril par les tenants de Paul Poiret, un couturier en faveur des courbes féminines pour des raisons esthétiques, et par la « Ligue des mères de famille contre la mutilation de la taille par le corset », association fondée en 1910. Ce chirurgien affirmait qu'un corset bien conçu n'était pas un instrument de torture, mais que, bien au contraire, « il rendait les femmes plus gracieuses et soutenait dans l'adolescence la fragilité de leur stature ». Il estimait également qu'une femme sans corset vieillissait avant l'âge et paraissait négligée. Enfin, le corset présentait d'après lui un avantage sur le plan de la santé : il consti-tuait un véritable modérateur de l'appétit chez les femmes ayant tendance à être trop gourmandes. Serré à souhait, il les obligeait à rester sur leur faim et contribuait ainsi à les préserver de l'embonpoint et de l'obésité[1]. Ce médecin n'était pas le seul à penser ainsi. À cette époque victorienne, les défenseurs du corset n'hésitaient pas à tenir des propos du genre : « Si vous voulez qu'une jeune fille devienne douce et féminine dans ses gestes comme dans ses pensées, lacez-la bien serré. »

On constate donc qu'en réalité rien n'a beaucoup changé. On a simple-ment l'impression qu'à l'époque les rondeurs féminines étaient jugées atti-rantes, puisque les grands peintres nous ont légué des chefs-d'œuvre où figurent des femmes qu'on considère à présent comme des obèses. Ces femmes qu'on dit « bien en chair » sont souvent à l'image de la femme moyenne, celle de l'époque comme celle d'aujourd'hui. De tout temps, les artistes ont peint la femme dans toute sa splendeur, c'est-à-dire telle qu'elle est naturellement.

En général, les artistes ne s'intéressent pas aux corps squelettiques, car ceux-ci sont loin d'être sensuels ou esthétiques. Ils ne se sont toujours pas laissé contaminer par la folie de la femme brindille. C'est l'industrie du vêtement qui a déformé le modèle de beauté dans le but de faire rêver, et donc de vendre. Néanmoins, après avoir analysé en profondeur ce que les femmes vivaient vraiment du temps de Renoir, on en arrive à la conclusion que les chefs-d'œuvre de ce peintre ne prouvent nullement que les grosses femmes étaient vénérées à l'époque. Les femmes étaient au contraire assujetties à un idéal de beauté contraignant. Le docteur Paul Doyen vantait les avantages du corset, mais il n'en portait pas un pour autant. Seules les femmes étaient contraintes d'en porter un. Comme aujourd'hui, les critères de beauté rigide étaient à 98 % un problème de femmes.

LA BELLE ÉPOQUE ET LES DÉBUTS DE LA HAUTE COUTURE (1900-1918)

Charles Frédéric Worth fut le créateur de la haute couture parisienne. Auparavant, la confection de vêtements n'était qu'une activité artisanale réservée aux tailleurs, pour les messieurs, et aux modistes, pour les dames. Tous les habits étaient faits sur mesure et selon les désirs de chacune et chacun. Pour leur part, les mères de famille pauvres savaient immanquablement coudre, car elles n'avaient pas les moyens d'acheter des vêtements. Worth fut le premier couturier, c'est-à-dire le premier artisan à ne pas tailler des vêtements en fonction des désirs des clientes.

En lançant ses propres collections, Worth transforma le métier de tailleur en celui de créateur de mode. Son goût devint une référence pour la bonne société, et lui, le couturier des reines et des princesses[2]. À ses débuts, la mode n'intéressa donc que les riches.

Worth donna le ton jusqu'en 1920 environ, mais le corset ne disparut que plus tard. C'est le mouvement réformateur de l'époque qui favorisa la rébellion générale contre la norme esthétique imposant le corset, et contre toutes les conventions, d'ailleurs.

Médecins, pédagogues, artistes et sociologues se mirent à critiquer le port du corset, en dénonçant ses effets néfastes sur la santé, et à remettre en question sa valeur esthétique. Pour eux, le corset tordait le corps de la femme et la rendait difforme. Bref, le galbe du tronc formé par le corset n'était plus considéré comme élégant[3].

Entre 1908 et 1914, Paul Poiret a connu son heure de gloire en créant des collections d'inspiration orientale, magnifiques mais jugées scandaleuses, parce qu'elles permettaient à la femme de dévoiler ses courbes naturelles. Il libéra définitivement la femme du corset en osant lui donner toute liberté de mouvement et poussa l'audace jusqu'à créer la jupe-pantalon. Il fallut par contre un certain temps pour que toutes les femmes délaissent leur corset, car à l'époque comme aujourd'hui, la mode des gens riches et le prêt-à-porter des gens ordinaires ne se suivaient pas toujours de près.

L'ÂGE D'OR (1918-1929)[4]

La Première Guerre mondiale a forcé les couturiers à faire une pause, mais elle a entraîné de grands changements dans la mode. La pénurie de matières premières, entre autres, a nécessité la confection de vêtements plus sobres. La mode féminine s'inspirait alors de la tenue militaire et évoquait l'uniforme des hommes.

La guerre les ayant poussées à faire preuve d'une plus grande indépendance, les femmes ont alors pris de l'assurance. Et le droit de vote gagné par les suffragettes est venu amplifier cette première vague de libération. Les femmes étaient désormais très actives, et leurs vêtements leur permettaient de bouger.

Travailler et faire du sport n'était plus l'apanage des hommes. Par conséquent, les femmes abandonnèrent les lourds chapeaux qu'il leur fallait tenir en équilibre et adoptèrent des coiffures faciles à entretenir. La fin de la guerre marqua donc le début d'une ère de liberté, où profiter des plaisirs de la vie était le mot d'ordre. Les femmes avaient le vent dans les voiles, ainsi que l'économie. On vit apparaître la mode « à la garçonne ». Les femmes la suivirent parce qu'elle répondait à leurs aspirations, c'est-à-dire jouir des mêmes droits et avoir accès aux mêmes domaines d'activité que les hommes. Elles cherchaient à ressembler aux hommes. Le corset d'avant-guerre fut donc remplacé par des soutiens-gorge de type bandeau aplatissant les seins et des gaines serrées aux hanches, afin de camoufler les rondeurs féminines et de donner une apparence plus masculine. La mode, une fois de plus, corroborait l'image de la femme et les nouveaux idéaux des femmes.

L'idée de la liberté de mouvement lancée par Poiret fut reprise par Gabrielle Chasnel, qui devint célèbre grâce à la simplicité et au confort de ses créations. Coco Chanel fit fureur avec sa « petite robe noire », qui est demeurée un classique encore de nos jours. Les robes de soirée charleston, les cheveux courts et les longs colliers de perles étaient alors des incontournables. Le teint bronzé, qui évoquait auparavant l'ouvrière obligée de travailler à l'extérieur, fut, à partir des années 1920, une des caractéristiques de la femme moderne, un signe de bonne santé, de vie sportive et de liberté. Et c'est Coco Chanel, l'une des premières femmes à avoir exposé son visage au soleil, qui fut à l'origine de ce changement. Elle disait d'ailleurs : « À 30 ans, une femme doit choisir entre son derrière et son visage. » Cette créatrice de mode à la personnalité originale a marqué son époque en contribuant grandement au mouvement visant à imposer une nouvelle image de la femme, celle d'une femme émancipée, moderne. Le pantalon était alors peu porté en public, mais souvent en privé ou pour le sport. Les jupes raccourcissaient pour découvrir les genoux, et pour la première fois, les jambes des femmes étaient considérées comme érotiques. Les bas avec couture faisaient paraître les jambes plus longues, et Marlene Dietrich, populaire entre 1920 et 1930, avait poussé l'audace jusqu'à assurer ses jolies jambes. C'est également à cette époque que les premières agences de mannequins firent leur apparition aux États-Unis. Le métier de mannequin devint ainsi une « vraie » profession. Par la suite, Jean Patou sera le premier créateur parisien à embaucher des mannequins professionnelles américaines, car leur apparence correspondait mieux que celle des femmes françaises à l'image qu'il se faisait de la femme moderne : elles étaient grandes, minces et sportives, alors que les Françaises étaient plus rondelettes. Il sera aussi le premier à apposer ses initiales sur ses créations en guise de publicité. Son idée fut si profitable qu'à présent il n'y a pas un seul vêtement sans griffe.

En ce qui concerne les modèles de beauté, l'âge d'or est sans doute l'époque qui se rapproche le plus des années 2000. Les corps longilignes étaient déjà associés à l'élégance, à l'indépendance et à la réussite. Parallèlement, le rôle social proposé aux femmes de cette époque ressemblait étrangement à celui qu'on propose aux femmes d'aujourd'hui. Il n'est pas étonnant que la minceur ait fait ses premières conquêtes à ce moment-là.

LA CRISE ÉCONOMIQUE (1930-1945)[5]

La crise économique et le taux de chômage élevé partout dans le monde remirent vite les femmes à leur place : au foyer ! Plus qu'avant la Première Guerre mondiale, la femme devait tenir sa maison et s'efforcer d'alléger les soucis de son mari. Elle devait reprendre son rôle traditionnel de ménagère, et ce, au détriment de son émancipation. La mode vint appuyer ce retour aux vieilles valeurs en offrant aux mères de famille des vêtements des plus féminins. Les cheveux s'allongèrent et le look garçonne devint démodé. Désormais, les femmes devaient se contenter de bien paraître, de plaire aux messieurs et, surtout, de ne pas les concurrencer, car les emplois étaient rares.

Le cinéma, dès son apparition en 1920, avait joué un grand rôle dans la mode. Toutefois, les actrices de 1930 étaient bien différentes de celles des années 20. Marlene Dietrich, Greta Garbo et Ginger Rogers incarnaient la nouvelle femme idéale à laquelle toutes voulaient ressembler. La mode remettait en valeur les courbes féminines. Cintrés, les vêtements épousaient les formes du corps, soulignant la poitrine et les hanches. La mode était bien plus sexy que celle d'aujourd'hui, dans le sens où elle accentuait réellement la forme naturelle du corps de la femme, forme comparable à celle d'un sablier. Comme si, une fois au foyer, la femme avait le droit d'être elle-même. Contrairement à notre époque, où la liberté d'être physiquement une femme n'est pas compatible avec la liberté d'action. C'est comme si la femme libérée d'aujourd'hui devait gagner ses gallons en modifiant son corps. Mais en 1930, époque où elle laisse le champ libre aux hommes, on lui permet de respirer sans gaine ni corset.

L'APRÈS-GUERRE (1946-1959)[6]

Comme lors de la Première Guerre mondiale, la Seconde Guerre interrompit la vague de traditionalisme, parce que les femmes durent de nouveau travailler fort pour combler le vide laissé par leurs époux partis au combat. Cependant, sitôt la guerre terminée, l'économie prit un nouvel essor, et la mode redevint dynamique. Un nouveau venu, Christian Dior, révolutionna la mode européenne. À cette période où on voulait oublier la misère, les froufrous se multiplièrent. Les souliers s'effilèrent jusqu'à devenir des escarpins, vers la fin des années 50. Les décolletés furent de nouveau à la mode. Étant donné qu'on ne voulait surtout pas que la femme nourrisse encore des idées de grandeur, on en présenta une nouvelle image, celle d'une femme qui n'avait plus à travailler comme pendant la guerre. Les rôles traditionnels de l'homme et de la femme gagnèrent encore du terrain, pour ressembler de plus en plus à ceux de l'époque de Renoir. Ce retour aux anciennes valeurs visait à satisfaire le besoin de sécurité si vivement ressenti durant les hostilités.

À cette période-là, la mode mit encore plus en valeur les courbes féminines. Au niveau du buste, les vêtements étaient extrêmement moulants, et les épaulettes, en vogue durant la guerre, furent mises au rancart. Les cheveux s'allongèrent en même temps que les jupes, qui dépassèrent le mollet, pour aller parfois jusqu'aux pieds. La fonction ornementale de la femme était à son paroxysme, mais moins contraignante que du temps du corset, grâce à l'invention de la gaine.

Vers la fin des années 50, la culture propre à la jeunesse prit de l'ampleur[7]. Musique provocatrice, remise en question des institutions religieuses, tout était appelé à changer. La rébellion des jeunes, qui souhaitaient se distinguer de leurs parents, contribua grandement à la disparition du modèle traditionnel de l'élégance féminine, au profit du modèle de la jeune femme audacieuse et sexy. À cette époque où les jeunes devinrent une énorme clientèle pour l'industrie de la mode, les tenues en vogue étaient qualifiées d'indécentes par les adultes. La femme seule était utilisée de façon généralisée dans les médias, entre autres à des fins commerciales. La femme-objet était née. Les idoles féminines, dont Marilyn Monroe et Brigitte Bardot, étaient pour la première fois des sexe-symboles. Toutefois, on se détourna très rapidement des courbes naturelles de la femme pour s'intéresser à un autre type de corps, un corps à la Barbie.

C'est à cette époque que naquit Lilli, l'ancêtre de la poupée Barbie. En fait, Lilli était l'héroïne d'une bande dessinée pour adultes publiée dans le magazine allemand *Bild*. Silhouette parfaite, cheveux blonds noués en queue de cheval, rouge à lèvres pimpant et regard coquin, elle incarnait l'assurance et l'indépendance. Son allure moderne remporta un tel succès qu'elle fit avant tout ses débuts en tant que gadget publicitaire destiné aux adultes, puis destiné aux enfants lorsque Mattel en acheta les droits et lança la fabrication de Barbie, presque identique à Lilli. Barbie fut la première poupée adulte et elle révolutionna l'image de la femme[8]. Car, contrairement aux poupées enfants qui permettaient aux fillettes de jouer le rôle de mamans, Barbie leur permettait de s'identifier à la femme adulte. Or Barbie, issue du monde de la commercialisation, a toujours été extrêmement matérialiste. Elle pouvait avoir toutes les tenues et accessoires imaginables. Elle menait donc les petites filles à rêver de toutes ces belles choses qu'elles pourraient avoir une fois adultes, et que leurs mères ne pouvaient espérer posséder un jour. Elles se doutaient bien que Ken avait quelque chose à voir avec toute cette richesse, puisque, surtout en ce temps-là, Barbie passait bien plus de temps à se maquiller et à s'habiller qu'à travailler. Comme de nos jours, Barbie était un véhicule pour initier les fillettes aux plaisirs de la consommation d'articles en vogue et incarnait tous les stéréotypes de l'époque. Ce n'est que plus tard que Barbie a évoqué le monde du travail, après la création de quelques tenues relatives à certains métiers traditionnellement féminins : infirmière, hôtesse de l'air, serveuse, etc. En soi, le concept n'aurait pas autant nui à toute une génération si Barbie, en plus d'être aussi matérialiste, n'avait pas eu un corps si différent du corps naturel de la femme. En fait, le tronc en forme de triangle inversé, avec des épaules larges et des hanches étroites, est par nature masculin, et non féminin. Encore une fois, la mode inspirait aux femmes, qui cherchaient à s'émanciper, le désir de modifier leur silhouette afin de ressembler aux hommes. Par conséquent, elle était de nouveau contraignante. L'époque de l'après-guerre, durant laquelle les courbes féminines étaient des signes de bonne santé, était déjà révolue. L'utilisation des chartes de poids – ancêtres de ce qu'on appelle aujourd'hui « indice de masse corporelle » – par les compagnies d'assurances américaines, à partir de la fin des années 1950, fut grandement à l'origine du culte de la minceur. Grâce à ces chartes, qui permettaient d'évaluer le risque de problèmes de santé en fonction du poids, les compagnies d'assurances pouvaient justifier les primes plus élevées qu'elles imposaient aux personnes jugées trop grosses. Le milieu médical ne tarda pas à suivre le mouvement, en encourageant les patients à atteindre le « poids idéal », garant de bonne santé. Dès lors, les messages visant à réduire l'obésité, terrible fléau qui, tout d'un coup, tuait monsieur et madame Tout-le-monde, furent de plus en plus percutants.

En 1961 naquit le mouvement Weight Watchers. Destiné à aider les femmes à atteindre un poids santé, il favorisa l'engouement pour la minceur et appuya l'idée erronée que le poids est tout à fait contrôlable. Néanmoins, la minceur était présentée comme concernant surtout les femmes. On rapporte que, parmi les kits d'accessoires vendus aux États-Unis pour Barbie, il n'y avait qu'un seul « livre ». Sur la première et unique page de cet ouvrage intitulé *How to lose weight* (« Comment perdre du poids ») était inscrite la consigne suivante : « *Don't eat* » (« Ne mangez pas »). Ce kit d'accessoires venait avec une balance dont l'aiguille indiquait 110 lb. Par contre, dans un autre kit analogue destiné à Ken, le pyjama était accompagné d'un magazine et d'une pâtisserie[9]. Le message adressé aux filles était clair : si vous souhaitez être comme Barbie, il va falloir vous priver. Car, désormais, il n'existait plus de corsets pour secourir les gourmandes. Pour être attirante dans les vêtements moulants à la mode, il fallait être svelte sans avoir recours à un artifice. Le nouveau corset, c'était le régime, et ce corset ne pouvait pas être enlevé en fin de journée ; c'était un vrai carcan.

Aujourd'hui, on craint les sites Internet vantant les avantages de l'anorexie, mais on oublie que ces sites sont simplement le résultat du message reçu naguère, communiqué, entre autres, par Barbie. Oui, Barbie a bel et bien contribué à faire des femmes ce qu'elles sont à présent, des femmes élancées qui ne s'aiment pas, qui se sentent mal dans leur corps et qui ne s'accordent pas le droit de manger. Tel est l'héritage transmis par la grande industrie que représente encore Barbie, après presque 50 ans d'existence.

Les années 1960 furent aussi l'époque où la deuxième vague de libération sexuelle a pris son envol, entre autres avec l'avènement de la pilule contraceptive. Grâce à cette pilule miraculeuse, les femmes ne risquaient plus de tomber enceinte à chaque fois qu'elles avaient une relation sexuelle. On prit alors conscience que les femmes pouvaient éprouver du plaisir durant les rapports sexuels et n'avoir ces rapports que pour le plaisir, à peu près comme les hommes. Le féminisme proprement dit, mouvement de défense des droits des femmes, s'amplifia. L'idée qu'on pouvait contrôler sa fertilité germa. La maternité étant moins en vogue, tout comme l'allaitement, les femmes admirées étaient celles dont le bassin, symbole de l'enfantement, était étroit, d'où l'usage de la gaine aux hanches. En encourageant vivement les femmes à reprendre possession de leur corps, le féminisme eut finalement un effet pervers inattendu : la valorisation et la reconnaissance du corps féminin dévia vers une objectivation de celui-ci. À ce moment-là, la mode privilégiait la poitrine généreuse, mais cette poitrine n'avait plus une fonction nourricière, elle avait une fonction purement érotique. L'histoire le démontrait encore une fois, la mode et le rôle de la femme à une époque donnée sont toujours étroitement liés. Est-ce les femmes qui influencent la mode ou la mode qui influence les femmes ? Il est bien difficile de répondre à cette question sans soulever des controverses. En fait, le lien entre les femmes et la mode est suffisamment fort pour qu'on ait peine à distinguer qui mène vraiment le bal. Le monde de la mode cherche à vendre, donc à plaire aux femmes, et les femmes participent à l'influence que la mode exerce sur elles. Néanmoins, le monde de la mode détermine en grande partie ce qui est *in*, puisqu'il établit les règles à suivre pour être jugée belle et que toutes les femmes, dans leur désir d'être belles, adoptent immanquablement ces règles. Hélas, dans notre monde occidental, la beauté ne se rapporte souvent qu'à l'apparence physique.

DES ANNÉES 1960 JUSQU'À NOS JOURS

Le culte de la minceur atteignit son paroxysme en 1966, avec l'avènement de Twiggy, une mannequin anorexique âgée de 15 ans et ayant un indice de masse corporelle de 14. Lesley Hornby, dont le surnom, Twiggy, signifiait « brindille », fut la première top-modèle. Pendant quatre ans, elle représenta la femme idéale pour des millions de jeunes filles. Et à 19 ans, elle décida de quitter le métier[10].

Amorcée dans les années 50, la tendance à masculiniser la mode féminine se poursuivit au début des années 60, mais fut ensuite modifiée sous l'influence du mouvement hippie. La mode du même nom s'imposa grâce à une nouvelle génération de jeunes politisés qui prêchaient l'accès à un état d'âme supérieur (en partie par le recours aux hallucinogènes !). Entre-temps, le métier de mannequin était devenu l'un des plus populaires auprès des jeunes filles. Et dans les années 90, les cachets des mannequins devinrent astronomiques, ce qui démontrait la valeur énorme attribuée à la fonction ornementale et à la beauté physique des femmes. Ces cachets étaient fixés selon la valeur marchande des mannequins. La femme se vendait bien, et l'industrie de la mode le savait. Le corps des femmes stimulait le commerce.

Par la suite, les mannequins furent de plus en plus minces. À présent, les magazines sont remplis de photos de mannequins d'une telle maigreur que les lecteurs ont l'impression d'être gros et de vivre dans une société d'obèses. Certes, la population a engraissé lentement, mais les mannequins et les vedettes ont, quant à elles, fondu à une vitesse fulgurante. Marilyn

Monroe, sexe-symbole des années 50, avait un indice de masse corporelle d'environ 21. Elle n'aurait jamais pu faire le poids à côté de Twiggy ou des fils de fer qui se pavanent sur nos écrans. Twiggy, incarnation de la beauté dans les années 60, fut la première femme connue à avoir un indice de masse corporelle de 14. Maintenant, cet IMC est tout à fait courant à l'écran. Madame Tout-le-monde peut continuer à rêver en regardant des anorexiques défiler, jamais elle ne pourra monter sur l'estrade. Inévitablement, elle se trouve grosse, parce qu'elle se compare à des mannequins qui gagnent des millions de dollars pour exhiber leur corps, considéré comme beau mais ressemblant plutôt à un paquet d'os et nullement au corps des femmes d'aujourd'hui.

POUR EN FINIR AVEC LA FONCTION ORNEMENTALE

De nos jours, les fillettes ont conscience de l'importance que la société accorde à l'apparence des femmes. Vous pensez que Barbie est démodée et ne peut donc plus nuire à leur épanouissement? Hélas, vous vous trompez; Barbie a la vie dure et figure toujours au palmarès des dix jouets les plus vendus aux États-Unis, souvent même en première ou deuxième place[11]. Vous pensez que j'exagère, que Barbie n'est après tout qu'une poupée, qu'un jouet? Certes, mais les messages associés à ce personnage célèbre, idole des fillettes dans le monde entier, sont extrêmement stéréotypés et puissants. La technologie est venue au secours de Mattel pour renforcer le sexisme; aux États-Unis, la première Barbie parlante disait, entre autres stupidités: « *Math class is tough!* » (« Les maths, c'est difficile! »), ce qui étayait l'idée fausse selon laquelle les garçons sont meilleurs en mathématiques que les filles[12]. Un modèle plus récent, appelé « Barbie magasineuse », était accompagné d'un accessoire important: une carte de crédit. Difficile de ne pas comprendre le message: on encourageait vraiment les fillettes à devenir des consommatrices… Au jeu vendu aux États-Unis sous le nom de *Barbie Dream Date Game*, la gagnante est celle qui réussit à faire dépenser à G.I. Joe le plus d'argent; quelle belle motivation pour les jeunes filles! Cependant, la colère gronde; chez nos voisins américains, une étudiante de l'Université de Californie à San Diego a créé un groupe destiné à débarrasser la société de cette arme de propagande que représente Barbie. Ce groupe, baptisé *Barbie Liberation Organization*, est allé jusqu'à remplacer les dispositifs parlants des Barbie par ceux des G.I. Joe et vice-versa. Imaginez l'imbroglio. Imaginez Barbie disant: «L'heure de la vengeance est arrivée», («*Vengeance is mine*») et G.I. Joe disant: «Allez, on va magasiner» («*Let's go shopping*»)[13]! Et pourquoi pas? Grâce à cet acte de vandalisme, déguisé en exploit cocasse, la détresse que de nombreuses femmes ressentent en raison de leur impuissance face au sexisme s'est enfin exprimée.

Actuellement, les méthodes et appareils vendus aux femmes pour leur permettre de se débarrasser de leurs complexes abondent, tout comme les stratégies de marketing leur donnant des complexes. La fonction ornementale de la femme est plus importante que jamais: les femmes ont le droit d'accéder aux mêmes sphères que les hommes, mais, apparemment, à la condition qu'elles se contrôlent suffisamment pour présenter le corps gagnant, le corps de la réussite. Leur réussite dépend de leur beauté, et leur beauté, de leur minceur. Leur principal rôle est de bien paraître et de séduire. En outre, la société s'oppose à leur émancipation en leur proposant un modèle impossible à suivre. Certes, les femmes sont plus valorisées qu'avant sur le plan professionnel, mais elles sont dévalorisées, amputées sur les plans personnel et physique. Car convaincre une femme que la beauté se résume à une maigreur toute juvénile, c'est la conduire à ne pas assumer son corps de femme mûre et à le voir comme un corps laid et vieux. Pour croire en sa valeur, toute personne doit être valorisée. Pour s'aimer, toute personne doit être aimée; la nécessité de se faire aimer est d'ailleurs à l'origine de la pulsion à se conformer à la majorité, en particulier durant l'adolescence, au cours de laquelle l'être humain construit son identité. Et pour se juger belle, toute personne doit s'être fait dire qu'elle était belle. Et plus elle se le sera fait dire, plus elle sera sûre d'être belle. Or, dans le monde occidental, on ne dit pas aux femmes normales qu'elles sont belles, on cherche à les convaincre qu'elles ne le sont pas assez ou pas du tout, afin de leur vendre les dernières nouveautés. La grosseur est associée à la maladie, à la laideur et à l'anormalité. Les rides sont synonymes de décrépitude, de déchéance. Tout ce qui fait partie du processus normal de l'avancement en âge, ainsi que les différences de profil corporel qui nous caractérisent, est perçu négativement. Et quand on vous lance constamment le message que vous êtes malade, laide, anormale et décrépite, il est très difficile de se voir belle. Une enfant que ses parents trouvent belle et le lui disent réussira peut-être à développer un certain amour-propre, mais ce n'est pas assuré, car l'opinion des parents, malgré son grand impact, n'est pas toujours de taille à rivaliser avec la mode ou l'industrie de l'amaigrissement, qui a tout à gagner à faire croire que la grosseur est un fléau. Dans notre société lipophobe, les femmes ont beaucoup de mal à acquérir une certaine estime de soi, et celles qui ne s'aiment pas sont persuadées qu'elles doivent se surveiller pour être aimées, et que chercher à modifier son corps est tout à fait normal et justifié.

Les femmes les plus heureuses sont celles qui comptent uniquement sur elles-mêmes pour développer leur estime de soi, parce qu'elles ont compris que la société ne les valorisera pas. Ces femmes-là s'estiment belles malgré tous les messages leur laissant entendre qu'elles ne le sont pas. François de la Rochefoucauld, moraliste et homme politique français, a dit : « Nous gagnerions plus à nous voir tels que nous sommes que d'essayer de paraître ce que nous ne sommes pas. » Pour la femme, prendre sa place dans la société, c'est effectivement prendre la place qui lui revient avec son corps tel qu'il est, non remodelé, avec son corps dont les rondeurs ne sont pas les symptômes d'une maladie, mais des signes de sa féminité. Pour connaître le vrai bonheur, plutôt que celui censé résulter du fait d'être comme la société le veut, la femme doit refuser de fondre, de disparaître. Elle doit cesser de servir les buts de la commercialisation, cesser de se priver pour que l'industrie de l'amaigrissement profite bien, cesser de se sentir coupable d'avoir mangé à sa faim dans ce monde occidental où les denrées alimentaires abondent. Qu'arriverait-il si les femmes se concentraient sur leurs capacités plutôt que sur leur apparence ? Comme les hommes, elles seraient estimées en raison de leurs aptitudes, et les relations entre les hommes et les femmes ressembleraient plus à un travail d'équipe qu'à une lutte pour le pouvoir.

ET LES GARÇONS, DANS TOUT ÇA ?

Dans l'ensemble, la mode masculine change peu. Les couleurs des vêtements se diversifient, la longueur des vestes et des cravates varie, mais les coupes demeurent à peu près les mêmes et toujours confortables. Ce qui change, c'est la conception du corps idéal masculin.

G.I. Joe est en quelque sorte la Barbie des garçons. Et comme Barbie, G.I. Joe a subi des transformations qui démontrent bien la tendance à mettre en valeur certaines caractéristiques physiques en les accentuant exagérément. En 1964, G.I. Joe était relativement bien proportionné. Ses biceps correspondaient à des biceps de 31 cm. Dix ans plus tard, ils représentaient des biceps de 38,6 cm et en 1998, de 68 cm, à l'apparition du modèle G.I. Joe « extrême ». Les biceps de Batman, superhéros encore populaire de nos jours, ont eux aussi atteint cette dimension. Et il y a pire encore : le personnage de Wolverine, un autre superhéros, qui aurait sûrement beaucoup de difficulté à enfiler une chemise de coupe normale puisque ses biceps font 81 cm[14]. Alors, sommes-nous en train d'inciter les garçons à prendre des stéroïdes ? En tout cas, nous sommes indéniablement en train de leur proposer un modèle masculin évoquant la force, la puissance et la virilité auquel la plupart d'entre eux ne pourront jamais se conformer. Un modèle qui, comme celui présenté aux filles, éveille leur désir de modifier leur silhouette. Pourtant, le profil athlétique hypermusclé est loin de convenir à tous les hommes, tout comme le profil mince et longiligne est loin de convenir à toutes les femmes. Et ce profil, on le retrouve partout, dans les bandes dessinées, dans les magasins de jouets, à la télévision, au cinéma…

En ce qui concerne l'image corporelle, la question n'est pas de savoir si ce sont les filles ou les garçons qui ont le plus gros problème, mais comment les hommes et les femmes réussiront à régler le problème de plus en plus répandu que pose cette image. Le défi est d'amener les enfants et les jeunes à accepter leur corps malgré le grand écart qui existe entre leur silhouette et celle des vedettes.

SERVIR LES INTÉRÊTS DES ENTREPRISES COMMERCIALES

Avec l'industrie pharmaceutique, l'industrie de l'amaigrissement est probablement l'une des plus grandes réussites de toute l'histoire du capitalisme. Fondée sur le manque d'estime des individus envers leur corps, elle touche toutes les classes sociales et les deux sexes, mais surtout les femmes. Ces dernières représentent donc une énorme clientèle ; aux États-Unis, par exemple, 85 % de la totalité des achats sont effectués par des femmes[15]. De ce fait, les femmes détiennent le pouvoir d'imposer des changements sur les plans médiatique et commercial, mais elles sous-estiment grandement leur pouvoir économique. Au lieu d'utiliser ce pouvoir à leur avantage en investissant leur pécule de manière judicieuse, elles tombent encore dans les pièges que leur tendent les entreprises commerciales. Elles dépensent pour se sentir physiquement adéquates, alors qu'elles devraient dépenser pour améliorer vraiment leur qualité de vie. Attaquée par des messages forts véhiculés par des industries puissantes, la femme en est venue à s'attaquer elle-même avec ces armes terriblement destructrices. Elle a « intériorisé » l'ennemi et en est arrivée à croire que l'ennemi, c'était elle-même, un peu comme Méduse s'est vue devenir la méchante, celle qui pétrifiait les corps à cause de la souffrance qui lui avait été infligée. La femme est partie en guerre contre son corps, et de tous les juges, c'est elle qui se juge le plus sévèrement. Bien que le discours dominant lui donne l'illusion d'être libérée et indépendante, elle est plus que jamais prisonnière de cette éthique qui lui dicte de se mettre au service de son corps, et ce, depuis des siècles. Car « le devoir de beauté est probablement aussi ancien que les rapports de séduction entre les sexes. Mais la teneur du discours a quand même évolué pour deux raisons essentielles : l'imposition croissante de modèles de plus en plus médiatisés d'une part ; la diffusion croissante de techniques corporelles de plus en plus sophistiquées et accessibles d'autre part[16]. » Autrement dit, puisque les techniques pour embellir abondent et sont sans cesse améliorées, si la femme ne réussit pas à atteindre le corps idéal, elle est la seule à blâmer. La prescription est donc encore plus sévère pour la femme d'aujourd'hui que pour la femme de l'après-guerre, qui n'était pas tenue pour responsable de son physique. Être belle est aujourd'hui un devoir presque moral. Non seulement la femme doit se préoccuper de son apparence, mais elle en est responsable ; si elle veut être belle, elle peut l'être. Si elle accepte son corps imparfait, on la juge négligente, incapable de se contrôler et dépourvue de volonté.

Freud posait la question : « Que veut la femme ? » Elle veut la même chose que l'homme. Elle veut être reconnue et valorisée, elle veut être aimée pour ce qu'elle est. Mais cela lui semble impossible, parce que la femme a grandi dans un monde où, pour être « valable », elle se doit d'être belle pour être désirée, notamment par l'homme, et, pour être désirée, doit se conformer aux modèles de beauté, qui changent au fil des ans. La vision médiatisée des rôles sociaux ne permet pas non plus aux hommes d'avoir l'impression d'être acceptés tels qu'ils sont. « On aime les filles pour ce qu'elles sont et les fils pour ce qu'ils promettent d'être », disait Johann Wolfgang von Goethe, célèbre poète allemand. De nos jours, pour être « valable », l'homme se doit encore de refléter la force et la sécurité financière pour obtenir ou conserver l'objet de son désir, notamment la femme. De tels stéréotypes n'aident ni les hommes ni les femmes à s'épanouir.

Malgré l'évolution des mœurs et des techniques depuis la Préhistoire, nous avons conservé les mêmes attitudes à l'égard du sexe opposé. L'homme de Cro-Magnon avait raison de préférer les belles femmes, jeunes et en bonne santé, parce qu'il donnait ainsi à ses descendants de meilleures chances de survie. La femme de Cro-Magnon avait raison de préférer les hommes forts et musclés, parce qu'ils pouvaient lui fournir la protection et les ravitaillements nécessaires durant sa gestation. Ces comportements dictés par la lutte pour la survie font encore partie de notre instinct, mais à cause de l'influence des médias, les belles jeunes femmes ne sont plus en aussi bonne santé que jadis. Plutôt maigrichonnes, elles n'ont absolument pas la robuste constitution qui attirait l'homme de Cro-Magnon ; les beautés fatales d'Hollywood n'auraient jamais réussi à le séduire. D'ailleurs, la perpétuité de la race serait largement compromise si toutes les femmes parvenaient à atteindre l'idéal de beauté actuel, car, à un très bas pourcentage de gras, les menstruations cessent et la fertilité est nulle.

Je me trouve grosse, répugnante, tout simplement pas regardable. Je voudrais me coucher et ne plus jamais me réveiller.

PICKI
Extrait d'un forum consacré aux troubles alimentaires

Les médias ont changé notre façon de nous percevoir. Avant leur avènement, il était beaucoup plus difficile d'influer sur les mentalités, de manipuler l'opinion publique. Leur abondance a permis d'inonder monsieur et madame Tout-le-monde de messages implicites et explicites sur ce que devrait être un homme ou une femme, ou sur ce que devrait faire un homme ou une femme pour accéder au bonheur. Le but ultime de ces messages étant d'inciter les consommateurs à acheter, il est bien certain que plus les modèles proposés sont éloignés de la réalité, plus les produits offerts sont nécessaires.

Pour faire rêver les consommateurs dans le but de les pousser à acheter tel ou tel produit, les premières tactiques publicitaires étaient très rudimentaires : on présentait une photo du produit accompagnée d'un message court et frappant, un slogan. C'est ainsi qu'on faisait comprendre aux ménagères, par exemple, que leurs tâches domestiques seraient facilitées par l'emploi de produits d'entretien. Puis, on s'est mis à utiliser des personnes pour vanter les mérites des produits offerts. C'est alors que l'on s'est rendu compte de la grande influence que pouvait avoir une publicité quand le consommateur s'identifiait à la personne choisie pour vendre le produit. On s'est aussi aperçu que le message publicitaire était encore plus frappant s'il était subliminal, qu'on pouvait donc vendre un produit sans rien dire à son sujet à condition de le présenter à côté d'une personne à qui les consommateurs étaient susceptibles de s'identifier ou qu'ils étaient susceptibles de désirer. C'est la raison pour laquelle les femmes sont tellement exploitées par les médias et les entreprises commerciales. Les femmes s'identifient aux femmes qu'elles voient dans les publicités, et les hommes, eux, les désirent. Les stéréotypes sont parfaitement complémentaires. Les médias sont un miroir qui reflète l'image de la perfection que se fait la société à un certain moment. De la même façon que le miroir a permis aux individus de se comparer aux autres et de prendre conscience de leurs imperfections, les médias leur permettent de se comparer à un modèle, qui est invariablement le même à une époque donnée puisque c'est celui qui fait vendre le mieux. La diversité est exclue tout simplement parce que, si elle ne l'était pas, chacun pourrait s'accepter tel qu'il est et n'éprouverait donc pas le besoin d'acheter les produits proposés. Ce n'est pas pour le bonheur et la santé des femmes qu'on entretient le culte de la beauté, c'est pour servir les intérêts des entreprises commerciales, c'est pour vendre aux femmes des produits qu'elles n'achèteraient pas si elles se considéraient comme belles et convenables au naturel. Et vous, vous considérez-vous naturellement comme belle et convenable ?

Si votre poids vous préoccupe, il serait peut-être bon que vous remplissiez le petit questionnaire ci-après afin d'avoir une idée de votre degré d'obsession de la minceur. Les résultats que vous obtiendrez vous serviront sûrement à réfléchir à la question. Au cours de cet exercice, vous serez peut-être surprise de découvrir un aspect de votre pensée sur lequel vous ne vous êtes jamais penchée.

Questionnaire pour évaluer votre niveau d'obsession de la minceur

Questions relatives au comportement	Toujours	Souvent	Parfois	Jamais
Je me pèse				
Je reste sur ma faim dans le but de me gâter plus tard				
Je saute des repas dans le but de contrôler mon poids				
Je me retiens de manger entre les repas, même quand je me sens affamée				
Je mange au point d'en être malade				
Je compte les calories des mets que j'ai mangés ou que je vais manger				
Je pense à mon poids				
Je pense à la nourriture				
Je me force à finir mon assiette même quand je n'ai plus faim				
J'ai recours à des périodes de jeûne dans le but de maigrir				
J'ai recours à des produits naturels amaigrissants				
Je passe plus de 6 heures de suite sans manger				

Questions relatives à l'attitude	Totalement d'accord	Plutôt d'accord	Plutôt en désaccord	Totalement en désaccord
Je crois que si j'étais plus mince, je serais plus heureuse				
Il y a des aliments que je ne m'autorise pas à manger				
Je me sens coupable quand je mange à ma faim				
J'ai l'impression que si je me laissais vraiment aller à manger à ma faim, je ne pourrais pas me contrôler				
J'ai de la difficulté à accepter mon corps tel qu'il est				
Je crois que je serais plus séduisante si je maigrissais				
Mon poids est une entrave à mon bonheur				
Pour moi, la minceur est plus importante que la santé				

Attribuez 3 points à chaque réponse inscrite dans la première colonne, 2 points à chaque réponse inscrite dans la deuxième colonne et 1 point à chaque réponse inscrite dans la troisième colonne. N'attribuez aucun point aux réponses inscrites dans la dernière colonne. Faites ensuite la somme des points des trois premières colonnes et interprétez le résultat à l'aide de la grille ci-dessous.

Grille d'interprétation des résultats

De 40 à 60: Mon rêve d'être mince serait-il une entrave à mon bonheur?
De 20 à 40: Ma relation avec la nourriture n'est pas très harmonieuse…
De 0 à 20: La balance, je m'en balance!

Seriez-vous devenue, à votre insu, comme Méduse? Se pourrait-il que ce qui vous rend malheureuse, ce ne soit pas votre poids, mais le regard que la société et, finalement, vous-même portez sur votre corps? Se pourrait-il qu'en vous jugeant sévèrement et en vous infligeant des privations vous vous priviez aussi de l'existence heureuse à laquelle vous aspirez? Si vous vous reconnaissez dans le personnage mythique de Méduse, c'est que vous avez un combat à livrer. Si vous gagnez la bataille, la sentence sera levée. Vous pourrez sortir de cette prison dans laquelle vous avez pénétré de votre plein gré avec toutes les autres femmes. Cependant, dites-vous bien que cette bataille ne sera pas sans surprise, car la mythologie grecque n'est pas la seule à conter des histoires; de nos jours encore, on en raconte de bonnes. Alors il vous faudra aiguiser votre esprit critique, qui sera votre meilleure arme pour remporter la victoire sur les dieux. Le chapitre suivant vous fournira les outils nécessaires pour forger cette arme redoutable.

Chapitre 3
DES MYTHES... À DYNAMITER !

Comme il est facile pour ceux qui n'ont pas de bourrelets de s'empiffrer !

OGDEN NASH,
poète américain

Vous êtes-vous déjà demandé pourquoi l'industrie de l'amaigrissement est si prolifique depuis 30 ans, alors que le poids moyen de la population augmente au lieu de diminuer ? Si les régimes faisaient réellement maigrir une fois pour toutes, on aurait constaté une diminution du poids des individus, et les merveilleux produits, traitements et méthodes pour maigrir ne seraient plus nécessaires. Quand la science trouve un vrai remède pour combattre une maladie, cette maladie disparaît. La pénicilline a permis de guérir des millions de personnes atteintes d'infections bactériennes mineures. Les hormones thyroïdiennes aident à prolonger la vie des hypothyroïdiens. Les diabétiques peuvent survivre grâce à l'insuline. Ces traitements permettent d'éliminer les symptômes des maladies. Jamais il ne nous serait venu à l'idée de les considérer comme efficaces s'ils n'avaient agi que temporairement et que le nombre de malades s'était mis à augmenter, comme conséquence. Pourtant, les régimes amaigrissants sont encore vus comme le souverain remède contre l'obésité, alors que, de toute évidence, ils entraînent plutôt un gain de poids à long terme. On a constaté que plus ils étaient commencés tôt dans la vie, plus ils risquaient de constituer un facteur de risque d'obésité future. On a aussi remarqué que la majorité des personnes qui se mettent au régime reprennent le poids perdu dans les cinq années qui suivent et même, souvent, quelques kilos supplémentaires. Malgré tout, on continue de penser que « quand on veut, on peut ». En outre, on croit que conseiller l'arrêt des régimes amaigrissants équivaut à promouvoir l'obésité. Pourtant, tout tend à prouver le contraire : encourager les régimes basés sur la restriction alimentaire revient à promouvoir l'obésité « future ». Le présent chapitre tentera de vous en convaincre.

LES RÉGIMES NE DONNENT PAS DE RÉSULTATS DURABLES

Un proverbe dit : « Plus on résiste, plus ça persiste ». Un autre : « Chassez le naturel, il revient au galop ». En effet, la nature a le don de revenir à son point d'équilibre, et tous les changements qui vont à l'encontre de la nature suscitent plutôt une résistance. La nature est bien faite, parce que c'est ainsi que notre corps réussit à survivre aux mauvais traitements que nous lui infligeons. Nous croyons pouvoir contrôler notre corps, mais c'est impossible, car il enclenche continuellement des mécanismes compensatoires afin de revenir à l'état qu'il préfère. Voyons de quel genre de mécanismes il s'agit en examinant ses réactions dans une situation très courante.

Le jour J des régimes est assurément le lundi. À partir de ce jour-là, on se pèse tous les matins, après avoir été aux toilettes et avant de s'habiller. On est décidée à « faire attention ». Rester sur sa faim devient l'objectif numéro un et le demeure tant que le poids visé n'est pas atteint. On déjeune à peine avec un fruit ou un yogourt, ou encore une seule rôtie. On ne grignote pas entre les repas. On s'en tient aux portions minuscules prescrites par le régime, même si elles ne satisfont ni notre faim ni nos envies. On dîne avec une salade. Jusqu'au dîner tout va bien et il est encore possible de résister. Mais c'est habituellement après le dîner, vers 14 h, que ça se gâte. Pour tenir le coup, il faut toute une volonté.

En outre, les gros efforts déployés pour ne pas sentir la faim entraînent le gaspillage d'une grande quantité d'énergie. Quand on sent le « petit creux », on pense à autre chose, on se gave avec de l'eau, on modifie son trajet pour éviter les boutiques, rayons et distributeurs offrant des aliments alléchants, on feint d'être malade pour éviter les soupers copieux, on ressort cette photo sur laquelle on est, à ses yeux, terriblement énorme afin de se motiver, on se répète des préceptes issus du dernier livre sur la pensée positive… bref, on fait tout pour chasser de son esprit les images de tous les aliments qu'on aime, terrorisée à l'idée qu'on pourrait céder au petit creux devenu grand et en éprouver un vif sentiment de culpabilité. Mais tôt ou tard, habituellement au milieu de l'après-midi, la faim devient si pressante qu'on craque : on s'accorde enfin la permission de manger. Et pour profiter au maximum de cette permission provisoire, on se donne droit à ce qu'on s'est interdit de manger depuis long-temps, et ce, en dépassant largement la quantité nécessaire pour calmer sa faim. Pas une tablette de chocolat de la machine distributrice, mais deux! Après tout, on s'est tellement privée qu'on le mérite bien. À ce moment de plaisir succède rapidement une descente aux enfers: le sentiment de culpa-bilité. Et si, le soir venu, le verdict de culpabilité est corroboré par la prise d'un petit kilo, le châtiment sera sévère: on jurera de se priver davantage pour ten-ter de réparer les pots cassés. Ou bien on abandonnera tout simplement la partie: on se gavera de plus belle devant le téléviseur en songeant qu'on ne mérite pas de connaître le grand bonheur d'être mince parce qu'on n'est qu'une bonne à rien.

Vous trouverez peut-être ce scénario un peu exagéré. Cependant, il illustre bien le cycle infernal des régimes et assez fidèlement les tensions que vivent les femmes au régime. Il nous servira de repère pour mieux comprendre les effets sur l'organisme de toutes les méthodes d'amaigris-sement basées sur la privation.

En restant sur leur faim, les personnes au régime pensent, à tort, qu'elles perdront leur graisse et que les kilos en moins seront le reflet de cette perte. En réalité, les choses sont loin d'être aussi simples. Le tableau suivant nous aidera à comprendre, étape par étape, la complexité des mécanismes biologiques déclenchés par la boucle de comportements de privation-compulsion illustrée plus haut.

TABLEAU 4

Heure	Besoins approximatifs	Apport approximatif	Différence	Résultat
9 h	300 calories	100 calories	-200	Déficit : 650 cal
10 h	300	0	-300	L'énergie est prélevée dans la réserve à court terme
12 h	300	150	-150	des muscles
15 h	300	450	+150	Excès : 650 cal
18 h	300*	600	+300	Les calories sont entreposées dans la réserve à long terme
21 h	300*	500	+200	du tissu graisseux
	1800 calories	**1800 calories**		

Ce tableau nous explique, de façon extrêmement succincte et simplifiée, ce qui se passe dans notre corps quand on ne lui fournit pas assez d'énergie ou quand on lui en fournit trop. Il illustre la manière dont l'organisme d'une personne au régime utilise les calories. Dans ce tableau, les besoins en calories nécessaires au fonctionnement du corps humain sont les mêmes aux différents moments clés de la journée, ce qui n'est bien sûr pas le cas dans la réalité. En effet, ces besoins varient d'heure en heure et de jour en jour, en fonction de notre degré d'activité ou de notre état général. C'est dans le but de simplifier les calculs qu'ils sont ici considérés comme constants. Quant à ce qui se passe la nuit, nous n'en avons pas tenu compte.

Le tableau 4 nous présente donc les apports caloriques typiques d'une personne au régime durant la journée : le matin, elle reste sur sa faim, mais à partir de l'après-midi, où de furieuses envies de manger font suite à la privation, elle craque. Comme nous le remarquons, l'apport de l'avant-midi est largement inférieur aux besoins. Par conséquent, le corps doit se débrouiller pour trouver des calories en attendant d'être suffisamment nourri. Nous serions portés à croire que c'est à ce moment-là qu'il va aller puiser dans ses réserves de graisse, ce qui entraînerait un amaigrissement sain. Malheureusement pour les individus qui veulent maigrir mais heureusement pour la race humaine, il n'en est pas ainsi. Au cours d'une période de jeûne, les besoins pour maintenir une concentration constante de glucose dans le sang, afin d'assurer notamment le métabolisme énergétique du cerveau, sont comblés grâce à ce qu'on appelle la « glycogénolyse », c'est-à-dire la fabrication de glucose à partir de la dégradation du glycogène entreposé dans le foie et les muscles. Mais les réserves de glycogène étant limitées, l'organisme doit recourir à d'autres substrats pour synthétiser du glucose lorsque le jeûne se prolonge. C'est alors que la gluconéogenèse débute. Les acides aminés contenus dans les protéines des tissus, en particulier les tissus musculaires, qui regorgent de protéines tissulaires, sont les principales substances susceptibles d'être converties en glucose. Les lipides peuvent également être ainsi convertis, mais de façon très limitée. En fait, le gras, nommé aussi « triglycérides », est constitué d'un glycérol et de trois acides gras, mais seul le glycérol peut être transformé en glucose[1].

Pourquoi les graisses ne sont-elles pas converties en glucose en fonction des besoins? Le corps serait-il mal fait, comme le laissent supposer les propos toujours négatifs au sujet des tissus adipeux dans notre société? Pas du tout; le corps a tout avantage à ne pas se servir des graisses, car cela finirait par être dangereux pour lui. Le problème vient du fait que, même si la dégradation des graisses, appelée «lipolyse», est effectivement accélérée quand l'apport en glucides est insuffisant, il manque un élément essentiel pour que cette dégradation s'effectue complètement: l'acide oxaloacétique. Lors d'une carence en glucides, cet acide est transformé en glucose pour nourrir les neurones du cerveau. Par conséquent, il ne peut être utilisé pour la lipolyse. Et si la lipolyse était incomplète, elle ne conduirait pas à une production de glucose, mais à la formation de corps cétoniques qui passeraient dans le sang. Cette cétogenèse provoquerait donc une accumulation de corps cétoniques dans le sang, c'est-à-dire une cétose. La cétose est le résultat habituel d'un jeûne ou d'un régime alimentaire dont le contenu en glucides est insuffisant. C'est également l'une des complications d'un diabète mal contrôlé. Les conséquences de la cétose sont sérieuses. L'haleine prend une odeur d'acétone à cause de l'évaporation de celle-ci au niveau des poumons, et la respiration devient plus rapide parce que le système respiratoire tente d'expulser plus rapidement le gaz carbonique afin de faire baisser l'acidité du sang (les corps cétoniques étant des substances acides, leur taux dans le sang ne doit pas être trop élevé, car un pH sanguin acide a des effets néfastes sur le système nerveux). Au-delà d'un certain seuil, la cétose mène au coma[2].

C'est donc le glycogène, les protéines contenues dans nos muscles ou celles entreposées dans notre foie que notre corps transforme en premier lieu pour nourrir nos organes quand nous ne consommons pas assez de glucides. Parmi tous nos organes, le plus important est le cerveau, parce qu'il contrôle tous les autres organes. Or, le seul carburant que notre cerveau veut utiliser pour approvisionner les neurones et fonctionner de manière optimale est le glucose; celui accumulé sous forme de glycogène dans nos muscles lui sert de réserve quand l'alimentation n'en fournit pas. (Il pourrait utiliser les corps cétoniques, mais le prix à payer serait très élevé.) C'est pourquoi le glucose provenant de notre réserve musculaire est si précieux. Pendant les heures de jeûne, les neurones du cerveau doivent continuer à agir, car nous ne faisons pas partie de ces espèces qui peuvent hiberner lorsque les denrées se font rares. Nous sommes donc dotés de deux types de réserves pour pouvoir survivre en toutes circonstances : une réserve à court terme, constituée du glycogène et des protéines de la masse musculaire, et une réserve à long terme, constituée du gras contenu dans nos tissus adipeux. Ces réserves ont des usages bien différents : le glycogène nous dépanne en cas de jeûne de courte durée, les protéines nous secourent quand le jeûne se prolonge et le gras nous permet de survivre aux pires famines. Notre corps est donc très bien fait : comme s'il savait à quel point sa survie en dépend, il conserve sa graisse dans l'éventualité où les vivres viendraient à manquer pendant plusieurs jours, ne l'utilise qu'en dernier recours, une fois la réserve à court terme épuisée. C'est alors qu'il est prêt à tout, même à transformer les graisses en acides cétoniques, qui ne sont qu'un piètre carburant pour le cerveau, car ils sont en fait toxiques pour l'organisme.

Quand les réserves de glycogène sont épuisées, notre cerveau, qui contrôle tout, voit bien venir la pénurie. Il amplifie donc les signaux de faim pour que nous cherchions vivement de la nourriture. Nous sommes alors irritables et nerveux, parce que le glucose, essentiel pour lui, commence à se faire rare. Nous sommes également beaucoup plus alléchés par l'odeur et la vue d'aliments. Le cerveau aiguise nos sens afin que le message soit clair : « J'ai besoin que tu manges ! » Voilà pourquoi, quand nous avons faim, des images d'aliments nous traversent l'esprit et les réclames publicitaires nous font tant d'effet. Dans l'industrie alimentaire, on sait très bien cela. On s'arrange donc pour nous présenter les meilleures petites gâteries juste avant les repas. En outre, la restriction alimentaire a un effet encore plus pervers : les signaux de faim sont si forts qu'une fois à table nous continuons à manger même lorsque nous sommes rassasiés. Tout se passe comme si notre corps nous disait : « Tu m'as privé pendant si longtemps que je vais profiter au maximum de cette permission de manger que tu m'accordes enfin. » De ce fait, les personnes au régime réussissent à accumuler quotidiennement un nombre de calories suffisant et assez constant malgré leurs maigres repas le matin et le midi. Toute privation entraîne habituellement un rattrapage plus tard. Sauter le petit-déjeuner, par exemple, est l'un des facteurs pouvant expliquer cette « faim de loup » qui se fait systématiquement sentir le soir. Ainsi que le montre le tableau 4, les déficits accumulés avant 15 h, dans cet exemple, suscitent une faim démesurée au souper et dans la soirée. À ce moment où on mange plus qu'à sa faim, le corps ne voit qu'une solution : emmagasiner l'énergie pour plus tard, au cas où… Les apports de glucides, de protéines ou de lipides ne se volatilisent jamais. Ces substances sont bien trop précieuses pour être gaspillées ou éliminées. Alors, une fois que la réserve de glycogène a été renflouée, tout l'excédent est entreposé sous forme de graisse. On se prive pour maigrir, mais cela nous conduit en définitive à perdre des tissus maigres et à augmenter nos réserves de tissus adipeux. Nos apports ne sont pas en harmonie avec nos besoins. À la fin de la journée, on a finalement fourni à notre corps le nombre de calories qu'il lui fallait (dans l'exemple décrit au tableau 4, 1800 calories), mais à aucun moment, on ne lui a fourni les calories qu'il réclamait de façon adéquate. Devant notre acharnement à aller contre nature, notre corps s'est vengé. C'est pourquoi les méthodes basées sur la privation sont vouées à l'échec, c'est-à-dire qu'elles ont peu de chances de donner des résultats durables.

Le développement de « rages » de certains aliments, surtout les aliments sucrés, chez les personnes au régime est donc fréquemment associé à la non-satisfaction de leurs besoins alimentaires avant l'après-midi ou à une alimentation ne permettant pas de combler ces besoins. Étant donné que ces personnes ne fournissent pas à leur cerveau l'énergie qu'il réclame, celui-ci les harcèle tant que sa demande n'est pas satisfaite. Telle est l'une des raisons pour lesquelles l'anorexie ne va pas sans la boulimie. Ce n'est pas le seul mécanisme en jeu dans la dynamique de ces troubles alimentaires, mais la privation, le contrôle excessif de l'alimentation entraîne tôt ou tard des signaux de faim si forts qu'ils font sombrer l'anorexique (du moins celle qui survit) dans la boulimie. Par conséquent, la première étape du traitement de la boulimie consiste à prendre au moins trois repas par jour. Bien s'alimenter tout au long de la journée selon le niveau de faim évite les excès, car un corps satisfait n'a pas besoin d'envoyer de tonitruants signaux de faim pour se faire entendre et nous faire perdre le contrôle.

Il arrive que des personnes au régime n'aient pas l'impression de se priver, parce qu'elles mangent trois repas par jour et se remplissent l'estomac à chaque fois. Toutefois, la plupart des régimes prescrivent des repas incomplets sur le plan nutritionnel, car ils sont basés sur des principes complètement absurdes, comme les combinaisons alimentaires. De ce fait, ils impliquent la plupart du temps un apport trop faible d'hydrates de carbone. Le carburant principal du cerveau étant insuffisant, les signaux de faim ne sont pas inhibés. Souvent, le menu des personnes au régime comprend des aliments riches en protéines et beaucoup de légumes, mais ne comprend pas de produits céréaliers, ni de féculents, ni même de fruits. Comme nous l'avons expliqué plus haut, cela a pour effet de forcer le cerveau à puiser dans le glycogène des muscles pour continuer à fonctionner, comme si aucun aliment n'avait été mangé. C'est la raison pour laquelle les régimes ayant un effet rapide sur le poids sont généralement ceux qui préconisent la réduction des aliments riches en hydrates de carbone. Communément appelés les 4P depuis les années 1970 par l'industrie de l'amaigrissement, les pains, les pâtes, les patates et les pâtisseries sont riches en hydrates de carbone. Lorsqu'on s'en prive, on force le cerveau à aller s'approvisionner dans les muscles, et il s'ensuit une perte de poids qui peut être assez rapide, mais aux dépens des muscles et non pas de la graisse. De plus, les muscles retenant beaucoup d'eau, la perte de masse musculaire occasionne une perte d'eau qui peut rendre l'amaigrissement encore plus spectaculaire. À court terme, la plupart des régimes donnent ainsi des résultats, même ceux qui recommandent cette torture que sont les injections de protéines. Ces dernières entraînent, elles aussi, une perte de poids rapide, en grande partie grâce à la fonte des muscles et à une perte d'eau, ce qui donne à la personne au régime la fausse impression qu'elle est sur la bonne voie. L'industrie de l'amaigrissement profite largement de ces lois du métabolisme, car les clients sont temporairement très satisfaits, ils fondent à vue d'œil.

Il est indéniable que la privation peut faire perdre du poids à court terme. Mais l'euphorie suscitée par cet amaigrissement est bien éphémère, car le vrai défi n'est pas de perdre des kilos, mais de ne jamais reprendre les kilos perdus. Or, face à la privation, le corps finit tôt ou tard par nous faire savoir qu'il n'en peut plus de fonctionner sur ses réserves musculaires. Il nous envoie de forts signaux de faim, si bien qu'au fil des semaines nous avons de plus en plus de mal à suivre notre régime. Nous avons de plus en plus envie de ces aliments que nous n'avons pas mangé depuis longtemps, surtout les plus riches, les plus satisfaisants. À notre insu, notre corps est en train de reprendre les rênes. Selon notre degré de volonté, nous atteindrons ou non le poids que nous visons, mais nous arrêterons forcément notre régime. Premièrement, parce qu'il est impossible de suivre un régime toute sa vie, vu qu'on s'en lasse vite, et deuxièmement, parce que notre corps ne se laissera jamais mourir de faim sans lutter. Et de l'arrêt inévitable des régimes, l'industrie de l'amaigrissement profite également, puisque les clients sont voués à reprendre les kilos perdus et à revenir au galop. Elle abuse un nombre incalculable de personnes avec des régimes qui, s'ils étaient réellement efficaces, n'obligeraient pas 95 % d'entre elles à recommencer sans cesse le même manège.

L'inefficacité, à long terme, des régimes amaigrissants se révèle même dans les cas où ils sont suivis avec une extrême rigueur. Pour en comprendre la raison, il faut tenir compte du rythme auquel il est possible de perdre du gras. Un gramme de gras vaut 9 calories. Pour constituer ou dégrader 454 g de gras, soit 1 livre, il faut donc environ 3500 calories. Autrement dit, pour perdre 1 livre de gras par semaine, il faut réduire son apport énergétique de 500 calories par jour. C'est sur cette logique que sont fondées bien des méthodes d'amaigrissement, y compris celles recommandées traditionnellement par le milieu médical. Cependant, une fois que nous avons perdu un certain poids, mettons 20 ou 30 livres, nos besoins ne sont plus les mêmes, ils sont peut-être de 200 ou 300 calories de moins. Par conséquent, la restriction de 500 calories que nous nous imposons est en partie absorbée par nos besoins moins grands, et le rythme de l'amaigrissement est forcément ralenti. Il suffit donc de quelques calculs pour s'apercevoir que la belle logique à la base de nombreuses méthodes ne tient guère longtemps. On met en avant le fait que l'équilibre entre la dépense et l'apport peut déterminer en partie le poids corporel, mais on tait le fait que nous sommes loin de pouvoir prendre le contrôle des mécanismes du métabolisme. Il n'est donc pas si facile que cela de maigrir, et prétendre qu'une fois franchie la difficile étape de grande privation on peut passer à une étape de moins grande restriction revient à dire l'inverse de ce qu'il faudrait faire ; pour continuer de perdre de la graisse, il faudrait au contraire que la restriction soit de plus en plus grande.

Dans la plupart des régimes, ce n'est pas la perte de graisse qui explique en grande partie le ralentissement du métabolisme, mais plutôt la perte de masse musculaire. Les muscles sont les éléments les plus actifs de notre corps; ce sont eux qui dépensent de l'énergie pour nous faire bouger. Lorsque nous perdons de la masse musculaire, notre organisme dépense donc moins d'énergie. Nous continuons à manger de la même façon, voire à suivre notre régime, mais le corps, lui, a des besoins moindres, car il a moins de tissus maigres (de masse active) à alimenter. Sa masse musculaire étant moins importante qu'avant, il a appris à se contenter de moins. C'est ce qu'on appelle le « ralentissement du métabolisme ». Les besoins étant réduits mais l'apport similaire, l'entreposage sous forme de graisse est plus important. C'est à ce résultat malheureux qu'arrivent les personnes au régime depuis belle lurette et ayant l'impression qu'elles doivent manger des portions de plus en plus petites pour conserver le même poids. Le gras remplace graduellement la masse musculaire et, comparativement à la masse musculaire, ce gras brûle très peu de calories. Il représente une réserve d'énergie inerte et très économique, qui ne sert pas à nous faire bouger comme le faisaient les muscles. Au fil des régimes, on assiste à la fonte des muscles et à l'augmentation de la graisse, de sorte qu'une femme dont le pourcentage de graisse était de 25 % avant son premier régime peut voir ce pourcentage dépasser les 40 % après plusieurs années de régime. Alors qu'elle croyait maigrir, elle a en fait engraissé. Elle a dans son corps une plus grande proportion de tissus gras qu'auparavant et bien moins de tissus maigres. C'est une des raisons pour lesquelles le syndrome du yoyo n'est pas si inoffensif qu'on le prétend.

Non seulement les régimes amaigrissants basés sur la privation ne donnent pas de bons résultats quand on leur reste fidèle, mais ils sont trop contraignants pour qu'on puisse les suivre indéfiniment. Quand on se met au régime, on a hâte d'atteindre son objectif afin de pouvoir recommencer à manger normalement. Cependant, une fois l'objectif atteint, manger normalement signifie manger trop pour ce corps qui a appris à se débrouiller avec moins; il est passé en mode économie. La reprise des kilos perdus et la prise de kilos supplémentaires qui suivent la plupart des régimes sont dues à ce changement que la privation a provoqué.

On pourrait comparer la façon dont l'organisme réagit à la privation à la manière dont on gère son budget en temps de crise. Lorsque l'argent abonde, on dépense sans s'inquiéter beaucoup du lendemain. Par contre, quand il vient à manquer et qu'on s'est retrouvé dans le rouge à quelques reprises, on apprend à être prudent. Une fois la situation rétablie, on ne dépense plus l'argent aussi facilement, même si on dispose de la même fortune qu'auparavant. On a appris à épargner pour pouvoir éventuellement faire face à une nouvelle période de vaches maigres.

CELLULE DE GRAS UN JOUR, CELLULE DE GRAS TOUJOURS

Quand l'apport de nourriture dépasse celui nécessaire pour satisfaire les besoins, le corps emmagasine le surplus dans les tissus graisseux, aussi appelés « tissus adipeux ». Pour ce faire, il crée de nouvelles cellules graisseuses, qui sont tout simplement de petites poches très élastiques remplies de gras. C'est ainsi qu'il isole le gras afin qu'il ne se répande pas partout dans l'organisme, ce qui pourrait être dangereux.

Il y a trente ans, les scientifiques pensaient que le tissu adipeux ne servait à rien, était inerte. Aujourd'hui, ils s'aperçoivent qu'il est fort utile. Gérard Ailhaud, professeur à l'Institut de signalisation, biologie du développement et cancer (CNRS – Université de Nice-Sophia Antipolis), a étudié la formation et les fonctions de ce tissu capable d'assurer la survie de l'espèce humaine pendant des années.

Le tissu adipeux se développe aussi bien avant qu'après la naissance. Il se forme à partir de ces cellules qu'on appelle « les préadipocytes ». En cas de besoin, ces cellules sont capables de se transformer en adipocytes, cellules spécialisées dans le stockage des lipides sous forme de triglycérides. Elles sollicitent alors tout un tas de gènes et d'enzymes pour effectuer la lipogenèse (la production de lipides). En cas d'excès de lipides, les adipocytes grossissent et quand ils sont saturés, ils recrutent de nouveaux préadipocytes. Les cellules graisseuses peuvent donc proliférer pratiquement sans limites dans toutes les parties du corps. Et malheureusement pour nous, les adipocytes détestent être vides. Durant un régime, ils envoient donc au cerveau des messages d'alerte pour ne pas perdre leur gras. L'autre problème de fond tient à ce que le développement du tissu adipeux est un phénomène irréversible : une fois créés, les adipocytes peuvent se vider, mais ils ne disparaissent jamais, car ils ne possèdent pas de dispositif de mort programmée. Pourquoi en est-il ainsi ? Selon Gérard Ailhaud, c'est parce que le gras est nécessaire à la vie. En effet, non seulement le gras permet de survivre à un jeûne, mais il favorise la reproduction en créant les conditions voulues pour la puberté et la fécondité de la jeune fille. Il assure ainsi la perpétuité de l'espèce[3].

En résumé, notre corps fabrique le nombre de cellules voulues au fur et à mesure qu'il ressent la nécessité d'entreposer des calories. Une fois ces cellules créées, elles peuvent s'agrandir au besoin pour se remplir de gras. Elles peuvent donc augmenter aussi bien en nombre qu'en volume pour entreposer les calories superflues. Le hic, c'est que malgré qu'elles puissent se vider de leur contenu si nous amenons notre corps à utiliser le surplus de gras emmagasiné, elles ne sont pas pour autant détruites. Principalement constituées de leur membrane, elles sont toujours capables d'emmagasiner du gras. Par conséquent, il est bien plus facile de ne pas engraisser que de perdre de la graisse. C'est pourquoi on préconise l'activité physique comme stratégie de maintien du poids. L'activité physique permet de vider petit à petit les cellules graisseuses. Quand elle est régulière et l'apport alimentaire, conforme aux besoins, ces cellules finissent par être moins remplies, mais il s'agit d'un état toujours difficile à maintenir.

Le fait que nous ne puissions revenir au nombre de cellules graisseuses que nous avions avant un régime confirme ce vieux dicton : on récolte ce qu'on a semé. Traitez votre corps en ennemi, il en fera de même avec vous. Néanmoins, ce scénario pessimiste ne doit pas vous décourager d'adopter des comportements sains. Il vise simplement à vous avertir que les changements apportés à votre alimentation doivent être permanents, donc réalistes, sinon vous reviendrez à la case départ, avec des cellules graisseuses remplies à nouveau. En d'autres termes, il vise à vous faire remarquer l'importance de bien choisir vos stratégies, en vous assurant qu'elles sont compatibles avec vos goûts, votre mode de vie et vos contraintes. De surcroît, il vous permettra de retenir que le poids est loin d'être aussi facilement contrôlable qu'on le prétend.

LA SANTÉ ET LE POIDS

Il n'y a pas si longtemps, la santé était vue comme une bénédiction du ciel. Aujourd'hui, elle est plutôt perçue comme le fruit d'un travail acharné. Cette conception résulte d'une mentalité rigide selon laquelle chacun n'a que ce qu'il mérite, qui sévit depuis quelques décennies.

Dans notre culture réductionniste, on semble considérer que la santé n'est déterminée que par un seul facteur : le poids. Pourtant, les éléments qui influent sur la santé sont multiples. Les cigarettes, associées au cancer du poumon, nuisent à la santé des fumeurs et à celles des autres, mais on n'estime pas pour autant que les fumeurs sont de mauvaises personnes. On les menace à coups de photos de bouches et de poumons malades, mais leur manque de volonté ne fait pas souvent les manchettes. Par contre, on accuse très souvent les personnes grosses de manquer de volonté. Si elles sont malades, c'est de leur faute et, en plus, elles coûtent cher à la société ; il faudrait les taxer. De toute évidence, l'intolérance à l'égard des personnes rondes a engraissé. En revanche, on accepte très bien que des personnes minces passent des heures assises devant la télé, en fumant et en mangeant des chips. On sait pourtant que la sédentarité, le tabac et une mauvaise alimentation sont tous des facteurs de risque de maladies graves. Mais on demeure obnubilé par le poids. On a tellement peur de mourir à cause d'un excès de poids qu'on fume pour ne pas engraisser. C'est aberrant, la peur de la grosseur dépasse celle du cancer !

Les personnes grosses se soumettent à tellement de traitements de toutes sortes pour réduire leur poids qu'il est difficile de savoir si les effets sur la santé attribués à l'embonpoint ne sont pas, en réalité, les effets de ces traitements ou des grandes variations de poids elles-mêmes. Si on comparait la santé des personnes grosses à qui on a fichu la paix à celle des personnes grosses qui se sont soumises à toutes sortes de thérapies pour maigrir, on verrait probablement les choses sous un tout autre jour, car le poids n'est que l'un des multiples facteurs influant sur la santé. Inciter une personne à s'occuper de sa santé, c'est l'encourager à agir sur le plus grand nombre de facteurs possible et miser sur ceux qu'elle a le plus de chances de réussir à modifier, donc les facteurs contrôlables. Or, ce n'est pas du tout ce qu'on fait en ce moment avec les personnes grosses. Si elles ont un problème de santé, il est systématiquement attribué à leur poids, même s'il s'agit de maux de tête ou d'un simple ongle incarné. On les mène ainsi à se concentrer sur leur poids avant toute chose, alors qu'il est probablement, parmi les facteurs contrôlables, celui le moins contrôlable de tous. En outre, on minimise souvent les conséquences malheureuses des traitements amaigrissants qu'on leur prescrit.

Pour faire maigrir des personnes grosses au nom de la santé, on va jusqu'à leur enlever ou rendre dysfonctionnel un de leurs organes. On les mutile en leur faisant croire que c'est pour leur bien, que les avantages sur le plan de la santé dépassent largement les inconvénients. Le risque de mortalité existe, mais il est grandement banalisé : mieux vaut mourir que de vivre malade, et être gros, c'est forcément être malade, même si on n'a pas l'impression de l'être. Pourtant, il faut être drôlement solide pour supporter une chirurgie réductrice de l'estomac. D'ailleurs, les chirurgiens n'acceptent pas d'opérer des personnes ayant de sérieux problèmes de santé ou des antécédents cardiaques. Voilà tout un paradoxe, qui ne s'explique que par les bénéfices financiers attribués aux interventions de ce genre.

Dans les médias comme dans les cabinets médicaux, on menace les gros. On va même jusqu'à leur prédire la mort : « Si vous ne maigrissez pas, vous allez mourir d'une maladie coronarienne », leur dit-on, comme si ce risque s'élevait d'un coup à 100 % ! On monte en épingle tout ce qui a trait à l'obésité : l'obésité est un fléau social, elle tue des millions de personnes chaque année, elle coûte des millions aux contribuables, etc. En exagérant ainsi les choses, on donne la fausse impression que la perte de poids peut augmenter la durée de la vie de plusieurs dizaines d'années. Dans mes ateliers, presque toutes les femmes pensent qu'elles pourraient gagner plus de 10 ans si elles atteignaient leur poids santé. Pourtant, bien que le lien entre le poids et la morbidité (la dégradation de l'état général de santé) soit reconnu, celui entre le poids et la mortalité est encore très controversé. En réalité, le poids est loin d'avoir sur la longévité autant d'effet qu'on le prétend. Une équipe de chercheurs américains a même découvert que les individus ayant un léger embonpoint vivaient un peu plus vieux que la moyenne des gens. Ces chercheurs sont parvenus à cette conclusion après avoir analysé les données provenant d'études menées durant les années 1970, 1980 et 1990 et mis en parallèle la longévité des personnes avec leur indice de masse corporelle. Ils se sont ainsi aperçus que les personnes ayant un peu d'embonpoint (IMC légèrement supérieur à 25) avaient une espérance de vie de quatre à neuf mois supérieure à celle des personnes dont l'IMC correspondait à ce qu'il est convenu d'appeler un « poids santé ». Toutefois, ils se sont aussi aperçus que l'espérance de vie des obèses (IMC de 30 et plus) était moins élevée que celle des personnes de poids normal (IMC de 20 à 25). Mais ils ne parlent pas de dizaines d'années de moins! En outre, leur étude révèle qu'un IMC inférieur à 18,5 correspond également à une plus courte espérance de vie, bien qu'à un moindre degré[4].

Ce n'était pas la première fois qu'une telle étude était effectuée. Déjà, dans les années 1980, on se doutait que le lien entre le poids et la mortalité n'était pas si évident. En Norvège, une recherche avait révélé que les femmes norvégiennes vivant le plus longtemps ne se situaient pas dans les limites de ce que le milieu médical considère comme le poids santé, mais juste au-dessus. Dans cette étude, lorsque la longévité des femmes d'un poids élevé était comparée à celle des femmes d'un poids moyen, l'écart était de 2 à 5 ans. Et cet écart était exactement le même quand il s'agissait de cette extrême maigreur valorisée quotidiennement dans les médias et souvent présentée comme un gage de santé. Le fait que le poids santé ne soit pas nécessairement celui qui permette aux femmes de vivre le plus longtemps remet grandement en question la valeur des chartes de poids actuelles, surtout celles concernant les femmes. Pourtant, de telles études, malgré qu'elles soient sérieuses, font rarement les manchettes, car elles contredisent le discours dominant.

On sait également que le lien entre l'obésité et les maladies cardiovasculaires est beaucoup moins marqué quand on ajoute à l'équation la condition physique. Par exemple, des chercheurs de l'Université de Floride ont démontré que la condition physique jouait un plus grand rôle que l'IMC dans l'apparition des troubles cardiaques. Ils ont comparé 936 femmes de divers IMC et en sont arrivés à la conclusion que les femmes n'ayant pas d'excès de poids mais étant en mauvaise condition physique risquaient plus d'avoir des maladies cardiovasculaires que les femmes ayant un excès de poids mais étant en bonne condition physique[5].

Mon propos n'est pas de nier l'existence d'un lien entre l'IMC et la santé, mais de voir s'il est aussi fort qu'on l'imagine et si les effets de la

Un jour, mon prof d'éducation physique a mesuré le pourcentage de gras de tout le monde et affiché les résultats au tableau. À tous ceux qui, comme moi, avaient un pourcentage de gras supérieur à 19 %, il a conseillé de perdre du poids et donné des exercices supplémentaires à faire. C'est ce jour-là que j'ai commencé à suivre un régime, je m'en souviens comme si c'était hier.

CAROLE-ANN,
19 ans

quête d'un poids idéal ne seraient pas moins bénéfiques qu'on le croit. En effet, quand on regarde les deux côtés de la médaille, décrits à la figure 1, on constate que les risques associés à la perte de poids ne sont quand même pas à négliger. À vrai dire, le poids que toute personne devrait viser à maintenir est celui comportant le moins de risques possible, compte tenu de ceux liés au gain de poids et de ceux liés à la perte de poids[6].

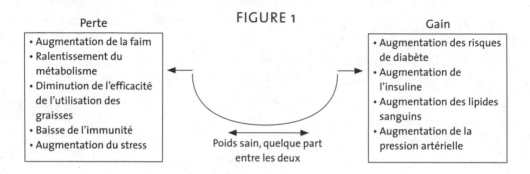

FIGURE 1

Perte
- Augmentation de la faim
- Ralentissement du métabolisme
- Diminution de l'efficacité de l'utilisation des graisses
- Baisse de l'immunité
- Augmentation du stress

Poids sain, quelque part entre les deux

Gain
- Augmentation des risques de diabète
- Augmentation de l'insuline
- Augmentation des lipides sanguins
- Augmentation de la pression artérielle

Se pourrait-il qu'on mette davantage l'accent sur les risques de l'obésité que sur ceux de la perte de poids pour la simple raison que la grosseur dérange plus que la maigreur? Si vous n'êtes pas grosse, demandez-vous ce que vous éprouvez quand vous rencontrez une personne grosse. Ne vous sentez-vous pas mal à l'aise? Si vous n'avez pas l'impression de l'être, ima-ginez-vous entourée de personnes grosses dans un autobus bondé. Comment vous sentiriez-vous? Quelle serait votre première préoccupation? Il y a gros à parier que ce ne serait pas la santé de ces personnes, mais votre petitesse par rapport à elles et votre relative vulnérabilité face à elles. Effec-tivement, nous ne sommes pas si différents des animaux, puisque nous avons tendance à considérer les personnes plus grosses que nous comme beaucoup plus menaçantes que les personnes plus fragiles que nous.

Afin d'avoir le plus grand impact possible, les journalistes parlent de la lutte contre l'obésité, mais la teneur des propos laisse parfois entendre qu'il s'agit plutôt d'une lutte contre les obèses. Dans notre société, c'est comme si on se cachait derrière une façade médicale pour tenter d'élimi-ner les gros. Autrement dit, on les opprime pour leur bien, parce que, s'ils s'acceptent tels qu'ils sont, ils seront malades. On fait tout pour les convaincre que ce sont eux, les faibles: on prétend qu'ils manquent de volonté, qu'ils sont aux prises avec des problèmes psychologiques, qu'ils ont de mauvais gênes, qu'ils risquent plus d'être malades et de mourir que le reste de la population. Pourtant, les personnes grosses évoquent tout le contraire : elles évoquent la force. Les adjectifs couramment employés pour les qualifier le prouvent : on les dit fortes, bien portantes, costaudes, corpulentes… La puissance qu'évoque la grosseur est ce qui nous fait peur. Il en est pareillement de ce qui nous est étranger, de ce qui est différent. C'est le propre de l'être humain de chercher à exploiter les groupes minoritaires et à dominer. L'esclavage des Noirs et les guerres perpétuelles en sont les preuves. Les individus appartenant à la majorité se liguent contre les minorités pour ne pas avoir à partager leurs ressources avec des individus n'ayant pas un code génétique similaire au leur. On sait aujourd'hui qu'aucune race ni aucun peuple n'est inférieur aux autres. Néanmoins, on a longtemps cru que les Noirs et les Juifs étaient anormaux, moins intelligents, et raconté toutes sortes de stupidités à leur sujet. La plupart d'entre nous ont réussi à vaincre leur instinct primitif de domination et de compétition face aux individus des autres races pour finir par les considérer comme des égaux, parce que nous sommes des êtres doués des facultés de penser et de communiquer. Nous avons cessé de chercher à comparer les organes internes des Juifs et des Noirs avec ceux des Blancs. Cependant, nous continuons à comparer les composantes anatomiques et biochimiques des personnes grosses à celles des personnes de poids moyen et à chercher des différences importantes qui pourraient justifier notre attitude oppressive à leur égard. En outre, notre attitude est très partiale, puisque nous n'opprimons absolument pas les mannequins maigrichonnes, qui, elles aussi, sont différentes de la grande majorité des gens et risquent d'avoir des problèmes de santé.

Le racisme est de moins en moins toléré, heureusement. Cependant, la discrimination des personnes grosses est encore socialement tolérée. On peut se moquer d'une personne ronde en public, il y a de grandes chances que l'auditoire éclatera de rire. Mais on ne peut plaisanter à propos d'une personne de couleur ou handicapée, car on nous regarderait de travers et on invoquerait la Charte des droits de la personne. La grosseur est bel et bien un motif de discrimination, mais elle n'a pas le même poids que les autres motifs. Par conséquent, il nous reste à vaincre l'instinct primitif qui nous pousse à entrer en compétition avec les personnes grosses, comme nous l'avons fait pour les personnes d'une race différente de la nôtre ou ayant un handicap. Il nous faudra admettre tôt ou tard que la grosseur est une différence comme les autres, et que si elle nous dérange, c'est entre autres parce que *nous* avons un problème de perception, et non parce que les gros ont un problème plus grave que les maigres.

Certaines femmes ont tellement souffert de leur grosseur qu'elles pensent aider leurs enfants en les mettant au régime très tôt. J'ai entendu des histoires abracadabrantes vécues par des jeunes que la mère, le père ou les deux parents contrôlaient à l'extrême pour les empêcher de faire une entorse à leur régime. La tactique du cadenas sur le frigo et sur le garde-manger vous semble sortir tout droit d'un film d'horreur? Détrompez-vous, elle est réellement employée, par des parents qui veulent bien faire. J'ai même déjà entendu parler d'une belle-mère qui, avant d'inscrire son beau-fils – d'un poids tout à fait normal – à une activité ou à un camp de vacances, faisait signer un contrat stipulant que les personnes responsables s'engageaient à respecter le menu qu'elle avait établi pour lui. Un jour où elle avait organisé une fête pour l'anniversaire de l'enfant, cette femme est même allée jusqu'à offrir un beau gâteau auquel tout le monde a eu droit sauf lui. Quant au père, il n'a pas osé s'affirmer vraiment face à sa femme, qui a finalement réussi à le convaincre du bien-fondé de sa méthode et insistait même pour qu'il use de son autorité pour empêcher son fils de manger – ce qui ne pouvait qu'entraver la croissance et le développement psychologique de cet enfant. Le garçon n'avait aucune possibilité de s'en sortir. Être affamé et pesé chaque jour fut son lot jusqu'à ce que la Direction de la protection de la jeunesse prenne le dossier en main.

Certes, je me suis rarement trouvée devant un cas aussi extrême, mais cette histoire nous démontre à quel point une phobie peut faire perdre la raison. En conséquence, il est important de se rappeler ceci: quel que soit le poids de l'enfant, si l'un des deux parents a un comportement excessivement contrôlant sur le plan de l'alimentation, le vrai problème n'est pas la grosseur de l'enfant, mais la grosseur de la phobie du parent en question. Il n'est pas utile de contrôler à ce point l'expression des besoins vitaux de son enfant. Mettre un cadenas sur le garde-manger pour empêcher un enfant en pleine croissance d'assouvir sa faim équivaut à mettre un cadenas sur la porte des toilettes et lui dire de se retenir. C'est aussi tragique et absurde que cela.

La phobie de la grosseur touche aussi bien les hommes que les femmes. Des maris qui mettent un cadenas sur le frigo pour que leur femme maigrisse, il y en a également. Eux aussi se camouflent derrière de bonnes intentions, souvent en se prétendant préoccupés par la santé de leur bien-aimée. Derrière toute cette mascarade se cache le désir de contrôler, de dominer l'autre. La personne contrôlante est celle qui a un problème, qui cherche à dissimuler son manque de confiance en soi, qui éprouve le besoin de rabaisser l'autre pour s'élever. Hélas, notre société lipophobe fournit au bourreau le prétexte parfait pour justifier sa conduite envers sa victime : « C'est pour sa santé », affirme-t-il. À vrai dire, il reprend plutôt l'argument mis en avant par les médias, car les recommandations internationales, quant à elles, tendent à changer. Depuis 2003, Santé Canada a apporté des nuances importantes à ses recommandations. Bien que les nouvelles lignes directrices mises au point par cet organisme n'aient pas encore eu l'influence voulue sur le discours de la majorité des intervenants du milieu de la santé, elles présentent tout de même l'avantage de mettre en garde les médecins contre la surestimation des risques de santé par rapport au poids, en soulignant que « les seuils présentés dans le système de classification du poids ne doivent pas être considérés comme un objectif à atteindre lors d'interventions visant la gestion du poids[7]. »

Pourquoi cette nuance ? Premièrement, parce que les nouvelles données tendant à démontrer qu'en ce qui concerne la santé, le tour de taille est un facteur de risque plus important que le poids ; il faut désormais tenir compte de ce fait (voir tableau 5). En outre, il est plus juste d'évaluer les risques pour la santé à partir de deux facteurs plutôt qu'à partir d'un seul.

TABLEAU 5

Risque pour la santé : classification à partir de l'IMC et du tour de taille

Tour de taille		Indice de masse corporelle		
		Normal	Excès de poids	Obésité classe 1
	< 102 cm (hommes) < 88 cm (femmes)	Moindre risque	Risque accru	Risque élevé
	≥ 102 cm (hommes) ≥ 88 cm (femmes)	Risque accru	Risque élevé	Risque très élevé

Source : Santé Canada, « Lignes directrices canadiennes pour la classification du poids chez les adultes », Ottawa, 2003, *dans « Chronique Prévention en pratique médicale – Information aux médecins,* Agence de la santé et des services sociaux de Montréal.

Deuxièmement, parce que, pour avoir un effet positif sur la santé, il ne faut pas plus qu'une perte de poids de 10 à 15 % du poids initial. Cette petite perte suffit pour entraîner une amélioration des glycémies chez les personnes à risque de diabète et une amélioration des valeurs de cholestérol chez les dyslipidémiques. Pour une personne pesant 100 kg, la perte de 10 % du poids représente seulement une dizaine de kilos. La silhouette de cette personne ne changera pas de façon évidente et elle n'atteindra probablement pas un poids que son médecin considérera comme un poids santé. Toutefois, en visant cette perte de poids, qui représente un objectif réaliste, accessible, elle aura plus de chances de voir sa santé s'améliorer et demeurer stable que si elle visait à perdre 35 kg en adoptant des comportements alimentaires restrictifs.

LA BALANCE : UN MAUVAIS INDICATEUR DE RÉUSSITE

Pour la plupart des personnes préoccupées par leur poids, il semble inimaginable de suivre une démarche visant l'amaigrissement sans se peser régulièrement. La balance représente l'élément de motivation numéro un, comme si on ne pouvait pas maigrir sans se peser. On lui attribue un pouvoir qu'elle n'a pas et on lui fait entièrement confiance. Pourtant, la balance qui accomplit le miracle de faire perdre des kilos n'a pas encore été inventée ! De plus, la balance nous trompe, et pour en comprendre les raisons, il faut avoir quelques notions de physiologie.

La balance, dont dérive le pèse-personne, fut inventée en Mésopotamie il y a très longtemps. Cet instrument avait été conçu pour peser des aliments, comme de la farine ou du sel, dans le but d'en déterminer la valeur marchande. Or, il existe une grande différence entre un sac de farine et un organisme vivant : les caractéristiques dynamiques de ce dernier. Le contenu en eau d'un sac de farine est toujours le même – excepté lorsque ce sac a été entreposé, par erreur, dans un lieu humide –, mais l'état d'hydratation d'un être humain change constamment. Sans en tenir compte, on pèse aujourd'hui les individus comme s'ils étaient des objets inanimés, qui ne respirent pas, qui ne mangent pas et qui n'éliminent pas. C'est complètement absurde de se peser chaque jour.

Notre poids dépend principalement de trois éléments : les muscles, le gras et l'eau. Dans notre organisme, la quantité de chacun de ces trois éléments varie au fil du temps, mais la plus variable est la quantité d'eau. En effet, nos différents organes échangeant, utilisant et éliminant sans cesse de l'eau, le contenu en eau de notre corps varie au cours de la journée et d'un jour à l'autre. La variation peut aller jusqu'à 4 ou 5 lb, sans qu'on puisse y faire quoi que ce soit. Le chiffre indiqué par la balance change, mais la silhouette, elle, ne change pas. Nous ne pouvons contrôler cette variation de poids normale, mais quand elle est à la hausse, les femmes la mettent souvent sur le compte de leur dernier écart alimentaire, qui n'a en fait rien à voir. Très fréquemment, j'entends des remarques du genre : « Après avoir mangé deux barres de chocolat, j'avais pris 5 livres ! » Ma réponse est alors simple et éloquente : « Combien vos barres de chocolat pesaient-elles ? Au maximum 50 grammes chacune ? Votre corps ne peut accumuler plus de 100 grammes de nourriture après que vous en avez ingéré 100 grammes, et plus de la moitié de ces 100 grammes est toujours de l'eau – sauf quand vous mangez des aliments déshydratés. En fait, l'eau est le principal ingrédient des aliments. Or, l'eau ne nous fournit aucune calorie, elle nous hydrate, un point c'est tout. Notre corps absorbe la quantité d'eau dont il a besoin et élimine le surplus. Quel que soit le poids attribuable à l'eau des aliments, notre silhouette ne change pas, tout comme une éponge ne change jamais de forme, qu'elle soit trempée ou asséchée. Par ailleurs, une bonne partie des 100 grammes de chocolat que vous avez mangés a été utilisée par votre corps pour le faire fonctionner (surtout s'il avait besoin d'énergie). Par conséquent, ce qui restait des deux barres de chocolat après qu'elles ont été métabolisées ne pesait même pas 100 grammes. Alors il est impossible que vous ayez pris 5 livres, c'est-à-dire

2270 grammes, à cause de ces barres de chocolat. L'augmentation de 5 livres signalée par votre balance n'était due qu'à la variation normale de la quantité d'eau dans votre corps à ce moment-là. Le fait que cette variation se soit produite après que vous avez mangé du chocolat était un pur hasard. » Mais la terreur d'engraisser fait perdre la raison. Heureusement que les mathématiques sont là pour nous remettre les idées en place ! Cela veut-il dire que nous pouvons nous permettre de manger cinq livres de chocolat avant de prendre cinq livres ? J'espère que vous n'en tirerez pas cette conclusion…

Plusieurs facteurs peuvent influer sur le poids sans changer la quantité de gras dans le corps, ni la silhouette. Ces facteurs sont essentiellement ceux qui font varier la quantité d'eau contenue dans l'organisme, en favorisant soit la rétention, soit l'élimination. Dans le cas des femmes, les variations hormonales entraînent la rétention et l'élimination d'eau, tout au long du cycle menstruel, par exemple. Le fonctionnement du système digestif implique également des modifications de la quantité d'eau présente dans le corps, comme celles causées par la constipation ou la diarrhée. C'est pourquoi l'utilisation de laxatifs ou de diurétiques fait descendre le chiffre indiqué par la balance, mais pas la quantité de gras. La perte de poids n'est due qu'à une déshydratation, et le chiffre remonte dès l'arrêt de la prise de ces substances. L'eau étant indispensable pour que l'organisme fonctionne bien, la déshydratation est très dangereuse pour la santé, voire mortelle. Cependant, comme elle provoque une perte de poids rapide et spectaculaire, certaines entreprises, totalement irresponsables et uniquement centrées sur les bénéfices, n'hésitent pas à vendre des produits amaigrissants à base de laxatifs et de diurétiques. La vente de ces produits devrait être interdite, mais la loi n'est pas assez draconienne pour imposer une telle chose, ni assez flexible pour s'adapter rapidement à la prolifération de ces produits. Maigrir par déshydratation, ce n'est pas maigrir, c'est se dessécher, de la même façon qu'un raisin frais perdant sa teneur en eau devient un raisin sec, et est évidemment moins lourd. Les produits amaigrissants à base de plantes n'ont donc rien de miraculeux ; ce sont leurs effets diurétiques et laxatifs qui font illusion, qui donnent l'impression d'avoir dégonflé, d'être moins ballonné. Ils ne provoquent pas un amaigrissement réel et sont de surcroît très nocifs.

La deuxième raison importante pour laquelle on ne peut se fier à la balance est liée au fait que le muscle est plus lourd que la graisse. Nos mensurations peuvent changer sans que notre poids diminue. Il en est notamment ainsi lorsque nous augmentons notre activité physique, car les muscles se développent et remplacent la graisse. Nos vêtements nous boudinent moins et notre taille s'affine, mais notre balance indique que nous avons pris du poids. Il n'y a rien de plus démotivant! Pourtant, nous sommes moins gras et notre silhouette est plus sculptée, car, bien que les muscles pèsent plus lourd que la graisse, ils occupent proportionnellement moins de place, sont mieux localisés et sont plus uniformément répandus dans l'organisme.

En conclusion, la balance est un instrument de contrôle qui nous donne des résultats ayant des effets négatifs sur nos pensées et nos comportements, mais surtout sur notre comportement alimentaire. Certaines personnes se privent de manger de plus en plus à mesure que le moment de la pesée approche, tandis que d'autres se récompensent en mangeant à l'excès sitôt qu'elles ont perdu du poids. Se peser chaque matin est souvent on ne peut plus déprimant. Mais n'est-il pas inadmissible qu'un simple chiffre sur une balance détermine si nous serons d'humeur agréable ou massacrante aujourd'hui, si nous pourrons manger ou non à notre faim et si nous devons nous féliciter ou nous sentir coupable? Au lieu de nous fier à une balance, nous devrions nous fier à notre corps pour savoir ce que nous devons manger. Cesser de faire confiance à la balance ne veut pas dire que nous devons abandonner tout espoir de perdre du poids, mais que nous devons nous faire confiance, que nous devons nous évaluer selon les changements concrets que nous apportons à notre mode de vie, et non selon les résultats que nous donne un appareil incapable de nous indiquer le poids de l'eau, des muscles et du gras présents dans notre organisme.

À la différence de la perte de poids, la diminution du tour de taille est un bon indicateur de réussite. Pourquoi? Essentiellement parce qu'elle traduit une perte de graisse plutôt qu'une perte musculaire. Quand les muscles fondent au profit des graisses, c'est surtout autour de la taille que les graisses s'accumulent, car les autres parties du tronc et les membres sont assez actifs, donc en grande partie occupés par des muscles. Quant à la tête, les graisses ne s'y logent pas en priorité, et c'est heureux, parce que cela serait dangereux pour le cerveau. Bref, c'est au niveau de la taille que l'organisme dispose normalement d'un certain espace pour entreposer les graisses. Cependant, les stocker à cet endroit n'est pas sans risque, étant donné que les organes vitaux, notamment le foie et le cœur, se trouvent à proximité. Voilà pourquoi une augmentation importante du tour de taille représente l'un des bons indicateurs de risque pour la santé. Et voilà aussi pourquoi il vaut beaucoup mieux perdre quelques centimètres de tour de taille sans perdre quelques kilos que perdre quelques kilos sans perdre quelques centimètres de tour de taille. L'affinement de la taille indique qu'on perd de la graisse, et non du muscle, et que la démarche visant l'amaigrissement est basée sur l'adoption d'un mode de vie sensé, qu'on réussira à conserver longtemps.

LA DISCRIMINATION DES PERSONNES GROSSES

Dans notre société, les préjugés à l'égard des grosses personnes ne manquent pas : on pense qu'elles manquent de volonté, qu'elles sont bonasses, qu'elles ont des problèmes psychologiques, qu'elles sont peu productives, qu'elles coûtent cher à la société, etc. Ces idées préconçues et sans fondement nuisent à tout le monde, puisque minces et gros partagent la peur d'engraisser. Et si nous remettions sérieusement en question ces idées, nous nous rendrions probablement compte que ce qui rend les personnes grosses différentes des autres, c'est justement notre façon de les juger. « L'obésité est une maladie qui se voit. Elle entraîne des jugements moraux et primaires sur la corpulence. Les obèses souffrent avant tout d'un manque de respect », explique Arnaud Basdevant, professeur à l'Université Pierre et Marie Curie et chef du service de médecine et de nutrition à l'Hôtel-Dieu de Paris. Une analyse de ses études effectuées avec son collègue Jean-Pierre Poulain sur la stigmatisation des obèses a révélé que l'obésité est aujourd'hui un motif de discrimination sociale et professionnelle important ; en France, 4,7 millions de personnes en seraient victimes. Les lieux de stigmatisation sont d'abord l'école, puis le milieu du travail, dans lequel le moment de l'embauche en est un où l'apparence physique occulte particulièrement les compétences. La même analyse a également révélé que les obèses accèdent plus difficilement à l'enseignement supérieur que la moyenne des gens, ont des revenus moindres et obtiennent plus lentement des promotions. L'écart est encore plus marqué chez les femmes : seulement 3 % d'entre elles, comparativement à 16 % des hommes, occupent une haute position sociale. Les auteurs affirment que, dans nos sociétés modernes où les minces sont de plus en plus valorisés, on condamne les gros pour des raisons morales, parce qu'on les voit comme les symboles du manque de contrôle de soi. Parallèlement à la montée de l'obésité, on constate de ce fait une épidémie de mises au régime, attribuable au désir de répondre au principal critère de beauté actuel : la minceur. « Il faut sortir de ce cercle vicieux et ne médicaliser l'obésité que quand cela est nécessaire. En outre, il convient d'avoir une approche plus sociale de la prévention et de lutter contre les différentes formes de stigmatisation », disent les auteurs. Il s'agit là d'une priorité au nom de la reconnaissance des droits fondamentaux des individus, mais surtout pour briser un autre cercle vicieux, celui dans lequel s'enferment de nombreux obèses : la perte de l'estime de soi et, en guise de compensation, le refuge dans l'alimentation[8].

Les professionnels de la santé sont de plus en plus nombreux à être convaincus que l'obésité est une conséquence du développement économique liée à une importante sédentarisation et à de fortes pressions sociales poussant à la surconsommation, un phénomène tout à fait nouveau pour l'être humain, qui a toujours été mieux armé pour survivre aux disettes qu'à l'abondance. Ce qui varie d'une personne à l'autre, c'est la capacité biologique à réagir à ces phénomènes peu adaptés à l'homme. Autrement dit, sur la ligne de départ de la course au poids santé, nous ne sommes pas tous égaux. Du fait de leur nature, de leurs gènes, certaines personnes stockent plus que la plupart des gens et d'autres, moins. Alors, blâmer les gros n'a rien de constructif, ni de préventif. Peut-être nous faut-il accepter que la génétique ne réussit pas à suivre l'évolution de la société… Et par le fait même, dynamiter nos préjugés.

Chapitre 4
ADIEU RÉGIME, BONJOUR SATIÉTÉ

Celui qui distingue la vraie saveur de ce qu'il mange ne sera jamais un glouton ;
celui qui ne le fait pas ne peut pas être autre chose.

HENRY DAVID THOREAU,
philosophe américain

Selon Henry David Thoreau, « la santé se mesure à l'amour du matin et du printemps » et « le corps possède une sagesse dont celui qui l'habite manque ». Que de vérités ce philosophe a énoncées ! Dans notre monde stressé où les diktats abondent, on ne parle pas beaucoup aux individus des processus naturels qui se déroulent en eux chaque fois qu'ils mangent. Alors comment pourraient-ils faire confiance à leur corps, puisqu'ils n'en connaissent pas bien le mode de fonctionnement ? Le voyant comme un étranger, voire un ennemi, ils en ont peur. Afin de réduire cette peur qui habite les gens et les amener à « faire confiance à la nature », il faudrait tout d'abord leur expliquer les mécanismes d'autorégulation de la faim et de la satiété. Ensuite, il faudrait leur faire comprendre que, souvent, la pire entrave à l'écoute des signaux de faim et de satiété est leur mentalité « régime », qui modifie l'image qu'ils ont de leur corps et, finalement, leur comportement envers lui.

LES MÉCANISMES INNÉS DE RÉGULATION DE LA FAIM ET DE LA SATIÉTÉ

La faim, sensation physique d'avoir l'estomac creux, ne dépend ni de l'emploi du temps, ni de la vue d'une publicité, ni de la lecture d'un livre de recettes. Elle dépend des mécanismes biologiques qui se déclenchent dans notre organisme lorsque les réserves d'énergie doivent être renouvelées. Elle est un signal, une alerte nous prévenant que notre corps manquera sous peu de carburant pour fonctionner de façon optimale et nous appelant à nous mettre en quête d'aliments pour refaire le plein. Les signaux envoyés, tels que des gargouillements, de vagues nausées ou une sensation de vide au niveau de l'estomac, sont les mêmes chez toutes les personnes. Cependant, ils sont ressentis différemment par chacun, quel que soit le poids, car l'expérience de la faim est malgré tout très subjective.

Aidez-moi, je n'ai pas le « bouton » qu'il faut appuyer pour arrêter de manger !

SUZANNE, 48 ANS

La manière dont le corps régule l'appétit n'est vraiment pas simple. Les mécanismes en jeu sont aussi compliqués que multiples, et nous sommes loin de les comprendre tous.

Par conséquent, je vous ferai grâce de tous les détails de ce qui se passe dans notre cerveau dans les moments où notre organisme est en manque. Je me contenterai de vous donner les explications nécessaires pour que vous réalisiez à quel point notre corps calcule tout et pour que vous compreniez les raisons pour lesquelles nous n'avons pas avantage à nous opposer à des mécanismes résultant d'une évolution plus que millénaire. Notre corps sait parfaitement ce qu'il a à faire et où il va. C'est lui qui tient le gouvernail. Certes, nous pouvons prendre la barre et l'orienter dans un autre sens, mais c'est à nos risques et périls !

Par « mécanismes internes de l'apport alimentaire », nous voulons dire tout ce qui se fait de façon purement réflexe et ne peut être interrompu par notre bonne volonté. Quand nous restons sur notre faim volontairement ou que nous mangeons consciemment plus qu'à notre faim, nous altérons notre apport alimentaire, certes, mais nous n'empêchons nullement ces mécanismes de s'exercer en nous. La figure 2 représente un aperçu des processus de régulation internes de l'apport alimentaire.

FIGURE 2

Processus de régulation interne de l'apport alimentaire

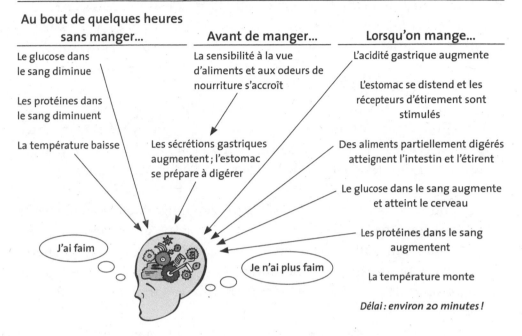

Au bout de quelques heures sans manger...	Avant de manger...	Lorsqu'on mange...
Le glucose dans le sang diminue	La sensibilité à la vue d'aliments et aux odeurs de nourriture s'accroît	L'acidité gastrique augmente
Les protéines dans le sang diminuent		L'estomac se distend et les récepteurs d'étirement sont stimulés
La température baisse	Les sécrétions gastriques augmentent ; l'estomac se prépare à digérer	Des aliments partiellement digérés atteignent l'intestin et l'étirent
		Le glucose dans le sang augmente et atteint le cerveau
J'ai faim		Les protéines dans le sang augmentent
	Je n'ai plus faim	La température monte
		Délai : environ 20 minutes !

LE TAUX DE NUTRIMENTS DANS LE SANG ET LES HORMONES QUI CONTRÔLENT LES NUTRIMENTS SANGUINS[1]

Lorsqu'on mange, tous les types de sucres ingérés, même les moins raffinés, sont transformés en sucres simples, notamment en glucose. Et ce, pour la simple et bonne raison que seules les molécules des sucres simples sont suffisamment petites pour pénétrer dans les vaisseaux sanguins, voyager dans le sang et aller ainsi nourrir toutes les parties du corps. Qu'on ait mangé du miel, des pâtes, du riz brun ou des bonbons, le corps réserve le même sort aux sucres contenus dans ces aliments : être réduits en sucres simples pour fournir de l'énergie aux cellules des organes qui dépendent de ces substances, les organes glucodépendants. Plus un sucre est complexe et apporte de fibres à l'organisme, plus ce dernier met du temps à le transformer en sucres simples. Ces sucres simples passent dans la circulation sanguine, le taux de sucre dans le sang augmente donc. Ensuite, grâce à la sécrétion d'insuline assurée par le pancréas, les sucres du sang vont nourrir les cellules du corps qui sont glucodépendantes, dont celles du cerveau. Une fois nourri par une quantité suffisante de sucre, le cerveau envoie des hormones supprimer les signaux de faim, c'est-à-dire les faire cesser d'agir sur le centre de la faim, une petite partie du cerveau spécialisée en la matière. On ressent alors ce qu'on appelle « la satiété ». En fait, la satiété est un état qui se caractérise par l'absence de faim, due à l'inhibition des signaux de faim. Nous demeurons dans cet état jusqu'à ce que le taux de sucre dans le sang baisse à nouveau, quelques heures plus tard. C'est alors que la faim se fait à nouveau sentir, parce que notre cerveau a perçu la diminution du glucose dans la circulation sanguine et que les signaux de faim ne sont plus inhibés par les hormones de satiété.

Quand les moments de jeûne durent trop longtemps, le pancréas se met à sécréter une autre hormone : le glucagon. Le glucagon est envoyé dans le sang afin d'aller réclamer aux tissus qu'ils commencent à libérer des réserves pour pallier le manque de carburant. En même temps, le glucagon stimule les signaux de faim pour pousser l'individu à combler ce manque.

Ces deux hormones que sont l'insuline et le glucagon travaillent donc de concert pour que le corps puisse bénéficier d'un apport suffisant d'énergie. L'insuline est l'hormone de conservation qui pousse les tissus à entreposer les nutriments, alors que le glucagon est l'hormone d'utilisation qui donne aux tissus le signal de libérer les réserves. Tout est merveilleusement orchestré.

Les sucres sanguins ne sont pas les seuls à avoir un effet sur l'appétit. Les protéines ingérées, une fois digérées, c'est-à-dire transformées en acides aminés et passées dans les vaisseaux sanguins, suppriment la faim par l'augmentation de ces acides aminés dans le sang. Puis, à mesure que la réserve d'acides aminés diminue, l'appétit revient. Sucres et protéines vont donc de pair dans une alimentation facilitant la perception de la faim et de la satiété. Mais on entend tellement dire que les protéines entraînent la satiété qu'on a l'impression qu'elles sont les seules capables de calmer la faim, alors que ce n'est pas le cas du tout. Des protéines prises sans aucun glucide ne réussissent pas à satisfaire les besoins du cerveau. Bien que plus lourdes dans l'estomac, elles n'impliquent donc pas un blocage des signaux de faim aussi efficace que lorsqu'elles sont combinées aux glucides durant un repas.

LA TEMPÉRATURE CORPORELLE

L'étymologie du mot « calorie » nous révèle la principale raison d'être de cette source d'énergie : ce mot vient du mot latin *calor*, qui signifie chaleur. Avant tout, une calorie est une source de chaleur capable d'élever la température de un gramme d'eau de un degré Celsius. Manger nous réchauffe, car une température bien précise est nécessaire pour que les réactions chimiques qui se produisent dans notre organisme puissent avoir lieu. Après un repas, la légère augmentation de la température qui en résulte est perçue par notre corps et entraîne, elle aussi, l'inhibition de la faim.

LES PHÉNOMÈNES GASTRIQUES[2]

À mesure que l'estomac se remplit, il s'étire. Et ses parois contiennent des récepteurs qui évaluent son étirement à la suite de l'ingestion d'aliments. Voilà pourquoi nous ne nous sentons pas bien après avoir trop mangé, surtout quand nous avons mangé très vite. C'est cette douleur qui nous empêche de continuer à manger à partir du moment où l'estomac est détendu au maximum. L'estomac, qui est comme un muscle, peut s'habituer à s'étirer davantage, et nous pouvons nous-mêmes nous habituer à une dis...nsion plus grande après chaque repas et la considérer comme normale. Mais contrairement à ce que croient la plupart des gens, l'estomac d'une personne qui se met à manger davantage ne devient pas plus grand, il devient simplement plus élastique. Une fois vide, il retrouve donc sa taille originale. Malheureusement pour l'outremangeur, il aurait été bien plus facile de ne jamais s'habituer à tolérer une plus grande distension de cet organe qu'il ne l'est par la suite de se réhabituer à sa distension normale.

LES CONTRÔLES EXTERNES DE L'ALIMENTATION

Si tous les individus sont dotés des mécanismes internes nécessaires pour régulariser l'apport alimentaire, comment se fait-il que tant de personnes réussissent à manger encore, une fois qu'elles ont atteint la satiété ? Ces personnes auraient-elles des défaillances physiologiques qui perturberaient ces mécanismes ? Effectivement, on entend de plus en plus parler de lacunes dans la régulation de la satiété; dans le cas de l'obésité, par exemple, la leptine est incriminée. Et il est vrai qu'il y a probablement des différences entre les individus sur le plan de cette régulation (c'est sans doute pour cette raison que tous les habitants de la terre ne pourraient peser le même poids s'ils avaient tous le même mode de vie exemplaire). Néanmoins, la plupart des personnes qui n'écoutent pas leur faim ni leur satiété sont biologiquement normales. Leurs mécanismes de régulation de l'apport alimentaire fonctionnent suffisamment bien, mais elles ont développé la faculté d'ignorer ces signaux. C'est leur esprit, formé par le conditionnement auquel elles ont été soumises et par leur apprentissage de la vie, qui leur permet de ne plus les percevoir aussi intuitivement que dans leur plus tendre enfance. Manger n'est donc pas qu'un acte inné, c'est aussi un acte acquis. De la même façon que nous pouvons apprendre à réprimer notre agressivité instinctive afin de nous plier aux règles de la société, nous pouvons apprendre à inhiber nos mécanismes physiologiques en rapport avec la faim. Mais en inhibant ces mécanismes, qui sont aussi des signaux, nous éliminons de notre existence un élément qui nous est salutaire, tandis qu'en réprimant notre agressivité, nous contenons une tendance qui est dangereuse pour nous et pour la collectivité. Pourtant, le contrôle de l'agressivité et celui de la faim sont tous deux dictés par des pressions sociales, l'une nous incitant à garder notre calme en société, l'autre nous encourageant à rester sur notre faim la plupart du temps afin de bien paraître.

Vous avez maintenant compris que la faim ne dépend pas uniquement de mécanismes internes, mais aussi de contrôles externes, qui s'avèrent parfois plus forts que les mécanismes internes. Or, il n'est pas possible d'éliminer tous les facteurs externes. L'être humain est capable de s'adapter au milieu dans lequel il vit, mais lorsque les contrôles externes sont si présents qu'ils perturbent son rapport à la nourriture, il risque fort de connaître de sérieux problèmes de santé. En pareil cas, se remettre à l'écoute des signaux envoyés par l'organisme est la meilleure stratégie à adopter, quels que soient l'âge et le poids. Car à partir du moment où on réussit à régler l'apport alimentaire en fonction des signaux internes, il est plus facile d'atteindre l'équilibre entre la dépense d'énergie et la consommation. C'est ainsi qu'on peut arriver à un poids non pas « idéal », mais « idéal pour soi », autrement dit à un poids « naturel ».

Quels peuvent être les contrôles externes de la faim ? Chaque individu possède son propre éventail de contrôles externes, mais il en existe plusieurs qui sont dictés par la société :

1. L'horaire des repas et collations, qui dépend de l'environnement, de l'horaire de travail, des heures auxquelles nos parents nous ont appris à manger, du manque de temps pour nous nourrir correctement, etc. Cet horaire nous pousse souvent à manger bien avant ou bien après l'envoi des premiers signaux de faim. Et quand nous tardons trop à satisfaire notre faim, les signaux sont si forts que nous mangeons bien plus que nos besoins ne l'exigent.

2. Les messages relatifs à la santé et à l'alimentation, qui nous incitent à classer les aliments en deux catégories : ceux qui sont permis et ceux qui sont interdits. Ils nous poussent ainsi à choisir de manger « sainement », sans tenir compte de nos préférences ni de nos besoins.

3. Les portions conseillées par une personne en qui nous avons confiance (un parent, l'auteur d'un livre, un ami, une diététiste...). Nous acceptons ce genre de contrôle externe quand nous avons perdu confiance en notre corps, quand nous ne voulons plus nous fier aux signaux de faim qu'il nous envoie. Ce faisant, nous devenons de plus en plus sourds à ce qu'il nous dit. Or, il est fort possible que les portions suggérées par la personne en question, qui est bien loin de savoir quelle sera notre faim à tel ou tel moment, soient plus grosses que celles dont notre corps a besoin. Mais ne faisant confiance qu'à cette personne, nous suivons ses recommandations. Pourtant, nous seuls pouvons savoir ce dont notre corps a besoin à un moment particulier. Le meilleur des spécialistes aura beau effectuer des calculs compliqués pour évaluer nos besoins quotidiens moyens et l'apport nécessaire pour les combler, ces calculs ne seront toujours qu'approximatifs, car ils ne tiendront pas compte des caractéristiques individuelles ni des fluctuations de la dépense d'énergie au cours de la journée et d'une journée à l'autre. C'est pourquoi l'ensemble des signaux de faim et de satiété constitue le meilleur guide pour adapter l'apport alimentaire à la dépense d'énergie. D'ailleurs, les mécanismes internes de régulation de la faim ont fait

leurs preuves, puisque l'homme a subsisté pendant des millénaires sans faire des calculs pour évaluer ses besoins énergétiques. Et il y a fort à parier que, durant tous ces millénaires, l'obésité n'était pas aussi répandue qu'elle l'est aujourd'hui.

La mentalité régime pousse souvent à un contrôle de l'alimentation qui semble librement choisi, mais qui est en réalité un contrôle externe, attribuable à certaines valeurs sociales et au culte de la minceur. Quiconque a suivi un programme alimentaire particulier, que ce soit un régime à la mode ou un régime thérapeutique, peut comprendre à quel point le sentiment de culpabilité éprouvé à la suite d'une entorse à ce régime peut influer sur le comportement alimentaire. Manger moins, ne pas « tricher » ou manger plus parce qu'on en a marre de se culpabiliser sont des comportements que connaissent bien les personnes ayant essayé toutes sortes de régimes. De surcroît, le sentiment de culpabilité mine l'estime de soi. De ce fait, il finit par nuire à la capacité de changement. Tôt ou tard, on gâche tout en envoyant balader les nouvelles habitudes. Bref, le sentiment de culpabilité est l'un des ennemis à vaincre. Il faut donc s'accorder le droit à l'erreur. C'est le meilleur moyen de ne pas tout laisser tomber à la première entorse. On apprécie ce qui a été acquis et on se sent ainsi encouragé à continuer.

Si vous avez décidé d'abolir certains contrôles externes, vous devez veiller à ne pas les remplacer par d'autres contrôles externes. Par exemple, si vous aviez l'habitude de vous obliger à finir votre assiette, ne vous forcez pas tout à coup à ne jamais la finir ! Prenez le temps d'apprendre à mieux évaluer votre faim, surtout s'il est important pour vous de limiter le gaspillage. Prenez aussi le temps de chercher quelles sont les meilleures tactiques pour vous. Par exemple, il est peut-être plus facile de vous servir de plus petites portions et de vous resservir quand la faim se fait encore sentir que d'arrêter de manger ce qu'il y a dans votre assiette. Quoi qu'il en soit, il faut vous armer de patience, car il faut du temps pour adopter de nouvelles « attitudes » qui se concrétiseront en « habitudes ». Mais dites-vous bien que le simple fait de ne plus vous imposer de finir votre assiette représente déjà une bonne partie du boulot. Le reste viendra petit à petit ; vous percevrez de mieux en mieux les signaux que vous envoie votre corps, à mesure que les contrôles externes auxquels vous vous soumettiez perdront de leur force.

Favoriser l'écoute des signaux de faim et de satiété nécessite l'adoption de certaines stratégies. Je vais vous en proposer quelques-unes, mais certaines ne vous conviendront peut-être pas. Par conséquent, je vous conseille vivement de les essayer toutes afin de découvrir celles qui pourront vous aider à trouver en vous les réponses à vos questions.

- DÉTENDEZ-VOUS AVANT LE REPAS EN RESPIRANT PROFONDÉMENT À QUELQUES REPRISES. Efforcez-vous de rester détendu durant tout le repas, car il faut être détendu pour percevoir les signaux de faim et de satiété. Comme durant une discussion, il est fort probable que si vous êtes stressé, le message ne passera pas. Il faut préparer le terrain, prendre le temps d'entrer en communication avec votre corps.

- SENTEZ LES ALIMENTS AVANT DE COMMENCER À MANGER ET MANGEZ ASSIS. Cette tactique devrait vous permettre d'être dans un meilleur état d'esprit pour apprécier le repas, savourer chaque bouchée. Manger en vitesse sur le coin d'une table ou dans une voiture n'est pas considéré comme un comportement favorable à l'écoute des signaux de faim et de satiété.

Chez nous, on était tellement stressés pendant les repas, il fallait manger tellement vite pour pouvoir passer à autre chose que j'ai développé une aversion pour la nourriture. Aujourd'hui encore, à chaque fois que je m'assieds à table, j'ai la nausée. Je n'ai jamais vomi, mais je n'aime pas manger. Même voir des aliments, ça me lève le cœur. Je vis avec cette aversion depuis des années. Et pourtant, je suis grosse.

DIANE, 55 ANS

- MANGEZ PLUS LENTEMENT, EN MASTIQUANT BIEN. Au début, chronométrez-vous et fixez-vous un objectif précis afin de vous motiver. Par exemple, si vous êtes habituée à engloutir votre repas en 3 minutes, visez à le manger en 6 minutes. Une fois cet objectif atteint, fixez-vous un objectif d'une durée plus longue, et ainsi de suite jusqu'à ce que vous ayez atteint la limite qui est pour vous raisonnable. Le but de l'exercice n'est pas de simplement ralentir, mais de vous accorder suffisamment de temps pour ressentir et écouter les signaux que votre corps vous envoie. Pour constater une amélioration, vous n'aurez pas besoin de viser une durée de 20 minutes; tout ralentissement sera bénéfique. Par contre, si en prolongeant la durée de vos repas vous persistez à vouloir finir votre assiette une fois la satiété atteinte, et ce, par crainte du gaspillage, manger lentement ne vous apportera rien. Pour qu'elle soit efficace, cette stratégie nécessite que vous agissiez en fonction des informations supplémentaires que vous pourrez aller chercher en mangeant plus lentement.

- SI VOUS ÊTES INCAPABLE DE MANGER PLUS LENTEMENT, ESSAYEZ UNE AUTRE TACTIQUE. Faites une pause une fois que vous avez mangé les trois quarts des aliments dans votre assiette, afin d'analyser votre degré de faim. Ou bien adoptez la tactique du moitié-moitié: divisez la portion dans votre assiette en deux portions égales avant de commencer à manger, puis interrogez-vous sur votre faim une fois la première moitié terminée. Si vous avez encore faim, divisez en deux la portion et réévaluez votre faim à la moitié de ce qui reste. Ces deux trucs vous aideront à prendre l'habitude de vous interroger sur votre faim pendant les repas. Ils ne seront pas nécessaires si vous avez déjà pris cette habitude et que vous vous sentez parfaitement apte à arrêter quand vous n'avez plus faim.

- SERVEZ-VOUS DES PORTIONS UN PEU PLUS PETITES QUE D'HABITUDE ET ÉVALUEZ VOTRE DEGRÉ DE FAIM AVANT DE VOUS RESSERVIR, SI LA FAIM EST TOUJOURS PRÉSENTE. Cette stratégie vous sera surtout utile si vous avez horreur du gaspillage ou si vous ne pouvez vous empêcher de finir systématiquement votre assiette. Bien sûr, si vous mangez vite par crainte qu'il n'en reste plus dans la casserole au moment où vous voudrez éventuellement vous resservir, vous avez un autre problème, celui de l'insécurité, de la peur de manquer. Alors assurez-vous que la casserole ne soit pas vide ou que d'autres aliments soient à votre disposition une fois que vous aurez terminé votre première assiettée, sinon votre sentiment d'insécurité se fera toujours sentir. En outre, cela vaudrait la peine que vous vous interrogiez sur l'origine de ce sentiment, de cette peur de manquer de nourriture.

- RENDEZ VOS REPAS AGRÉABLES EN VARIANT VOTRE ALIMENTATION, en essayant de nouveaux mets ou aliments, en rehaussant leur saveur par des assaisonnements différents. Improvisez. Laissez votre créativité s'exprimer. Plus votre repas sera satisfaisant pour vous en raison de sa bonne qualité gustative, moins vous aurez tendance à compenser par une quantité excessive.

- ÉVITEZ DE FAIRE AUTRE CHOSE EN MANGEANT, comme regarder la télévision (surtout s'il s'agit des nouvelles!). Sélectionnez un poste qui en a beaucoup plus long à vous dire: votre corps.

- SI VOUS ÊTES INCAPABLE DE NE PAS FINIR VOTRE ASSIETTE, EXERCEZ-VOUS À LAISSER UNE BOUCHÉE DANS VOTRE ASSIETTE À CHAQUE REPAS. À chaque fois que cette dernière bouchée vous agace même si vous n'avez plus faim, posez-vous cette question: «Pourquoi, au fond, est-ce que je désire absolument finir mon assiette?» Ainsi, vous réussirez peut-être à découvrir la raison pour laquelle vous continuez à manger une fois rassasié. Faites cet exercice jusqu'à ce que vous ne soyez plus gêné par le fait de laisser de la nourriture dans votre assiette et que vous ayez compris ce qui vous poussait à toujours finir votre assiette.

Enfant, vous n'aviez pas besoin de ces trucs, vous étiez à l'écoute de votre corps. Mais peut-être que des adultes vous ont enseigné à écouter les autres plus que vous-même, ou n'ont pas su créer un climat propice à cette écoute. Et finalement, vous avez assimilé ce contrôle externe. Quoi qu'il en soit, comme il vaut toujours mieux prévenir que guérir, il vous aurait été beaucoup plus facile de ne jamais assimiler des contrôles externes qu'il le sera de vous en débarrasser. Néanmoins, pour commencer à se faire confiance, mieux vaut tard que jamais!

Les repas devraient être des moments dont on profite pour discuter tranquillement, dialoguer, et non pour gérer les conflits ou réprimander. Juste avant de manger, ce n'est pas le moment de demander à un enfant ayant des difficultés à l'école de montrer son bulletin de notes. Les enfants sont très sensibles au stress et, contrairement aux adultes, ils sont assez à l'écoute de leur corps. Alors quand ils vivent des émotions pénibles, ils n'ont plus envie de manger, ils ont l'estomac à l'envers. Vous qui êtes adulte, vous avez peut-être parfois l'impression de ne jamais avoir faim. Ne pensez-vous pas qu'un stress constant pourrait inhiber vos signaux de faim durant votre journée de travail? Si c'était le cas, vous ne seriez guère différent de l'enfant que vous étiez naguère et qui sentait très bien que le stress lui coupait l'appétit. Mais depuis, vous vous êtes habitué au stress ; il ne vous empêche plus de manger. Qui plus est, lorsqu'on examine les principales sources de stress chez les personnes préoccupées par leur poids, on s'aperçoit que le plus grand facteur de stress provient d'elles-mêmes : en se culpabilisant de manger et en se forçant à manger moins pour maigrir, elles se stressent terriblement.

En définitive, toutes les composantes de la mentalité régime sont à déprogrammer afin de cesser de naviguer dans la direction inverse de celle indiquée par le corps. Cela est nécessaire pour avoir le courage de laisser la barre à ce corps et d'écouter enfin les signaux de faim et de satiété qu'il envoie.

SE LIBÉRER DE LA MENTALITÉ RÉGIME

La mentalité régime est une disposition de l'esprit qu'une personne développe à force d'écouter tout ce que les autres disent sur son alimentation ou son poids. Elle correspond aux idées que cette personne entretient au sujet de son poids et à celles qu'elle a accumulées à force de suivre des régimes.

Nos représentations cognitives sont en quelque sorte nos façons de voir et d'interpréter la vie. Lorsque notre vision des faits est déformée, nous entretenons ce qu'on appelle des « distorsions cognitives », c'est-à-dire des représentations erronées de certaines choses. Les distorsions cognitives soutiennent la pensée négative et les émotions négatives. Se débarrasser de ces distorsions est un processus qui, en thérapie cognitive, est nommé « restructuration cognitive » et utilisé pour soigner les états dépressifs et l'anxiété[3].

Cela étant dit, voyons quel est le lien entre la mentalité régime et le concept de distorsion cognitive. La mentalité régime semble résulter du fait que nous avons eu tellement d'expériences négatives et de messages contradictoires en ce qui concerne notre poids que nous avons perdu toute objectivité à ce sujet ; nous ne pouvons plus distinguer ce qui est vrai de ce qui ne l'est pas. La mentalité régime est donc l'ensemble des distorsions cognitives que nous avons accumulées en ce qui a trait à un aspect bien précis de notre personne, à notre poids et à notre façon de nous nourrir.

Cette mentalité est évidemment liée à notre mentalité en général. Elle est le reflet de notre personnalité et de notre vécu. Par conséquent, les distorsions cognitives que nous aborderons ici ont des répercussions non seulement sur notre façon de nous alimenter, mais aussi sur notre façon de vivre. Nous examinerons une à une les distorsions cognitives les plus courantes, c'est-à-dire celles qui touchent le plus souvent les personnes au régime. Nous verrons aussi de quelle manière ces distorsions cognitives nuisent non seulement à la qualité de vie de ces personnes, mais aussi, et surtout, à leur capacité de changement.

Penser que les bonnes actions méritent une récompense, alors que les mauvaises méritent une punition

On a tendance à croire qu'on ne peut changer quelque chose dans sa vie qu'en se récompensant lorsqu'on juge avoir bien agi et en se punissant dans le cas contraire. De ce fait, on trouve toutes sortes de livres, de méthodes et de thérapies de groupe qui conseillent aux personnes au régime de réfléchir à ce qu'elles pourront s'accorder quand elles auront atteint le poids voulu. On les réprimande lorsqu'elles montent sur la balance et que la perte de poids n'est pas conforme aux attentes, et on leur accorde des points alimentaires à dépenser quand elles atteignent le but fixé. De toute façon, même si elles ne sont ni pesées ni réprimandées par un spécialiste, la plupart de ces personnes qui tentent de maigrir s'imposent l'humiliation de se peser et adoptent un comportement négatif envers elles-mêmes lorsqu'elles ne sont pas satisfaites de leur poids. Avant la pesée, elles déterminent la récompense éventuelle. Après la pesée, si elles n'ont pas assez maigri, elles se démolissent psychologiquement, en se traitant de bonnes à rien, par exemple. Autrement dit, elles se font des reproches, se réprimandent et s'accusent. Puis vient le châtiment : la semaine suivante, elles se privent encore plus et s'infligent deux séances d'activité physique supplémentaires. Par contre, si la balance leur sourit, elles s'accordent la récompense prévue avant la pesée, ou s'autorisent certains écarts alimentaires durant la journée. Les récompenses et les punitions varient d'un individu à l'autre, mais le principe demeure le même : se dompter, se dresser, comme on dresse un animal pour qu'il fasse des prouesses. Si le pitou a fait le beau, il aura droit à un bel os ; sinon, il n'aura rien ou il aura une fessée. Ces comportements ne sont que l'application des règles du conditionnement établies par Pavlov et appliquées pour renforcer chez l'animal les connections nerveuses nécessaires au comportement qu'on souhaite le voir adopter. Cette analogie vous laisse perplexe? Pourtant, cette façon de se traiter est une des distorsions cognitives les plus courantes chez les personnes ayant une mentalité régime. Elle les empêche d'adopter des comportements alimentaires sains, parce qu'elle leur permet de trouver toutes sortes d'arguments pour manger sans faim ou ne pas manger lorsqu'elles ont faim. Elle les conduit à laisser la balance décider de l'apport permis et à perdre de plus en plus contact avec leur corps à mesure que les pesées se succèdent, jusqu'à, finalement, ignorer les signaux de faim et de satiété. Cette distorsion cognitive est liée aux qualités qu'on prête à la balance. Si vous cessez de croire que cet appareil dit la vérité, il vous sera plus facile de vous libérer de cette distorsion cognitive et d'arrêter de traiter votre corps comme un animal de cirque qu'il vous faut dompter. Vous pourrez envisager la possibilité de considérer votre démarche comme un processus, vous donner le droit à l'erreur et voir vos erreurs sous leur aspect bénéfique, c'est-à-dire comme d'excellents moyens d'apprendre. Les erreurs nous permettent, en effet, de prendre conscience de nos lacunes et de réfléchir aux moyens de surmonter les obstacles. Non pas que le fait de ne pas avoir perdu de poids soit une erreur, mais quand on veut adopter des comportements sains, se concentrer sur la balance ne mène nulle part. L'adoption de tels comportements doit être le seul objectif visé, et pour atteindre cet objectif, il faut se percevoir comme une personne capable d'apprendre de ses erreurs et de traverser les obstacles, à son propre rythme, afin d'acquérir de nouvelles habitudes. Il faut oublier la balance, car elle ne nous permet absolument pas de juger notre comportement. Il n'est pas vrai que manger exactement comme le recommande le *Guide alimentaire canadien* pendant une semaine ou en comptant vos points fera nécessairement descendre le chiffre indiqué par votre balance. Par contre, il est vrai que si vous estimez sain pour vous de suivre les conseils donnés dans ce guide et que vous réussissez à le faire pendant une semaine, vous avez atteint votre objectif durant une semaine. Vous ne l'atteindrez peut-être pas la semaine suivante, mais si c'était le cas, cela n'enlèverait rien à votre réussite de la semaine précédente: vous auriez quand même amélioré votre comportement durant sept jours. En voyant les choses ainsi, de façon objective, vous vous donnerez beaucoup plus de chances de réussir à poursuivre votre démarche. Vous avez accompli quelque chose parce que vous vouliez l'accomplir, et non parce que vous espériez une récompense. De toute façon, vu que vous considérez le nouveau comportement comme une source de bien-être, vous êtes récompensé par ce comportement. Cependant, si vous n'avez pas l'impression qu'il est bénéfique pour votre corps et votre esprit, vous ne pourrez pas l'adopter définitivement. Il vous faudra chercher d'autres moyens, plus compatibles avec votre vraie nature et vos valeurs personnelles. Cette recherche approfondie de solutions adaptées à soi est la seule susceptible d'entraîner des changements durables. Elle permet de mieux se connaître, de découvrir ses forces et ses faiblesses, et d'apprendre à se respecter. Elle n'implique pas de se dresser pour agir de telle ou telle manière, mais de trouver la bonne voie pour évoluer, pour se construire.

Considérer certains aliments comme permis ou interdits

Considérer des aliments comme des poisons est une distorsion en grande partie entretenue par les propos et articles que nous entendons et lisons constamment concernant la nourriture. La méfiance à l'égard de l'industrie alimentaire, qui a entraîné l'engouement pour les aliments biologiques, démontre bien que, dans notre société, on a tendance à considérer les aliments comme potentiellement dangereux. Il en résulte une classification des aliments en deux catégories : ceux qui sont permis et ceux qui sont interdits, et la conviction que manger est dangereux, alors qu'il est bien plus dangereux de ne pas manger suffisamment. On en arrive ainsi à perdre de vue le plus important, c'est-à-dire qu'il est vital de manger et que manger est un plaisir. Quand on est au régime, on ne se demande pas : « Ai-je envie de cet aliment ? », mais plutôt : « Ai-je le droit de manger cet aliment ? » La conséquence directe de cette distorsion est une augmentation de l'envie suscitée par les aliments considérés comme interdits, et la conséquence indirecte, un état de frustration à chaque fois qu'on ne s'autorise pas à manger ces aliments. La frustration tient au fait qu'on n'a pas comblé ses besoins selon ses préférences. Afin de maigrir ou de ne pas être malade, on suit les conseils de quelqu'un et on laisse de côté ses goûts personnels. On se force à consommer de piètres substituts dont on n'a pas vraiment envie et, un jour ou l'autre, on finit par céder à la tentation. Mais ce jour-là, on n'éprouve aucun plaisir à manger l'aliment tant désiré, parce qu'on se sent tellement coupable qu'on le mange en cachette ou trop rapidement pour le savourer vraiment. On s'est privé d'un morceau de chocolat par jour pendant une semaine, et on finit par engloutir une tablette entière le huitième jour. Par conséquent, s'interdire de manger certains aliments ne réduit pas nécessairement la consommation de ces aliments, puisque, tôt ou tard, on craque. Par contre, cela nourrit le sentiment de culpabilité.

Quand la mentalité régime conduit à ne manger que les aliments considérés comme permis et ayant une saveur ordinaire, le plaisir de manger disparaît vite, bien sûr. En outre, un conditionnement s'effectue en cachette : dès que manger un aliment procure du plaisir, on estime que cet aliment doit être un poison ! Il entre dans la catégorie des aliments interdits juste parce qu'on le trouve bon au goût. Autrement dit, une simple sensation gustative agréable déclenche toute une série d'émotions négatives. Résultat : le plaisir lui-même devient interdit. C'est pourquoi retrouver le plaisir de manger après de nombreuses années de régime exige une déprogrammation. Cette déprogrammation est un vrai tour de force, mais elle change du tout au tout la vie d'une personne.

Le pendant de la distorsion selon laquelle certains aliments seraient des poisons est que, si un aliment est sain, on peut en manger quasiment à volonté sans que cela porte à conséquence, même quand on n'a pas faim. Pourtant, il vaut mieux manger exactement à sa faim sans tenir compte d'une classification des aliments et de leur valeur nutritive que manger toujours plus qu'à sa faim, même s'il s'agit d'aliments jugés sains, des aliments sains et nutritifs. On pourrait penser que 100 calories de pomme en trop feront moins engraisser que 100 calories de gâteau en trop. C'est tout à fait faux : 100 calories resteront toujours 100 calories, peu importe leur source. Manger plus qu'à sa faim n'est jamais bon. Penser ainsi nous conduit à ignorer ses signaux de faim et de satiété.

En résumé, croire qu'on pourra toujours éviter de manger un aliment qu'on aime est totalement irréaliste et mène forcément à l'échec. Ce n'est qu'en se débarrassant de la mauvaise tactique fondée sur la punition et la récompense qu'on peut espérer réussir un jour à modifier son comportement de façon durable. Si on souhaite modérer sa consommation d'aliments gras, par exemple, on peut commencer par viser à en manger deux fois moins, au lieu de viser à les éliminer complètement de ses repas et collations. On les remplace par des aliments qu'on mange avec autant de plaisir, et on se félicite d'avoir réduit sa consommation de moitié. Étant donné qu'il s'agit effectivement d'une belle réussite, on acquiert une confiance en sa capacité de changement, au lieu de l'anéantir.

Appliquer le principe du « tout ou rien » : les choses sont soit bonnes, soit mauvaises, soit belles, soit laides

La catégorisation des aliments selon qu'ils sont permis ou interdits va souvent de pair avec l'application du principe du tout ou rien, qui se traduit notamment par le fait que, si on a mangé un aliment interdit, ne serait-ce qu'une fois dans l'année, on considère cela comme un échec. Cette distorsion cognitive ne permet pas de trouver le juste milieu ; dans l'exemple donné à la fin de la section précédente, cela ne permet pas de voir qu'il est déjà très louable d'avoir parcouru la moitié du chemin. Le principe du tout ou rien est omniprésent dans l'existence des personnes au régime.

Une personne qui n'aime pas son corps peut croire, par exemple, qu'elle ne sera belle qu'à partir du moment où elle aura perdu un nombre de kilos bien précis. Par conséquent, elle se sentira encore affreuse à 60 kg (132 lb) si son objectif est de descendre à 57 kg (125 lb). Elle s'imagine que c'est seulement parvenue à 57 kg qu'elle sera tout d'un coup radieuse et qu'elle pourra enfin s'autoriser à jouir de la vie. Ne s'accorder le droit d'être heureuse qu'une fois atteint le poids visé est une attitude très courante, surtout chez les femmes. Entre-temps, le bonheur n'est pas possible, ni mérité. Pourtant, l'atteinte du poids idéal, voire du corps parfait, est loin d'être une garantie de bonheur. Les femmes au régime ont une vision idyllique de ce que sera leur vie quand elles auront perdu tel ou tel nombre de kilos, mais une fois arrivées au but, elles éprouvent une déception qui les porte parfois à vouloir perdre encore des kilos, puisque l'amour de soi et le bonheur qu'elles espéraient ne sont toujours pas au rendez-vous. Réflexion faite, nombre de femmes s'aperçoivent d'ailleurs que, même à la période où elles étaient au poids auquel elles veulent revenir, par exemple celui au moment où elles se sont mariées, elles ne s'aimaient pas plus, puisque c'est précisément à ce poids-là qu'elles se sont mises au régime. Quand le principe du tout ou rien nous pousse à nous imposer d'atteindre le poids idéal afin d'accéder au bonheur, il est grand temps de commencer à nous poser des questions.

Le principe du tout ou rien peut non seulement conduire une personne à ne jamais être heureuse, mais aussi à adopter des comportements alimentaires malsains. Prenons pour exemple une femme qui, après avoir fait une entorse à son régime, se dit: « Je suis vraiment idiote. Je n'ai pas suivi mon régime à la lettre, j'ai tout gâché, alors aussi bien tout abandonner. » C'est en se tenant de tels raisonnements que des femmes en arrivent tantôt à manger à l'excès, tantôt à ne manger presque rien. Durant les périodes où elles s'accordent le droit de manger, elles se gavent et durant celles où elles sont au régime, elles sont tellement centrées sur la privation qu'elles ne ressentent plus la faim et réussissent à vivre en se nourrissant très peu.

Croire que, si on ne fait pas ce que les autres attendent de nous, on n'est pas une personne digne d'estime : le besoin de rassurance, de validation

La rassurance et la validation sont deux des facteurs qui mènent l'enfant à se sentir en sécurité et à avoir confiance en ses capacités. La validation revient à expliquer à l'enfant en quoi son comportement est adéquat et en quoi ses réactions dans telle ou telle situation sont parfaitement normales. Elle lui permet d'apprendre à avoir confiance en ses capacités, ses réactions et ses sentiments, donc en lui-même. Autrement dit, l'estime de soi ne résulte ni des réprimandes, ni des punitions, ni des récompenses, mais des compliments reçus sur les choses accomplies et de la validation des sentiments éprouvés. Valider les sentiments éprouvés par une personne, c'est lui dire que l'on comprend sa réaction et qu'elle a raison d'éprouver ce qu'elle éprouve, avant de tenter de l'aider à trouver des solutions si elle a un problème. Devant un enfant en difficulté, on saute très souvent cette étape importante. On cherche à l'aider avant même d'avoir reconnu la tristesse de la situation. Jugeant son comportement inadéquat, on le punit aussitôt, sans avoir pris le temps d'essayer de trouver avec lui la raison de son comportement.

Malheureusement, bien des adultes ont rarement vu leurs comportements normaux et leurs émotions validés lorsqu'ils étaient petits. Au lieu de cela, on avait plutôt tendance à les punir pour leurs mauvaises actions. Au lieu de s'efforcer de comprendre leur tristesse, leur colère ou leur agitation et de mettre des mots sur ce qu'ils vivaient, bref, de les rassurer, on tentait avant tout de les distraire de leurs émotions en leur offrant quelque chose pour les consoler. Or, le manque de rassurance dans l'enfance est difficile à rattraper par la suite. Telle est la raison pour laquelle tant d'adultes, dans leur quête de rassurance, modifient leur comportement pour mieux plaire aux autres. Ils agissent ainsi parce qu'ils n'ont pas reçu suffisamment de messages positifs sur leur personne pour avoir confiance en leur propre jugement.

Les personnes au régime sont souvent en quête d'une validation de leur démarche en vue de maigrir. La meilleure preuve en est que la plupart d'entre elles se pèsent régulièrement. Ces personnes cherchent ainsi à savoir si ce qu'elles ont fait est bon ou mauvais ; autrement dit, si ce qu'elles ont mangé était adéquat ou pas et si leur séance d'exercice physique était suffisante ou pas. Elles souhaitent ardemment que la balance leur envoie un message positif à propos d'elles-mêmes, confirme qu'elles sont des personnes dignes d'estime. Conscientes que, si elles n'ont pas maigri, elles seront découragées, elles font tout leur possible pour obtenir la réponse qu'elles désirent. Elles en arrivent ainsi, par exemple, à resserrer l'étau afin d'être sûres que les restrictions auront un effet évident sur leur poids.

Les écarts de conduite peuvent, eux aussi, avoir un effet sur le poids. Mais de toute façon, sitôt qu'elles constatent que leur poids a grimpé, les personnes au régime sont en général certaines que c'est à cause d'un excès quelconque. Elles sont sûres que la balance valide un comportement inadéquat. Pourtant, il y a des fois où leur poids ne chute pas, alors qu'elles ne se sont permis aucun excès, et d'autres fois où leur poids ne grimpe pas, alors qu'elles ont fait de nombreuses entorses à leur régime. Mais pour elles, le résultat d'une pesée ne peut être le fruit du hasard. Quand ce résultat est étonnant, leur premier réflexe est de chercher ce qu'elles ont bien pu faire de bien ou de mal pour qu'il en soit ainsi, et elles trouvent toujours une raison pour valider ce résultat. C'est à ce comportement qu'on pense quand on parle du pouvoir de validation de la balance.

Faire appel à un spécialiste pour suivre l'évolution de la situation est encore un autre comportement provenant du besoin de rassurance. Lorsqu'elles ont besoin d'aide, les personnes au régime choisissent habituellement l'intervenant qui les rassure le plus dans leur démarche, qui, semaine après semaine, est là pour leur dire qu'elles ont bien agi. D'ailleurs, elles développent parfois une dépendance à l'égard du thérapeute qui vient soit remplacer la dépendance à la balance, soit s'y ajouter. Faute de se considérer aptes à valider elles-mêmes leurs comportements, elles confient à autrui le soin de le faire. Elles pansent ainsi leur blessure, mais sans jamais chercher à comprendre son origine. Leur besoin de se sentir sûres d'elles, d'avoir confiance en leurs capacités est le vrai besoin qui les pousse à demander aux autres de valider leurs comportements alimentaires. Hélas, plus les autres répondent à leur demande, moins elles se sentent sûres d'elles et des signaux envoyés par leur corps. En définitive, la rassurance que leur apportent les autres est de plus en plus une béquille.

Pour échapper à un tel cercle vicieux, une personne au régime doit d'abord prendre conscience de toutes les situations où elle ne fait pas confiance à son propre jugement pour évaluer ses qualités ou son comportement. Ensuite, elle doit se convaincre qu'elle est la mieux placée pour savoir ce qui est bon pour elle et si ce qu'elle a fait est adéquat. Elle doit comprendre que, si elle a tant besoin du regard des autres, c'est parce qu'on ne l'a pas regardée assez attentivement quand elle était enfant. Enfin, elle doit s'accorder le droit d'effectuer la première validation de sa vie, celle de valider son besoin de validation ! Car cela, personne d'autre ne peut le faire à sa place.

Se sentir responsable de choses qui ne sont pas de sa faute ou de son ressort

L'industrie de l'amaigrissement connaît bien les cordes sensibles de ses victimes. Elle a tout à gagner à attribuer la responsabilité de l'échec d'une méthode au manque de volonté des clients. Les vendeurs de régime ne connaissent pas le partage des responsabilités.

Tout est toujours de la faute de la personne qui veut maigrir. Les personnes grosses sont bombardées de messages les portant à croire que, si elles sont grosses, c'est de leur faute. Les scientifiques cherchent des raisons pour expliquer l'obésité. La presse se sert de leurs recherches pour publier des articles choc. Assoiffée de sensationnalisme, elle cherche à prouver que la grosseur est mauvaise. Pour leur part, les médecins en sont convaincus. Et ils tendent à considérer la santé comme une chose qui se mérite, que chacun peut obtenir à condition de déployer les efforts nécessaires. Eux aussi, ils se laissent leurrer par les compagnies pharmaceutiques, qui ont tout à gagner à les convaincre que la santé se gagne, entre autres grâce à leur tout nouveau traitement, vendu exclusivement par elles. Tous les messages relatifs à l'obésité et à la santé atteignent monsieur et madame Tout-le-monde, et les incitent à porter seuls la lourde responsabilité de tous leurs malheurs, dont, éventuellement, celui d'être gros. On veut leur faire croire que le poids et la santé sont tout à fait contrôlables, alors que, en réalité, ils ne le sont qu'en partie. Mais là encore, le monstre de la commercialisation a fait son œuvre.

On dirait que je suis bien là-dedans, que j'éprouve du plaisir à voir mes doigts bleus et des touffes de cheveux "pognés" dans ma brosse. Pourtant, je n'ai jamais été si malheureuse de toute ma vie. Il n'y a plus un seul petit bonheur dans mon existence. Mais bizarrement, on dirait que ça me fait plaisir d'être de même ; je me dis qu'il ne doit pas y avoir beaucoup de gens qui ont une personnalité assez forte pour agir ainsi. C'est bizarre l'anorexie, tu ne trouves pas ?

STAR66
Propos tirés d'un forum
de jeunes anorexiques

C'est ainsi qu'une femme au régime se laisse convaincre que les deux kilos qu'elle a pris sont dus à sa seule et unique barre de chocolat de la semaine. Les convictions de cette nature la mènent à se sentir tellement coupable qu'elle multiplie les interdits d'une pesée à l'autre, jusqu'au moment où elle réalise que, même les semaines où elle suit son régime à la lettre, elle ne maigrit pas ou, pire encore, elle prend du poids. C'est alors que le vendeur de miracles ou le médecin qui la suit lui affirme : « Madame, il est impossible que vous ayez suivi votre régime si vous avez pris du poids. » Traitée à tort de menteuse à quelques reprises, elle finira un jour ou l'autre par s'apercevoir qu'il y a quelque part une faille dans le système. Ce jour-là sera fort probablement celui où, après avoir décidé de tout foutre en l'air et s'être gavée de ses gâteries préférées, elle montera sur le pèse-personne, tête baissée, comme un condamné à mort monte sur la chaise électrique, et que le vendeur de miracles lui dira : « Bravo, vous avez perdu un kilo ! » Sans doute ne cachera-t-elle pas son étonnement : « Ah oui ? J'étais sûre d'avoir engraissé, car j'ai beaucoup triché… » Mais si elle a en face d'elle un bon vendeur de miracles, il ne se démontera pas pour si peu ; il lui répondra : « Vous avez dû être très active cette semaine », comme s'il était impossible que le poids perdu, tout comme le poids gagné, n'ait rien à voir avec le comportement de sa cliente. Dans notre société, on ne peut imaginer que le poids d'une personne puisse varier sans que cette personne y soit pour quelque chose. Pourtant, il est aussi absurde de tenir les gros pour entièrement responsables de leur grosseur qu'il le serait de tenir les grands pour responsables de leur grandeur.

Exagérer ou minimiser les faits

« Un petit écart et voilà, c'est foutu, j'ai pris 5 livres ! » Non, il est mathématiquement impossible qu'une prise de poids de 5 livres soit due à une barre de chocolat qui ne pèse même pas un quart de livre. Pourtant, les femmes qui grossissent ainsi l'effet d'une gâterie sont nombreuses. À vrai dire, ce n'est guère étonnant, vu qu'elles vivent dans un milieu où on ne cesse de rabâcher que les friandises ont un effet catastrophique sur la silhouette.

Les femmes préoccupées par leur poids exagèrent aussi le bonheur des femmes qui sont plus minces qu'elles et minimisent les difficultés de ces dernières. Du fait que les images de la femme mince présentées dans la presse et à la télévision reflètent la plupart du temps la réussite, leur impression que le bonheur est réservé aux minces est assez compréhensible. Néanmoins, même les minces peuvent se trouver grosses ; 23 % des femmes de poids insuffisant, rappelons-le, désirent malgré tout maigrir, comme la majorité des femmes de poids moyen. De toute évidence, elles ont donc un problème encore plus grave que les femmes qui sont réellement grosses. Mais l'idée que les minces sont resplendissantes et n'ont pas de problèmes est encore bien ancrée dans l'esprit des rondes. De ce fait, ces dernières éprouvent fréquemment une certaine jalousie à l'égard des minces, jalousie qui se transforme parfois en haine. Dans ce dernier cas, les minces sont toutes vues comme des allumeuses ayant un carnet d'adresses complètement rempli et des rendez-vous tous les soirs avec les plus beaux mâles du quartier. Pourtant, les femmes minces ont aussi leur lot de problèmes. Attirer les regards, par exemple, n'est pas toujours agréable pour elles. Et parmi ces femmes, comme parmi les rondes, il y en a beaucoup qui souffrent qu'on ne considère pas avant tout leur intelligence et leur personnalité plutôt que leur corps.

Par ailleurs, les femmes au régime ont tendance à minimiser leurs réussites, ainsi qu'à grossir leurs difficultés. Cependant, elles ne sont pas les seules à avoir cette attitude : toutes les personnes qui ne sont pas bien dans leur corps ni dans leur tête ont énormément de difficulté à estimer leurs réussites personnelles à leur juste valeur. En définitive, leur vision déformée de la réalité conduit les femmes préoccupées par leur poids à être convaincues qu'elles sont malheureuses et bonnes à rien.

L'UTILITÉ DE LA MENTALITÉ RÉGIME

Pourquoi, dans une société où tout le monde subit les mêmes pressions sociales, certaines personnes sont-elles plus enclines que d'autres à développer une mentalité régime ? Pour éclaircir un peu cette question énigmatique, il faut chercher ce que cette mentalité peut apporter dans la vie, autrement dit, son utilité.

La mentalité régime est avant tout utile pour faire diversion aux soucis majeurs. « Une obsession en chasse une autre. C'est comme la diète », disait le journaliste Wilfrid Lemoyne, qui n'avait pas tort. Effectivement, quand on est obsédé par son apparence et par la perte de poids, on en oublie les problèmes fondamentaux. En outre, la mentalité régime est utile pour oublier les échecs essuyés. Faute de ne pas être fier de ce qu'on est ou de ce qu'on a accompli, on se rabat sur les réussites (éphémères) que représentent les pertes de poids pour tenter d'améliorer son estime de soi. D'ailleurs, de nombreuses femmes reconnaissent que, dans les périodes où elles sont au régime, elles sont plus fières d'elles et fermement convaincues que c'est en perdant du poids qu'elles s'aimeront davantage. Et pourtant, s'aimer n'a rien à voir avec le corps. Ça se passe dans la tête, ce n'est qu'une question de condition- nement.

Chapitre 5
SE DÉCONDITIONNER

Je me suis mis au régime durant quatorze jours.
J'ai perdu deux semaines.

JOE LEWIS,
champion du monde de *full-contact* américain

CESSER DE CROIRE AU MIRACLE

Quand on veut à tout prix atteindre un but, on est prêt à croire tous les vendeurs de miracles qui affirment pouvoir nous aider à y parvenir. Alors, on se laisse piéger par le premier venu. Parfois, on est même très conscient qu'on se fait flouer, que la recette proposée ne donnera aucun résultat, mais on a le sentiment que cela vaut quand même la peine de l'essayer. Ainsi, la majorité des femmes au régime, lorsqu'elles répondent à un sondage[1], ont indiqué qu'elles ne se voient tout simplement pas cesser d'essayer des régimes amaigrissants, bien qu'elles sachent qu'elles n'en obtiendront probablement rien de bon. Leur besoin de suivre un régime résulte d'un conditionnement. Suivre un régime est un réflexe dont elles ne peuvent se départir. Elles n'imaginent pas leur existence sans cette contrainte. Elles ont l'impression de devoir s'y plier, comme s'il valait mieux faire quelque chose qui ne marche pas que de ne rien faire du tout. L'industrie de l'amaigrissement sachant très bien toucher les cordes sensibles des consommatrices, ces dernières doivent vraiment prendre conscience de leur besoin de croire au miracle pour ne plus se faire prendre.

Les stratégies employées pour vendre des méthodes ou des produits amaigrissants sont parfois si subtiles qu'il est difficile de savoir si on se trouve ou non devant une arnaque. Par conséquent, mieux les connaître est déjà un bon début. Les entreprises commerciales ont une faiblesse : quand elles trouvent une bonne tactique, elles l'appliquent tant que celle-ci donne de bons résultats. Ainsi, il n'est pas très compliqué de découvrir les trucs utilisés dans l'industrie de l'amaigrissement. Lorsqu'une publicité attire votre attention, voici les éléments qui devraient vous mettre la puce à l'oreille :

- *Les témoignages « avant-après ».* La publicité comporte le témoignage d'une personne heureuse d'avoir littéralement fondu grâce à la méthode révolutionnaire proposée, témoignage qui est accompagné de photos, truquées ou pas. Il n'est pas difficile, bien sûr, de trouver quelqu'un qui a perdu des dizaines de kilos après avoir servi de cobaye. Personne n'a dit que les régimes amaigrissants n'entraînaient jamais une perte de poids ! Mais on sait que, toutes méthodes confondues, la probabilité que les kilos perdus soient repris par la suite est très élevée. Et si les fabricants n'abordent pas souvent la question du maintien du poids dans leurs publicités, c'est parce que leur produit n'a qu'un effet momentané quand il en a un, bien entendu. S'il avait un effet durable, l'industrie de l'amaigrissement serait morte depuis longtemps, puisque toutes les personnes ayant acheté un produit amaigrissant une fois n'auraient plus jamais eu besoin de racheter un tel produit.

- *Les images truquées.* La publicité vous présente des photos d'une personne ayant soi-disant maigri. En ce cas, examinez bien ces photos, car il n'est pas rare que l'informatique soit mise à contribution pour aider la nature. Si vous remarquez, par exemple, que la grosseur de la tête ne semble pas aller avec le corps de déesse qu'on vous présente, ou que la tête de la personne photographiée avant le régime est plus grosse que celle de la personne photographiée après le régime, posez-vous des questions. En fait, il existe une constante dans la morphologie des êtres humains : la hauteur du corps est six fois plus grand que la hauteur de la tête. Par conséquent, lorsque la taille d'une personne photographiée n'est pas égale à six fois la hauteur de sa tête, ça sent le trucage à plein nez !

- *Les promesses de perte de poids sans effort.* Les promesses de ce genre sont faites, entre autres, par les fabricants d'appareils qui font travailler passivement les muscles ou de pilules qui font miraculeusement «fondre la graisse». Cependant, dites-vous bien que, s'il n'y a pas d'effort, il n'y a pas non plus de calories brûlées. Les produits vendus à l'aide de telles promesses ne provoquent qu'une perte de poids artificielle et éphémère, notamment grâce à des laxatifs ou à des diurétiques (vendus en complément ou entrant dans la composition du produit), ou n'ont absolument aucun effet sur le poids.

- *Les mentions ou allégations qui servent à augmenter la crédibilité du fabricant, comme la mention « Testé scientifiquement ».* Les fabricants aiment bien ajouter sur leurs publicités la mention « Testé scientifiquement ». Et ils ont le droit de le faire s'ils ont en leur possession n'importe quel rapport indiquant que des tests ont été effectués. Mais étant donné que les tests ne sont pas nécessairement faits par des sociétés indépendantes, donc neutres, et que la mention ne nous renseigne ni sur les tests effectués ni sur leurs résultats, rien ne nous prouve que ces tests étaient valables et ont été réellement concluants sur les plans de l'efficacité et de l'innocuité du produit. Et même si ce produit a eu un effet quelconque sur une cellule placée sous l'objectif d'un microscope, cela ne signifie pas qu'il sera efficace une fois arrivé dans le corps humain. Cependant, en cas de résultats médiocres, le fabricant pourra toujours affirmer qu'il a testé le produit « scientifiquement ». Les compagnies pharmaceutiques sont obligées de suivre des protocoles de recherche rigoureux avant de dire qu'un médicament est efficace et n'est pas dangereux, mais ce n'est nullement le cas dans le secteur des produits naturels, qui n'est pas encore bien réglementé et autorise, de ce fait, les abus de confiance. Pour en avoir le cœur net avant de vous décider à acheter un produit, téléphonez au fabricant qui dit avoir testé son produit et demandez-lui de vous envoyer les résultats de l'étude. Si on vous répond que ces résultats ne sont pas accessibles au public ou si on vous envoie carrément promener, vous saurez que vous avez affaire à un charlatan. En fait, les fabricants de produits naturels peu consciencieux sont la plupart du temps incapables de fournir des résultats valides, puisqu'ils n'en ont pas. Les compagnies pharmaceutiques, par contre, doivent être en mesure de soumettre les résultats de leurs études à quiconque les exige pour vendre leurs médicaments. Bref, un escroc faisant le commerce de produits amaigrissants peut vendre sa camelote sans jamais avoir à rendre des comptes.

- *Une célébrité est utilisée pour vanter les mérites du produit.* Ce n'est pas parce que notre idole, comme les personnes dont les témoignages sont présentés à l'appui de certaines publicités, a perdu énormément de poids grâce au régime « X » qu'elle ne va pas reprendre les kilos perdus. À l'instar de quiconque venant de perdre du poids, les vedettes sont fières d'annoncer leur réussite, et bien contentes de redorer du même coup leur image. Mais quand elles ont repris les kilos perdus, elles ne s'en vantent pas. C'est ce qu'on pourrait appeler « l'effet Oprah » !

- *Un « docteur » atteste que le produit est efficace.* Le terme « docteur » n'est pas toujours utilisé dans le sens où le public l'entend. Pour avoir droit au titre de docteur, il suffit d'avoir un doctorat. Or, ce diplôme peut être obtenu aussi bien en fin d'études en médecine qu'en fin d'études en marketing ou en commerce. Par conséquent, il est possible d'utiliser son titre de docteur en marketing, par exemple, pour faire des allégations sur un produit. C'est ainsi que des fabricants jouent sur les mots pour vendre leur produit. De plus, même lorsque le docteur en question est un vrai médecin, il n'a pas pour autant forcément raison. En effet, les régimes amaigrissants prescrits par les médecins comportent un fort risque d'échec à long terme et sont encore très controversés dans le milieu médical. Les médecins ne sont pas tous du même avis sur la question de l'amaigrissement.

- *Le fabricant indique un code DIN dans le but de prouver qu'il s'agit d'un produit efficace.* Le code DIN est accordé par un organisme gouvernemental afin d'assurer l'innocuité d'un produit. Certains fabricants astucieux réussissent à obtenir ce code en veillant à ce que leur produit amaigrissant contienne des vitamines pour qu'il soit reconnu comme étant un supplément de vitamines. Mais ce code DIN ne veut absolument pas dire que le produit est efficace pour faire maigrir; il signifie seulement qu'il contient bel et bien les ingrédients mentionnés sur l'étiquette et que ceux-ci sont sans danger lorsque la posologie est respectée.

- *La méthode n'exige pas de changements d'habitudes de vie pour être efficace.* Il est clair que, si les habitudes alimentaires ne sont pas changées de façon durable, la perte de poids sera absente ou temporaire. Les étiquettes collées sur les emballages des produits amaigrissants portent souvent la mention : « Doit être accompagné d'un régime alimentaire équilibré et d'activité physique ». Ce n'est pas le fabricant qui tient à ajouter cette mention, c'est le gouvernement qui l'oblige à le faire pour que le consommateur ne considère pas le produit comme un remède miracle. Une telle mention en dit long sur l'effet du produit : il y a fort à parier que la perte de poids sera due à la modification des habitudes alimentaires et à l'activité physique, et non au produit.
- *La méthode proposée nécessite des restrictions alimentaires impossibles à maintenir toute la vie, ou le produit vendu ne peut pas être pris toute la vie.* Qu'ils soient ou non prescrits par un médecin, les régimes faibles en calories et les produits amaigrissants n'évitent pas la reprise des kilos perdus après l'abandon du régime ou la fin du traitement. Et il est probable que quelques kilos supplémentaires seront également au rendez-vous...
- *La méthode est extrêmement coûteuse.* On a tendance à penser que, si une méthode coûte plus cher qu'une autre, elle est forcément plus efficace. Pourtant, c'est tout le contraire : les méthodes qui sont les plus saines et entraînent une perte de poids durable sont gratuites. Manger mieux et bouger plus, cela ne coûte rien, cela donne des résultats durables et c'est bon pour la santé.

Vous êtes probablement la preuve vivante que les régimes en vogue ne mènent nulle part. Car, comme 95 % des personnes qui les suivent, vous n'êtes sans doute jamais arrivé à un poids stable et avez peut-être même pris des kilos supplémentaires. Vous n'êtes nullement responsable de cet échec; on l'a constaté, toutes les méthodes d'amaigrissement populaires basées sur la privation mènent, à long terme, à ce résultat. Pourquoi avez-vous cru à l'efficacité des régimes ? Sans doute parce que, dans votre entourage, des personnes y croyaient, ou parce que la rumeur publique véhicule des mythes qui vous ont aidé à y croire. Par conséquent, votre meilleur bouclier contre les vendeurs de miracles est de voir la réalité en face : les régimes ne marchent pas ! À partir du moment où cela sera bien clair pour vous, vous pourrez commencer à vous déconditionner, à passer de la programmation en mode « apparence physique » à la programmation en mode « bien-être physique et mental ».

RECONNAÎTRE LES VALEURS FAMILIALES

Chaque personne a son propre éventail de valeurs, mais il dépend grandement des valeurs véhiculées par la famille, les amis et la société en général. Autrement dit, le milieu a une énorme influence sur les croyances de chacun. Il ne s'agit pas ici de trouver un coupable, mais de prendre conscience de l'effet de notre environnement sur nos valeurs pour arriver à comprendre comment, à notre insu, nous avons pu en arriver à modifier nos comportements à notre détriment.

Faire l'inventaire des messages qui vous ont été transmis et des comportements liés à votre héritage tant familial que socioculturel est la première étape à franchir pour vous déconditionner. Il se pourrait que votre préoccupation à l'égard de votre poids ait été causée par l'attitude de vos amis ainsi que par les messages transmis par les médias ou la société en général et que vos parents y soient tout à fait étrangers. Mais pour mieux comprendre ce problème, il importe de vous questionner honnêtement sur les valeurs de vos parents que vous avez fait vôtres. Il n'y a ni bonnes ni mauvaises réponses, seulement des attitudes et des idées transmises d'une génération à l'autre qu'il faut prendre le temps de découvrir, pour en saisir les avantages et les inconvénients.

Même en très bas âge, les enfants sont beaucoup plus perspicaces qu'on le croit. Ils perçoivent les préoccupations et les malaises de leur entourage, surtout ceux de leurs parents. Par conséquent, si nous, les adultes, n'acceptons pas notre corps, il est essentiel d'en prendre conscience et d'en trouver l'origine afin de ne pas léguer ce problème à la génération suivante.

Pour prendre conscience de nos comportements alimentaires résultant d'un conditionnement, il faut nous poser certaines questions fondamentales. Et être prêts à faire cette démarche, car remonter à l'enfance pour nous remémorer des expériences qui ont forgé notre manière d'être et analyser notre rapport à la nourriture exige une bonne capacité d'introspection et un réel désir de se libérer de ses démons.

Le questionnaire proposé ci-après vous aidera à réfléchir à quelques-unes des questions essentielles. Il vous permettra de mieux saisir le rapport à la nourriture dans votre famille et de vous pencher sur certains messages que celle-ci vous a transmis. Le fait qu'il concerne seulement la famille ne signifie pas que les origines du problème sont uniquement familiales. Il tient simplement compte du fait que la famille est le véhicule par excellence des valeurs sociales.

Si vous le désirez, vous pouvez noter vos réponses afin de les comparer à celles de membres de votre famille ou d'amis d'enfance qui voudraient se prêter, eux aussi, à l'exercice. Car les réponses de personnes ayant été témoins de ce que vous avez vécu dans votre enfance pourraient vous éclairer davantage encore sur cette époque de votre vie.

Questionnaire pour amorcer la prise de conscience des réflexes conditionnés quant à la nourriture et à l'image corporelle

Repensez à un repas familial typique tel que vous le viviez lorsque vous étiez enfant, et répondez aux questions suivantes :

1. Quelles sont les pensées qui vous viennent à l'esprit quand vous repensez à ce repas ? Écrivez-les.

_____

_____

_____

2. Quelles étaient les personnes présentes ? Dressez la liste de ces personnes, puis, pour chacune d'elles, y compris vous-même, trouvez deux ou trois qualificatifs pour décrire son attitude ou son rôle.

_____

_____

_____

3. En ce qui concerne la quantité de nourriture, auriez-vous…
– préféré en avoir plus ?
– préféré en avoir moins ?
– choisi la même quantité ?
Pourquoi ?

_____

_____

4. Considérez-vous que les aliments offerts étaient conformes à vos goûts…
– tout le temps,
– la plupart du temps,
– parfois,
– jamais ?
En quoi n'étaient-ils pas conformes à vos goûts ? (s'il y a lieu)

_____

_____

_____

➡

5. Lorsque vous refusiez de manger ce qui était offert, quelles étaient les réactions des personnes présentes ?
Et vous, comment réagissiez-vous alors à ces réactions des autres ?

_____

_____

_____

6. Quand vous demandiez de la nourriture, comment réagissaient les personnes présentes ?
Et vous, comment réagissiez-vous alors à ces réactions des autres ?

_____

_____

_____

7. Manger, pour vous, est-ce (plus d'une réponse possible)…
– une corvée,
– un plaisir,
– une consolation,
– une récompense,
– une nécessité pour être en bonne santé,
– une nécessité pour survivre ?
– autre ?

_____

_____

_____

8. Que croyez-vous que vos parents auraient répondu à la question précédente ?

_____

_____

_____

9. Vos parents avaient-ils plutôt tendance à…
– vous offrir des aliments que vous aimiez quand vous étiez gentille ou triste ?
– vous priver des aliments que vous aimiez quand vous n'étiez pas gentille ?
– vous refuser certains aliments pour votre bien ?
– vous imposer certains aliments pour votre bien ?

_____

_____

_____

➡

10. Selon vous, votre père aurait-il préféré que vous soyez…
– plus grosse,
– plus mince,
– ni plus grosse ni plus mince ?

_____
_____
_____

11. Selon vous, votre mère aurait-elle préféré que vous soyez…
– plus grosse,
– plus mince,
– ni plus grosse ni plus mince ?

_____
_____
_____

12. Pour votre part, préféreriez-vous être…
– plus grosse ;
– plus mince ;
– ni plus grosse, ni plus mince ?

_____
_____
_____

13. Selon vous, votre conjoint (s'il y a lieu) préférerait-il ou préférerait-elle que vous soyez…
– plus grosse,
– plus mince,
– ni plus grosse ni plus mince ?

_____
_____
_____

Quel exemple mes parents m'ont-ils donné ?

Montrer le bon exemple n'est pas facile. Au fil de nos jeunes années, nos gestes par rapport à la nourriture et nos propos quant à notre corps deviennent tellement automatiques qu'à l'âge adulte nous les répétons sans vraiment nous en rendre compte. Nos parents avaient beau savoir ce qui n'allait pas dans l'exemple qu'ils nous donnaient, ils n'étaient pas nécessairement capables de s'en débarrasser pour autant.

En ce qui concerne la façon de se comporter, un enfant apprend bien plus par l'exemple qu'on lui donne que par n'importe quelle méthode pédagogique. On a beau essayer de lui inculquer ceci : « Fais ce que je dis et non pas ce que je fais », il ne retient que les leçons apprises en nous voyant faire. Dès sa naissance, l'enfant s'identifie à ses parents et les prend pour modèles. Nous avons tendance à associer l'art d'éduquer les enfants à l'art de les raisonner et de négocier avec eux, mais ce sont avant tout nos actes qui les marquent. L'imitation est d'ailleurs un processus génétiquement programmé dans notre cerveau, comme dans celui des animaux. Les enfants ont donc une propension au mimétisme. En outre, s'ils ne comprennent pas toujours très bien nos paroles, il n'en demeure pas moins qu'ils saisissent les messages que traduisent nos actes.

Nous nous attachons tellement à les éduquer en nous faisant entendre que nous ne reconnaissons pas dans leurs attitudes et leurs paroles celles qui sont calquées sur les nôtres. L'imitation est le travail des enfants. C'est aussi la meilleure façon d'apprendre que les êtres humains ont trouvée pour s'adapter le mieux possible à leur milieu. Par conséquent, l'imitation est en quelque sorte nécessaire à la survie de l'espèce humaine et ne doit pas être perçue comme un acte qui doit être puni ou qui ne mérite pas qu'on s'y attarde. Elle joue un rôle capital dans le développement de l'enfant, elle fait partie intégrante de sa capacité d'adaptation à la société dans laquelle il évolue.

Je ne suis pas maigre et je ne le serai jamais. Mais je crois en ma beauté, tant intérieure qu'extérieure, et c'est là un des plus beaux cadeaux que mes parents m'aient donné. Je réalise cela aujourd'hui, quand je regarde les autres femmes et que je vois combien elles sont complexées.

MARIE-CLAUDE,
33 ans

L'attitude de vos parents face à leur corps, à l'alimentation et au corps des autres, y compris le vôtre, ne peut donc être totalement étrangère à la façon dont vous vous percevez aujourd'hui et à votre rapport à la nourriture. On ne choisit pas ses parents, et ce n'est qu'à partir du moment où on a des enfants qu'on réalise que devenir parent ne signifie pas devenir parfait. Aucune mère, aucun père ne peut montrer le bon exemple en permanence. En certaines circonstances, chacun a ses limites. De toute façon, même si vos parents avaient su être des parents parfaits, cela n'aurait pas eu sur vous l'effet escompté, puisqu'il est important pour l'épanouissement d'un individu de constater que ses parents ont des faiblesses. Cette constatation augmente, en effet, les chances de devenir un adulte acceptant ses faiblesses et ayant une bonne estime de soi malgré ses erreurs de parcours. Les lacunes faisant partie de la vie, elles ne devraient jamais miner l'estime de soi. Accepter ses faiblesses, tout comme ses forces, est un signe de confiance en soi et d'amour envers soi, et ces atouts aident à surmonter les embûches et à en tirer des leçons positives. Bien qu'étant valorisé dans notre société, le perfectionnisme traduit un manque d'amour à l'égard de soi qui pousse à se faire constamment violence et à ignorer ses besoins, entre autres ses besoins alimentaires. Le contrôle de l'alimentation attribuable à la quête de la perfection nuit grandement à l'écoute des besoins, et cause ainsi bien des tracas au corps et à l'esprit.

RECONNAÎTRE SES PROPRES VALEURS

À votre naissance, vous avez démarré votre voyage dans la vie avec une grosse valise offerte par vos parents, et que ces derniers n'ont cessé de remplir durant votre enfance. À l'école, vous avez reçu une autre valise, celle que vous a donnée l'enseignant et les autres intervenants en milieu scolaire. À l'adolescence, vous avez multiplié vos bagages au contact de vos pairs et de vos amis. Et par la voie des médias, la société vous a fourni encore un autre bagage. Le poids de chacune de vos valises représente l'influence que chacun de ces agents a eu sur vous, et a encore aujourd'hui. À vous de découvrir si la plus lourde, dans votre cas, est celle de vos parents, de vos amis d'enfance ou de la société en général.

Par conséquent, avant de vous attaquer à votre mentalité régime, il est primordial que vous vous posiez deux questions: «Suis-je en train de crouler sous le poids de mes valises?» et «Parmi ces valises, y en a-t-il qui sont trop lourdes et dont j'aurais avantage à trier le contenu pour ne garder que le nécessaire?» Autrement dit, parmi toutes les valeurs que vous transportez avec vous, il va vous falloir découvrir celles qui sont vraiment compatibles avec votre vraie nature et avec vos désirs et celles qui ne le sont absolument pas.

Pour faire le ménage dans vos valises, je vous propose un petit exercice qui est souvent très révélateur. Appelons-le le «Quiz des valeurs». Dans le tableau présenté ci-après, vous trouverez une liste de 10 valeurs. Dans la première colonne vide, classez ces valeurs de 1 à 10 par ordre d'importance pour *vous*. L'amour est-il, pour vous, plus important que le travail ou est-ce l'inverse? Quelle importance accordez-vous au pouvoir? Le mettriez-vous en tête de votre palmarès, c'est-à-dire au premier rang, ou à la fin, c'est-à-dire au dixième rang, ou encore à un autre rang? Ce sont des questions de ce genre que cet exercice vous conduira à vous poser. Faites-le sans trop réfléchir, en vous demandant simplement ce qui vous rendrait le plus heureuse.

Dans la deuxième colonne vide, et seulement après avoir caché la première colonne, tentez ensuite de classer les valeurs en fonction de l'importance que, selon vous, la société leur accorde. D'après vous, considère-t-elle que le travail est plus important que la famille, par exemple? N'essayez pas de trouver *la* bonne réponse, il n'y en a pas; ce qui compte, c'est *votre* réponse, votre perception du monde qui vous entoure.

Dans la troisième colonne vide, après avoir caché la première colonne *et* la deuxième, essayez finalement de classer les valeurs en fonction du temps et de l'énergie que vous leur consacrez. Dans une journée, à quelle valeur vous dévouez-vous le plus?

QUIZ DES VALEURS

	Pour moi (de 1 à 10)	Pour la société (de 1 à 10)	Temps et énergie consacrés (de 1 à 10)
Amour			
Argent			
Travail			
Famille			
Pouvoir			
Santé			
Liberté			
Beauté, apparence			
Avoir du plaisir			
Faire plaisir aux autres			

Pour quelle raison souhaiteriez-vous maigrir?

_____

_____

_____

Après avoir fait ce classement, comparez les colonnes entre elles. Entre votre palmarès et celui de la société, y a-t-il de grandes différences ou les valeurs gagnantes sont-elles les mêmes? Si vous ne vous retrouvez pas dans les valeurs de la société mais que celle-ci a une grande influence sur vous, il y a fort à parier que vous avez l'impression de nager à contre-courant. Quand vous regardez la troisième colonne, avez-vous l'impression que vous consacrez plus d'énergie à répondre à vos propres valeurs ou à répondre plutôt à celles de la société? Votre façon de vivre respecte-t-elle votre manière d'être et votre façon de penser?

Un exemple concret vous permettra de mieux comprendre l'utilité de cet exercice. Mettons que, pour vous, la beauté et l'apparence ne soient pas du tout importantes. Cependant, vous consacrez pas mal de temps, d'énergie et d'argent pour embellir votre corps ou votre silhouette, et désirez maigrir pour pouvoir porter de beaux vêtements. Curieux... Pourquoi faites-vous tant d'efforts pour répondre à une valeur qui n'est pas la vôtre? La réponse à cette question se trouve peut-être quelque part dans la première colonne. Se pourrait-il que ce soit pour répondre à une autre valeur qui est encore plus importante pour vous? Voyons... Dans la première colonne, vous avez placé l'amour en premier. Alors la vraie raison de votre acharnement à suivre des régimes est peut-être votre impression que la beauté est la condition essentielle pour être aimée. Si vous estimez indispensable de vous conformer aux normes sociales relatives à la beauté pour être aimée et que l'amour est ce qui compte le plus pour vous, vous auriez sans doute avantage à revoir votre idée des motifs pour lesquels les membres de votre entourage vous aiment vraiment, ou pour lesquels une personne pourrait vous aimer vraiment. Puisque la beauté est au dernier rang dans votre échelle des valeurs, vous ne vous fondez probablement pas sur ce critère pour juger les êtres que vous aimez. Pourtant, vous vous fondez sur ce critère pour vous juger. De ce fait, vous prenez des moyens détournés pour satisfaire votre besoin d'amour: vous cherchez à remodeler votre corps et à améliorer votre apparence grâce à de beaux vêtements. Vous vous êtes convaincue que votre bonheur dépendait avant tout de la beauté de votre corps et de vos habits, alors qu'en réalité il dépend de l'amour. L'esthétique est ce qui rend la société heureuse, mais elle n'est pas ce qui vous rend heureuse, vous. Vous courez après une chose que vous ne voulez pas vraiment. Vous avez donc une valise à alléger. Celle offerte par la société, qui vous a renvoyé une image plutôt négative du corps des femmes en général ? Celle offerte par votre famille, qui vous a donné des sobriquets dévalorisants à cause de certaines de vos caractéristiques physiques ou qui considérait le physique comme la première des priorités ?

Prenons un autre exemple, celui d'une personne qui dit vouloir maigrir pour sa santé, mais qui a mis celle-ci au dernier rang de son échelle des valeurs : le plaisir, le travail, la famille, tout passe avant la santé. En fait, cette personne reconnaît que son mode de vie nuit à sa santé et elle a entendu le discours de la société selon lequel le poids et la santé sont liés, mais la santé n'est pas une priorité pour elle à ce stade de sa vie. Malheureusement, c'est avec l'âge et à force d'avoir des ennuis de santé que l'on en vient à estimer cette dernière à sa juste valeur. Quand on est jeune ou qu'on n'a jamais été malade, on a une foule d'autres choses auxquelles penser et on veut profiter de la vie au maximum. Au fond, la personne qui veut maigrir pour sa santé se ment à elle-même et a peu de chances d'arriver à modifier son mode de vie si elle ne le fait pas en fonction de ses propres valeurs.

Chez nous, les repas étaient toujours une source de joie, de convivialité. Encore aujourd'hui, j'aime manger. Je me suis rendu compte qu'avec tous les régimes que j'ai suivis, j'essayais, pour me conformer aux normes sociales, de réprimer des valeurs familiales auxquelles je tenais, qui faisaient partie de moi. Dès le moment où j'ai compris que j'étais en train de renier quelque chose de bon, cette appréciation du plaisir de manger, je ne me suis plus jamais mise au régime ! Et je n'ai plus jamais réengraissé…

SUZANNE,
39 ans

Ces deux exemples ne reflètent qu'une infime partie des tiraillements possibles entre les valeurs d'une personne et celles de la société. Le Quiz des valeurs constitue malgré tout un outil utile pour amorcer une réflexion. C'est à vous de découvrir les valises que vous trouvez les plus lourdes à porter et de vous interroger sur leur contenu et ce qu'il vaut à vos yeux.

LES VALEURS DE LA SOCIÉTÉ : UN MÉNAGE S'IMPOSE

Les hommes aussi bien que les femmes doivent s'attaquer au problème de l'obésité et de l'obsession de la minceur. Il est, en effet, impossible que les femmes arrivent toutes seules à renverser la vapeur. Primo, parce que, dans l'éducation des enfants, le rôle du père est tout aussi important que celui de la mère. Secundo, parce que les messages relatifs au corps et à la beauté ne touchent pas uniquement les femmes. Les hommes aussi y sont sensibles et assimilent le discours selon lequel la grosseur est néfaste et les gros n'ont que ce qu'ils méritent. Combien d'hommes se privent de rencontrer des femmes bien en chair, tout simplement parce qu'ils ont peur de se faire mal juger ou de se sentir dévalorisés en sortant avec une femme dont le corps n'est pas conforme au modèle proposé par la société, celui de la femme brindille ? Combien d'hommes n'ont pas pour compagne une femme qui correspond à ce modèle ? De toute évidence, la grande majorité des hommes, puisque seulement 5 % de la population environ a le profil des mannequins d'aujourd'hui et des femmes mises en vedette dans les magazines et à la télévision. Pourtant, un homme ne devrait pas être déconsidéré en raison du fait que sa femme est plus grosse que la moyenne. Une épouse n'est pas un trophée. Mais si un amoureux est gêné par l'apparence de sa bien-aimée, c'est peut-être parce qu'il traîne avec lui un bagage offert par la société qu'il aurait intérêt à mettre de côté afin de laisser la place à ses vraies valeurs personnelles.

REVOIR LES FONCTIONS DE SON CORPS

Comment voyez-vous votre corps ? Telle est l'une des questions que j'ai souvent posée durant mes ateliers et qui me permet de déterminer le rôle, la fonction qu'une personne attribue à son corps, et donc de comprendre son comportement envers son corps. Prenons quelques exemples. Vous avez l'impression que votre corps est une poubelle ? Alors vous êtes probablement enclin à finir les assiettes des autres. Vous le voyez comme une machine ? Par conséquent, vous avez sans doute un comportement alimentaire qui se résume à donner à votre corps la quantité de nourriture nécessaire pour qu'il produise un certain travail. Vous vous nourrissez de façon à la fois automatique et calculée, sans trop écouter les signaux de faim et de satiété, car une machine, ça n'a pas de sensations… Vous avez l'impression que votre corps est une arme de séduction et vous vous en servez allègrement pour plaire aux autres ? En ce cas, vous vous efforcez sûrement de vous conformer aux normes relatives à la beauté, ce qui vous oblige à vous embarquer dans la galère des régimes. Vous voyez votre corps comme une arme de séduction, mais, à cause de mauvaises expériences, vous avez peur de ce pouvoir qui pourrait vous rapprocher des autres ? Alors vous avez peut-être envie de prendre des rondeurs juste pour vous protéger des autres, et manger plus qu'à votre faim vous semble le comportement le plus logique à adopter pour que votre corps puisse remplir sa fonction de « bouclier protecteur ».

En analysant les fonctions du corps telles qu'elles sont décrites par les psychiatres, on s'aperçoit que les troubles alimentaires sont, grosso modo, en rapport avec trois fonctions couramment attribuées au corps[2].

La première fonction que l'on peut attribuer à son corps est l'affiliation. En ce cas, le corps est considéré comme un moyen d'obtenir l'acceptation des autres en général, ou d'attirer un ou des partenaires sexuels. En fait, les individus qui voient leur corps de cette façon ont tendance à ne pas compter sur les autres facettes de leur personne pour atteindre l'un ou l'autre de ces buts. D'après eux, il est avant tout nécessaire d'avoir un beau corps pour être aimé.

La deuxième fonction attribuée au corps est l'évitement. Le corps permet alors d'éviter quelque chose que l'on redoute. Cela peut être en amoindrissant les attributs féminins afin d'éviter les regards et les remarques à connotation sexuelle. Ou en cultivant une certaine fragilité afin d'être protégé par l'entourage, et donc d'éviter le poids de certaines responsabilités. Ou encore en mangeant soit trop, soit très peu afin de se détacher de ses émotions ou de sa douleur, de les fuir en quelque sorte.

La troisième fonction est l'expression. Selon certaines personnes qui utilisent leur corps comme un moyen d'expression, se mettre au régime

Je ne suis pas capable de dessiner ma silhouette sur le mur, parce que mon corps a été sali par l'inceste de mon père pendant plus de dix ans. Quand je me regarde dans le miroir, je ne me vois même pas. Je suis incapable de regarder mon corps tellement il a été, et est encore, une source de souffrance. Il n'existe plus, mon corps, et je ne veux pas le voir. Je ne me vois pas grosse, tout simplement parce que je ne me vois pas tout court.

SYLVIE, 32 ANS,
la semaine qui suivit un exercice
sur l'image corporelle
qu'elle fut incapable de terminer

permet de démontrer une certaine maîtrise de soi ou une certaine compétence. Selon d'autres personnes, le corps peut servir à exprimer un certain laisser-aller, tant dans la maigreur que dans l'excès de poids, dans le but d'être aidé.

Comment transformer la vision qu'on a de son corps? Il faut tout d'abord réaliser, d'une part, que ce que l'on essaie d'obtenir en utilisant son corps peut être obtenu autrement qu'en se mettant au régime ou en adoptant un comportement alimentaire malsain et, d'autre part, que l'obsession du poids et de la minceur est liée à des peurs qu'on refuse de voir. Si on a peur de plaire, par exemple, on doit avant tout reconnaître cette peur et trouver des moyens de la gérer si on veut cesser de faire de son corps un bouclier. La reconnaissance de la peur que masque l'obsession du poids et de la minceur est tellement importante que, devant une personne anorexique ayant peur des responsabilités, il est indispensable de valider cette peur et d'aider cette personne à se familiariser avec les responsabilités avant de songer à changer son comportement alimentaire.

Comment pourriez-vous arriver à voir votre corps de façon plus positive? En considérant les fonctions de votre corps essentielles à votre épanouissement. Un corps, ça ne sert pas qu'à être vu, mais aussi à faire et à être entendu. Et si vous voyiez votre corps comme un outil pour réaliser vos rêves et pour être heureuse? Ou bien comme un ami fidèle, un guide en qui vous pouvez avoir confiance? Henry David Thoreau disait: «Chaque homme est le bâtisseur d'un temple qu'on appelle son corps.» La fonction instrumentale de votre corps, c'est-à-dire sa capacité d'accomplir des choses et de vous donner des informations valables, voilà la fonction à programmer dans votre nouvelle mentalité. Vous ne serez jamais déçue si vous voyez votre corps comme un ami, un vrai. Un ami qu'on écoute, qu'on respecte et qu'on traite avec douceur.

Faire taire le juge intérieur

Le juge intérieur est cette partie de notre esprit avec laquelle nous nous jugeons. Les jugements qu'il rend tiennent compte de tous ceux que les autres ont porté sur nous au fil des ans et que nous avons intériorisés. Autrement dit, nous nous répétons ce qu'on nous a répété à l'époque où nous construisions notre identité. Car une fois l'identité bien définie, il est difficile de se faire une autre opinion de soi-même. C'est pourquoi on insiste tant sur l'importance de faire en sorte que les enfants développent une image de soi positive le plus tôt possible.

Les distorsions cognitives que nous avons examinées au chapitre précédent ont une origine commune : le juge intérieur, qui suggère à la femme au régime toutes ces idées négatives. À cause de ces distorsions, cette femme s'accuse et se condamne à une lourde peine. Puis, elle construit elle-même sa prison : la mentalité régime. La société ou son éducation lui a fourni les matériaux nécessaires, mais c'est elle qui la bâtit. Et une fois la prison terminée, personne d'autre que cette femme ne peut en ouvrir la porte, car elle est la seule à en posséder la clé. Et comme elle se juge très sévèrement, elle ne s'accorde pas le droit de sortir. Elle n'a donc qu'un seul moyen de recouvrer la liberté : faire taire son juge intérieur, en apprenant à s'aimer telle qu'elle est, sans condition, en acceptant ses défauts et en reconnaissant ses qualités. Quand elle aura reconquis son amour de soi, elle pourra alors trouver le courage d'ouvrir elle-même la porte de sa prison. Cet amour de soi qui ne sera plus conditionnel à l'approbation des autres est ce qui l'empêchera, même quand on lui proposera de nouveaux matériaux, de se bâtir une autre prison, ailleurs.

Une fois qu'on a muselé le juge intérieur, on peut enfin museler aussi le juge extérieur, c'est-à-dire remettre les autres à leur place. Ce n'est pas parce qu'on s'est débarrassé de ses préjugés que les autres en ont fait autant ! À vrai dire, les réactions et commentaires d'autrui sont souvent des obstacles majeurs à la démarche entreprise pour se déconditionner. Il est en effet très difficile de se libérer de toutes les croyances formant la mentalité régime quand les membres de l'entourage continuent de nous confirmer dans ces croyances.

FAIRE TAIRE LE JUGE EXTÉRIEUR : LA POLICE DU CORPS

Vous trouvez difficile de réagir aux remarques désobligeantes envers vous, bien que vous ayez déjà entrevu les failles du système pro-régime ? La visualisation que je vais maintenant vous proposer pourrait peut-être vous aider. Lorsque les propos d'une personne vous rappellent vos anciennes croyances, imaginez que vous vous trouvez face à un policier de la police du corps, chargé de veiller à ce que chacun respecte les règles sociales relatives à la beauté. Des règles omniprésentes, mais qui n'ont pas force de loi. L'objectif de ce policier est de vous forcer à retourner dans votre prison, la mentalité régime. Quant à vous, vous avez le choix entre ignorer ce policier, vous plier à ses désirs et retourner tête baissée dans votre prison, ou répliquer pour le remettre à sa place. Vous n'avez probablement pas l'habitude de répliquer à un agent de la police du corps, car, jusqu'à présent, vous n'aviez jamais douté de la crédibilité de cette police. Mais je vous assure qu'on y prend goût assez vite! Les quelques répliques, assez polies, proposées ci-après vous aideront sûrement à poursuivre votre chemin dans la direction opposée à la mentalité régime[3]. Vous n'êtes pas obligée de les *dire* toutes, car les *penser* est parfois tout aussi efficace. Au fond, l'idée est de minimiser l'impact qu'ont sur vous les critiques à propos de votre physique et de vous amener à ne plus vous faire des reproches en raison de votre poids. Personne ne mérite des remarques blessantes ou des reproches sur ses caractéristiques physiques. Alors cessez de croire que vous les méritez et agissez en conséquence : remettez à leur place les personnes qui vous découragent dans votre cheminement vers le bien-être.

Comment répondre poliment à un agent de la police du corps

Remarque 1: « Tu as pris du poids, non ? »
Répliques ou attitude suggérées:
1. Merci, c'est gentil de l'avoir remarqué… J'ai plutôt l'air bien portante, non ?
2. Oui, j'ai cessé de me battre contre mon poids naturel. Et je me sens tellement bien maintenant !
3. Oui, et plus j'accepte mon corps tel qu'il est, mieux je me sens !
4. Oui, et ce n'est pas du gras, c'est de la chair. Ça sert à tenir mes os.
5. Ne rien répondre vaut mieux que de se justifier avec des « oui, mais… » et de donner ainsi raison à l'interlocuteur.

Remarque 2: « Pourquoi n'essaies-tu pas le régime X afin de perdre du poids ? »
Répliques suggérées:
1. Je suis très heureuse comme ça, merci.
2. Ce régime permet-il de manger du chocolat, de la crème glacée, du fromage et des framboises avec de la crème fraîche ? Car tout ça, je ne peux pas m'en passer !
3. Parce que je n'ai plus envie d'être obsédée par la nourriture et par la beauté.
4. Parce que je ne suis plus masochiste !
5. Désolée, je suis trop occupée à profiter de la vie.
6. La manière dont je me nourris actuellement me convient parfaitement et me plaît. Merci quand même.
7. Parce que dans les livres que, moi, j'ai lus, j'ai appris que les régimes ne marchaient pas !
8. Parce que je ne suis plus aussi naïve que je l'étais !

Remarque 3: « Tu es vraiment maigre. Serais-tu au régime ? »
Répliques suggérées:
1. Dans les petits pots, les meilleurs onguents !
2. Ne t'en fais pas, je suis mince naturellement ; mon poids ne me préoccupe pas outre mesure.

Chapitre 6
LA COMPOSANTE ÉMOTIVE DE L'ALIMENTATION

La gastronomie est l'art d'utiliser la nourriture pour créer le bonheur.

THEODORE ZELDIN,
sociologue anglais

« Non, je ne suis pas au régime, je *fais attention*, c'est tout. » Faire attention, cela semble bien, mais encore faut-il savoir ce dont il s'agit vraiment : faire attention à quoi ? S'alimenter est avant tout un instinct, et non une science ou un art. C'est aussi une action d'une importance capitale dans notre existence, parce qu'elle comble un besoin vital. En surveillant notre alimentation, nous faisons donc attention à une chose qui devrait aller de soi. Alors pourquoi ne nous laissons-nous pas aller à notre instinct ? Parce que, à chaque repas, nous sommes prêts à souffrir et à tenter de contrôler une chose incontrôlable pour éviter de devenir gros et, par conséquent, de ne plus être aimés. Cela démontre à quel point notre besoin d'amour est vif ; nous nous privons de manger, de jouir de la vie par peur qu'on ne nous aime pas. Nous nous plions aux normes relatives à la beauté en raison de cette peur. Cette tendance à nous adapter à notre milieu, nous l'avons dès la naissance, parce que nous sommes des êtres sociaux. À l'adolescence, nous apprenons à nous distinguer de nos parents dans le but de devenir autonomes et nous nous conformons de plus en plus aux usages des jeunes de notre génération. La pression exercée par les pairs devient alors plus forte que celle exercée par les parents. Voilà pourquoi une génération ne ressemble pas en tous points à la génération précédente. L'évolution sociale se fait ainsi, le plus naturellement du monde, à notre insu. Nous faisons des choix de société qui ont des répercussions sur les priorités et l'ordre des priorités que se fixent les jeunes. Leur situation étant complètement différente de la nôtre et l'ensemble de leurs valeurs dépendant de l'évolution de la société, les jeunes devraient être mieux placés et mieux armés que nous pour s'adapter à un milieu que, par nos choix de société, nous avons modifié. C'est la raison pour laquelle il est indispensable de veiller à fournir à un enfant l'essentiel de son bagage psychologique avant son adolescence. Plus grand est l'amour qu'un enfant reçoit, plus nombreuses seront ses chances d'avoir confiance en lui et, par conséquent, de ne pas faire des compromis exagérés pour se conformer aux normes sociales ou de chercher l'approbation des autres en se privant de combler certains de ses besoins. Or, le respect de ses besoins est essentiel pour développer un sain rapport à la nourriture.

MANGER SES ÉMOTIONS : TOUS COUPABLES ?

Il y a longtemps que j'ai cessé de compter les femmes qui s'accusaient de « manger leurs émotions ». Comme si à chaque fois qu'une émotion s'associe à l'acte de manger il fallait se sentir coupable. Pourtant, l'être humain n'est-il pas un être sensible, capable d'éprouver des émotions à tout instant ? Pourquoi en serait-il autrement au moment où il mange ? S'alimenter est à la base de la vie. Il est donc normal que cela provoque en nous des sensations et que cela ait un impact sur notre esprit. Les conséquences de la dénutrition, telles que l'agressivité et la dépression, sont des preuves évidentes que la nourriture joue sur notre humeur. Lorsque nous ne lui fournissons pas assez ou plus de carburant, notre corps ne fonctionne pas correctement, et notre esprit non plus : les sensations s'émoussent, la déprime s'installe, et les obsessions se multiplient. Anorexie, boulimie et dépression vont d'ailleurs de pair, et le retour à une alimentation normale est nécessaire pour retrouver le moral.

Apparemment, nous vivons dans une société rigide, n'acceptant pas les aspects subjectifs et intangibles de notre nature, ce qui nous pousse à nous « dénaturer ». Le plaisir de se nourrir n'y est plus reconnu comme sain, mais comme pathologique. Résultat : « Si j'aime manger, c'est sûrement parce que j'ai un problème : je mange mes émotions. La preuve, je suis grosse », se dit-on. Puisqu'il fallait absolument trouver une raison à ce qu'on appelle, pour faire sensation, le « fléau de l'obésité », on a formé le concept du « je mange mes émotions ». Pleins de bonnes intentions, on a mis toutes les personnes dont le poids s'écartait de la norme dans le même panier, celui des personnes ayant des problèmes psychologiques. Pourtant, la majorité des femmes se considérant comme des mangeuses compulsives que j'ai rencontrées n'étaient en réalité que des femmes répondant à leur besoin vital de manger, mais se sentant coupables d'en éprouver un certain réconfort. Et nombreuses sont les mères qui, voyant leur enfant manger avec plaisir, estiment qu'il s'agit là d'un comportement déviant, alors qu'il s'agit d'un comportement tout à fait naturel.

Il est donc important de relativiser l'attitude désignée par l'expression « manger ses émotions » et de chercher à comprendre pourquoi, bien que cette attitude ait un effet sur le poids, elle n'est pas adoptée uniquement par les personnes grosses. En conséquence, nous ne nous pencherons plus sur la question de « manger ses émotions » mais sur le vrai bobo : un rapport à la nourriture malsain, qu'une femme, un homme ou un enfant peut adopter, quel que soit son poids.

LA COMPOSANTE ÉMOTIVE DE L'ALIMENTATION

Les besoins vitaux sont manger, boire, dormir et éliminer. Plus nombreux, les besoins secondaires (ainsi qualifiés parce que nous pouvons vivre même s'ils ne sont pas satisfaits) comprennent notamment la sécurité, l'amour et la stimulation. Ils sont tout aussi importants que les besoins vitaux, puisque nous ne pouvons pas *bien* vivre sans les combler. Nous pouvons décider soit de respecter nos besoins, soit de les réprimer. Cependant, la répression de tout besoin a des conséquences importantes sur la santé physique ou mentale. Nous ne pouvons pas être physiquement en bonne santé si nous choisissons constamment de rester sur notre faim et sur notre soif, de combattre le sommeil, et de retenir nos urines et nos selles. Nous ne pouvons pas non plus garder le moral si nous n'avons pas l'impression d'être en sécurité et d'être aimés, et si nous nous ennuyons constamment. Néanmoins, bien des personnes n'admettent pas que certains besoins vitaux ou secondaires puissent faire partie de leur vie. Et parmi tous les besoins, celui de manger est l'un des plus réprimés, bien qu'il soit un besoin vital.

Comme l'indique l'adjectif employé pour les qualifier, l'utilité des besoins vitaux est de nous maintenir en vie. Le fait de ressentir un besoin provoque en nous une tension qui nous pousse à combler ce besoin. Une fois le besoin satisfait, la tension disparaît, et le plaisir que nous éprouvons en raison de la disparition de cette tension nous porte à souhaiter revivre cette expérience, donc à rester en vie. Toutes nos actions sont attribuables à la satisfaction d'un besoin. Ainsi, nous travaillons dans le but de gagner l'argent nécessaire pour manger, nous divertir et rendre heureuses les personnes qui nous sont chères. À l'origine de toutes nos actions, il y a le goût de vivre. Pris dans le tourbillon de la vie, nous oublions souvent ce pourquoi nous vivons : satisfaire nos besoins. Et comme nous ne sommes pas toujours capables de combler nos besoins, nous sommes fréquemment en proie à des tensions. Par ailleurs, notre raison nous joue des tours. Étant donné que nous avons appris à agir autant en fonction des autres que de nous-mêmes, elle nous éloigne parfois de ce que nous désirons vraiment. Lorsque notre besoin d'amour entre en conflit avec nos autres besoins, notre raison nous porte à agir en fonction des autres, surtout si notre estime de soi est très dépendante de l'amour d'autrui envers nous. Afin d'être aimés, nous décidons tous un jour ou l'autre de réprimer notre besoin vital de manger. Il n'y a pas de problème tant que ce sacrifice ne nous empêche pas d'être heureux ni d'être en bonne santé. Notre corps est d'ailleurs bien armé pour survivre quand nous tardons de quelques heures à le nourrir. Heureusement, car il arrive souvent que nous ressentions plus d'un besoin à la fois et que nous ne puissions pas les combler tous en même temps. La nature nous oblige donc à gérer nos besoins, mais la manière dont nous les gérons et la valeur que nous leur accordons dépend de notre personnalité, de notre vécu et de nos connaissances. Par conséquent, le fait que nous reléguions de temps à autre l'alimentation au second plan n'a rien de maladif, n'est pas le résultat d'un trouble psychologique. Tout dépend de l'ampleur de la répression du besoin de manger et des ennuis que cette répression nous cause. Il n'y a pas de problème en soi, il n'y a que des problèmes pour soi.

Comment la non-satisfaction d'un besoin peut-elle nous mener à compenser par la nourriture ? Avant de répondre à cette question, il est à noter, primo, qu'il y a différentes façons de gérer ses besoins et les émotions qui en découlent, et, secundo, qu'il est possible de compenser la non-satisfaction d'un besoin par bien des choses : le travail, l'alcool, le sexe, etc. En fait, toute forme de dépendance, ou plutôt de « substitution », peut être expliquée par la non-satisfaction d'un besoin. Mais ici, nous nous concentrerons seulement sur les aspects de la question qui ont un lien avec le comportement alimentaire.

Les besoins vitaux énumérés à la figure 3 (voir page suivante) et la tension provoquée par leur non-satisfaction sont ce qui nous pousse à agir. La tension ne disparaît complètement qu'à partir du moment où nous avons comblé l'un de ces besoins et laisse alors place au plaisir. Le plaisir procuré automatiquement par la satisfaction du besoin est ce qui nous incite à vouloir répéter l'expérience. Vu sous cet angle, répondre à un besoin vital est une réaction instinctive. Mais c'est aussi une réaction acquise. Le plaisir éprouvé à la suite de la satisfaction d'un besoin vital ainsi que la façon de reconnaître et d'atteindre cette satisfaction dépendent en grande partie de notre vécu. Et quand ce vécu nous conduit à nous détourner de nos propres besoins, cette attitude peut nous jouer des tours et nous rendre la vie difficile. La figure 3 illustre la manière dont l'esprit réagit lorsqu'un besoin n'est pas satisfait.

Quand on dit que la non-satisfaction des besoins primaires crée une tension, cela signifie simplement que se retenir de boire, de manger, d'éliminer ou de bouger, c'est stressant. Or, nous percevons le stress comme quelque chose de négatif, alors qu'il est en fait un message que nous envoie notre corps lorsque nous ne l'écoutons pas. Nous avons tous connu un jour une telle faim de loup que nous en étions devenus irritables ; nous étions donc tendus, stressés. Nous savons tous à quel point une urgente envie d'uriner nous pousse à nous déplacer plus rapidement que jamais pour nous rendre aux toilettes. Un tel stress est vital, positif. Il nous force à agir. Le problème, c'est que nous tardons si souvent à satisfaire des besoins importants que le stress dit « aigu » se mue en un stress « chronique », dont les effets sont multiples. Mais au départ, le stress est bénéfique.

FIGURE 3

La substitution d'un besoin autre que celui de manger par le besoin de manger

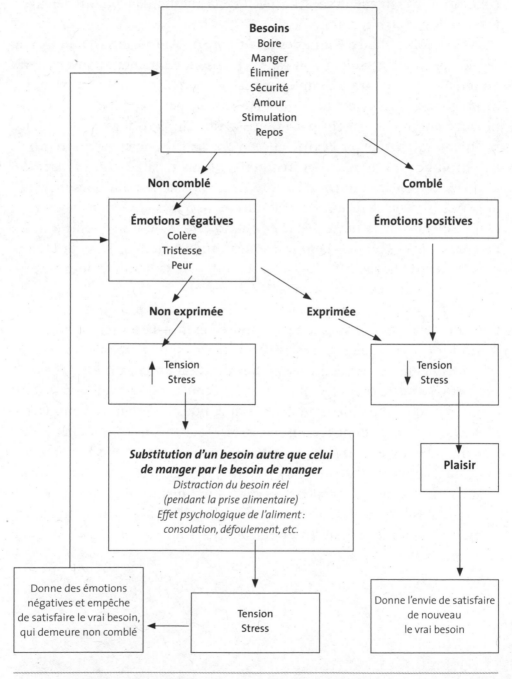

La tension monte tant et aussi longtemps que nous ne comblons pas le besoin réel et finit par générer des émotions négatives : irritation, nervosité, sentiment de frustration, tristesse, angoisse… Afin de mieux décrire notre état affectif à ce moment-là, nous donnons des noms différents aux émotions ressenties, mais, en réalité, elles se résument à l'une ou l'autre des émotions de base éprouvées par les êtres humains : la peur, la colère ou la tristesse. Par exemple, *sentiment de frustration*, *culpabilité* et *haine* sont d'autres mots pour désigner la colère, tout comme *angoisse* et *sentiment d'insécurité* sont d'autres mots pour désigner la peur.

Prenons un exemple concret qui nous permettra de mieux comprendre ce que nous vivons lorsque nous ne satisfaisons pas notre faim. La tension monte à cause de la non-satisfaction de notre besoin de manger. Pour faire baisser cette tension et nous détourner de l'émotion qu'elle engendre, nous adoptons certains comportements. Mais nous aurons beau travailler avec acharnement, regarder la télé, mâcher de la gomme ou boire des litres d'eau, la faim sera toujours là. Et vu qu'un certain temps se sera écoulé depuis l'envoi des premiers signaux, la faim sera plus grande encore, et la tension aura tellement monté qu'elle sera devenue intolérable. Alors nous mangerons pour être soulagés de cette tension et nous courrons ainsi le risque de déclencher une perte de contrôle. C'est la plupart du temps ce comportement qui porte les gens à croire qu'ils ont un problème psychologique, qu'ils mangent leurs émotions. En fait, ils répondent simplement à un besoin vital qu'ils ont tellement tardé à satisfaire que cela a entraîné la catastrophe.

Pourtant, il est illogique de s'accuser d'avoir mangé ses émotions quand la consommation d'aliments, même exagérée, répondait avant tout à une faim physique. Manger de façon excessive n'est pas nécessairement lié à une ou des émotions. Ce peut être lié à des mécanismes de rattrapage que notre corps a déclenché pour favoriser l'accumulation de réserves à long terme. Il n'est pas rare que des psychologues, des psychothérapeutes, des diététistes et des médecins tombent dans le piège qui consiste à associer n'importe quel épisode de frénésie alimentaire à un problème psychologique, faute d'avoir posé les bonnes questions au patient qui leur avait dit manger compulsivement. De bonnes questions à poser pour être éclairé sur les composantes émotive et physique de ce comportement sont : « Aviez-vous faim lorsque c'est arrivé ? » ou « Cette compulsion suivait-elle une période durant laquelle vous ne vous étiez pas bien nourri ? » Or, c'est une question qu'on ne pose pratiquement jamais, comme s'il était inconcevable qu'un patient gourmand et mangeant beaucoup puisse connaître la faim. Par conséquent, nombreuses sont les personnes qui, tout comme certains spécialistes qu'elles consultent, sont convaincues que la solution réside dans le contrôle de leur faim incontrôlable et cherchent toutes sortes de solutions miracles pour freiner leurs rages alimentaires : boire de l'eau, faire une marche, écouter de la musique, téléphoner à quelqu'un pour discuter... elles essaient tous les trucs pour passer au travers de la crise. Et finalement, la crise se calme, car le corps n'est quand même pas plus fort que la raison, du moins pas au début. Cependant, tôt ou tard, la faim reviendra de plus belle, puisqu'elle n'aura pas été assouvie. Ou pire encore, si la situation dure des années, le corps finira par ne plus envoyer de signaux de faim, et la personne aura l'impression de ne plus jamais avoir faim. En effet, le corps sait très bien quand il perd son temps. À force de ne pas être écouté, il arrive un jour où il ne se donne plus la peine de parler. Il réagit comme vous quand vous tentez de joindre une vieille copine par téléphone pour lui demander de vous rendre un service et qu'elle ne répond jamais : après un certain nombre de vaines tentatives, vous abandonnez et vous vous débrouillez autrement. Par contre, si longtemps après vous réussissez, ne serait-ce qu'une fois, à joindre cette copine, vous avez le sentiment d'avoir renoué avec elle et vous recommencez à l'appeler régulièrement. Le corps a, lui aussi, la capacité de s'adapter à vos refus de lui parler. Quand vous restez régulièrement sur votre faim, il se produit dans le sang un déséquilibre chimique en raison de l'abondance de substances provenant de la dégradation des réserves. Les substances qui modulent la faim rivalisent en quelque sorte avec celles résultant de la dégradation des réserves et sont donc moins facilement perçues par les récepteurs. Dans une foule bruyante, on a du mal à attirer l'attention de quelqu'un en l'appelant, n'est-ce pas ? Alors on crie plus fort, en vain. Mais dès que la foule se disperse, la personne appelée entend nos cris incessants. Eh bien, quand le sang retrouve son équilibre chimique, grâce à ne serait-ce qu'un seul aliment contenant des glucides (le carburant préféré), tel qu'une toute petite pomme, c'est pareil : les récepteurs perçoivent de nouveau les signaux de faim (qui continuaient d'être envoyés, mais qu'ils ne percevaient pas), et vous avez l'impression que cette toute petite consommation a réveillé une faim de loup. Incomprise, cette faim de loup est interprétée comme une compensation émotive.

Manger ses émotions, c'est répondre à des besoins autres que la faim par l'ingestion d'aliments, bien que la faim ait été amplement comblée au cours de la journée et jour après jour. C'est manger vraiment plus qu'à sa faim pour des raisons émotives, et non parce qu'on s'est trop privé la veille. Manger davantage que d'habitude le lendemain d'un jour de restriction est tout à fait normal. Cela répond à un besoin physique, et non à un besoin psychologique. Plutôt que « manger ses émotions », j'appellerais cela « manger sa faim ». Mais comme tout excès, manger sa faim peut être la source d'un grand sentiment de culpabilité, comme c'est le cas chez les personnes au régime. Pour ces personnes, trop manger, même si elles ont faim, est culpabilisant, parce que tout régime implique une certaine répression de la faim. Le fait de ne pas avoir réussi à maintenir cette forme de contrôle qu'est la répression peut effectivement provoquer en elles de la colère, de la tristesse et même de la peur, émotions négatives qui favorisent l'augmentation des rages d'aliments. Et c'est à ce moment-là, autrement dit quand les personnes au régime se sentent coupables d'avoir trop mangé même si la faim était réelle, qu'elles mangent vraiment leurs émotions. Leur colère contre elles, c'est-à-dire leur sentiment de culpabilité, provoque à son tour une tension dont elles veulent se distraire, et manger est alors le moyen le plus évident d'y parvenir, puisque le besoin qui a tout déclenché était effectivement la faim. Elles sont prises dans un cercle vicieux, où la simple non-satisfaction d'un besoin a entraîné un grand désordre. Elles auraient pu éviter cela bien simplement, en mangeant lorsque la faim se faisait sentir. Mais une petite voix, celle de leur désir de minceur, les a rappelées à l'ordre, et elles se sont privées de leur droit de manger. Or, plus on renie sa faim, plus elle devient incontrôlable, donc plus on mange. Tel est l'un des effets les plus nocifs de la privation, qui peut transformer une personne tout à fait équilibrée dans sa façon de manger en une mangeuse compulsive au bout de quelques tentatives de régime seulement. Cet effet des régimes a été constaté, entre autres, au cours d'une étude scientifique portant sur des militaires et menée en 1950. Durant un certain temps, des chercheurs ont fait subir à des militaires des restrictions alimentaires dans le but de leur faire perdre du poids. Une fois l'objectif atteint, ces chercheurs ont augmenté les restrictions afin de maintenir le rythme de la perte pondérale (c'est d'ailleurs ce que requiert un régime hypocalorique : une fois que la perte de poids plafonne, il faut resserrer l'étau). Leurs observations à la suite de la première phase de restrictions concordent avec celles des études portant sur les personnes au régime : les militaires sont devenus irritables, angoissés et plus dépressifs, et leur activité sexuelle ainsi que leur estime de soi ont chuté. À la fin des deux phases de restrictions consécutives, les militaires ont pu recommencer à manger tout ce qu'ils voulaient. Ils sont alors devenus des mangeurs compulsifs, alors qu'avant l'étude ils étaient des mangeurs tout à fait normaux. Par conséquent, la privation avait eu sur eux des effets psychologiques qui les avaient finalement menés à s'alimenter de façon compulsive[1].

Mon père n'aimait pas les grosses. Les gros, ça allait, mais pas les grosses. Parce qu'il m'aimait, il a donc tout fait pour éviter que je devienne grosse. Il m'a mise au régime très jeune. Il me disait : « Ne mange pas tant, tu vas devenir grosse » ou « Ne mange pas ça, ça fait engraisser ». Cela n'a rien changé ; aujourd'hui, je suis grosse et je ne m'aime pas. Je suis devenue exactement ce que mon père ne voulait pas que je devienne.

HÉLÈNE,
28 ans

On considère souvent les personnes compulsives comme des « droguées » de la nourriture. Il existe toutefois une différence de taille entre la compulsion à manger et d'autres, telles que la compulsion à travailler, à boire ou à se droguer : pour vivre, nous devons manger, alors que nous ne sommes pas obligés de fumer, de travailler à outrance ou de faire usage de substances illicites. Les aliments sont donc difficiles à considérer comme une drogue. Ils sont indispensables à la vie et, de ce fait, nous en dépendons tous. Voilà pourquoi il vaut mieux apprendre à gérer le rapport à la nourriture qu'opter pour un comportement d'évitement. C'est aussi une des raisons pour lesquelles plus on cherche à éviter de manger, plus on a envie de manger. Bref, étant donné qu'il est vital de manger, on ne peut pas s'habituer à ne pas manger.

Comme nous venons de le voir, lorsqu'une personne mange sans faim dans le but de se défouler, se détendre, se stimuler, se consoler, se récompenser, etc., elle cherche à combler un autre besoin que la faim. Elle essaie de compenser un manque. Mais pour que ce mécanisme psychique qu'est la compensation prenne racine, il faut que la douleur psychologique de cette personne, ou dans certains cas physique, soit suffisamment grande pour que son inconscient la pousse à s'en distraire. Et pour que le conditionnement, autrement dit le comportement inadapté, voire obsessif, s'effectue graduellement, il faut que la non-satisfaction de son véritable besoin soit devenue chose courante. Il nous arrive parfois d'avoir besoin d'une chose importante à nos yeux et de ne pouvoir l'obtenir sur-le-champ. Alors, nous nous armons de patience ; nous n'en faisons pas forcément une maladie, nous ne ressentons pas nécessairement le besoin de compenser en mangeant à l'excès. Mais quand la douleur causée par la non-satisfaction de notre besoin est forte et quasiment chronique, notre envie de nous en distraire peut nous mener à manger compulsivement. Je dis bien « peut », car certains individus sont plus prédisposés que d'autres aux comportements compulsifs. Et le poids n'a rien à voir avec cette prédisposition.

Comme l'alcoolique cherche à noyer son chagrin dans l'alcool, la personne qui mange ses émotions essaie de se détourner d'une douleur difficile à accepter en se jetant sur la nourriture. Cette douleur est en fait l'expression de la tension générée par un besoin non comblé et par les émotions négatives qui en découlent. Il peut s'agir d'un manque d'amour causant de la tristesse ou un sentiment de solitude, de l'ennui ou du manque de stimulation attribuable à la perte d'un emploi, d'un sentiment d'insécurité devant une situation financière précaire, etc. Les tensions générées en pareils cas constituent des stress douloureux qui, s'ils ne sont pas exprimés, peuvent déclencher un mécanisme de compensation.

À l'aide de quelques exemples, voyons plus concrètement ce qu'il en est. Si le manque réel est un manque d'amour causant de la tristesse, la nourriture pourrait être vue comme une consolation. Si la colère est l'émotion négative due au fait qu'une personne chère nous a fait du mal, le vrai manque à l'origine de la compulsion est, là encore, un manque d'amour. En ce cas, on pourrait manger compulsivement pour se défouler, tenter de se libérer de la colère éprouvée. S'il s'agit d'un manque de sécurité générant une certaine peur, s'alimenter pourrait être considéré comme un moyen de se relaxer. Enfin, il y a le manque de stimulation, autrement dit le manque d'action, d'activités intéressantes pour remplir les moments de liberté. Éprouvant essentiellement de la tristesse, une personne qui s'ennuie pourrait aller chercher dans la nourriture une certaine stimulation, considérer que manger est une distraction.

Tous ces exemples correspondent à des expériences vécues par certaines de mes clientes qui mangeaient leurs émotions. Il y a des centaines d'autres scénarios possibles. Mais le comportement de substitution est toujours l'un des symptômes d'un malaise plus profond, que l'inconscient a de la difficulté à gérer. Et l'histoire ne s'arrête pas là, car, en général, l'épisode de compulsion alimentaire entraîne, à son tour, d'autres émotions négatives. La mangeuse compulsive qui vient de manger et sait qu'elle l'a fait sans faim n'est pas fière de son comportement. Elle se sent coupable, surtout si elle est préoccupée par son poids. Ce sentiment de culpabilité contribue à alimenter sa colère ou sa tristesse et vient multiplier les raisons de manger. La composante émotive du comportement alimentaire peut donc être amplifiée par le seul fait qu'on s'accuse à la suite d'un comportement qu'on juge excessif. De la même façon, une personne qui a fait une entorse à son régime et ne se donne pas le droit de ressentir la faim peut se mettre un jour à manger compulsivement à cause des émotions négatives générées par cet écart. En réalité, cette personne manque simplement d'amour de soi, car le sentiment de culpabilité n'est qu'une colère dirigée vers soi. C'est cette émotion qu'elle tente d'oublier qui la pousse à manger sans faim, et sans fin.

Dans l'exercice de ma profession, j'ai découvert toute une gamme de patterns compensatoires faisant appel aux aliments. L'histoire de chacune des femmes préoccupées par leur poids que j'ai rencontrées était unique. Afin que vous saisissiez la grande complexité de ce mécanisme inconscient qu'est la compensation, je vous raconterai dans le prochain chapitre quelques-unes de ces histoires, qui serviront d'exemples de rapports à la nourriture malsains et attribuables à certaines expériences vécues dans l'enfance. Chacune de ces histoires démontre qu'il est capital de reconnaître les vraies raisons des mécanismes de compensation pour pouvoir briser le cercle vicieux de l'alimentation émotive et retrouver un rapport à la nourriture plus sain. Il faut valider le vrai besoin non satisfait. Reconnaître l'utilité que la compulsion a eu pour soi et l'accepter est une étape essentielle pour s'en sortir.

En eux-mêmes, les mécanismes de compensation ne sont pas malsains, puisqu'ils permettent à un individu éprouvé par la vie de surmonter une dure épreuve. Lorsqu'on est dans une situation pénible, survivre en mangeant vaut mieux que se suicider. Aussi, quand on prend conscience d'un mécanisme de compensation dû à une trop grande douleur, il ne faut surtout pas se dévaloriser à cause de son comportement. Il faut plutôt se féliciter d'avoir su calmer cette douleur, même si c'était grâce aux aliments. Il y a des moments où la vie nous met dans des situations si difficiles à gérer que notre santé mentale devient bien plus importante que notre poids ou notre santé physique. Et quand la crise est passée, nous devons remercier notre corps et notre esprit d'avoir déclenché un mécanisme de compensation. La compensation nous a permis de surnager le temps que nous soyons prêts à faire face à la réalité, ou que le temps fasse son œuvre et apaise notre souffrance. En fait, la compensation persiste tant que nous n'avons pas trouvé « le vrai bobo ». Mais il n'y a pas de raison que l'acte alimentaire répondant à une émotion cesse de lui-même, car la nourriture ne peut pas et ne pourra jamais combler le besoin d'amour, ni le besoin de sécurité ni tout autre besoin que celui de manger. Notre corps ne peut pas nous dire d'arrêter de manger, puisque ce n'est pas lui, mais notre esprit qui nous a demandé de commencer à manger. Notre corps ne peut pas nous envoyer des signaux de satiété (à la suite d'une tristesse, par exemple), puisqu'il ne nous a pas envoyé de signaux de faim. Les aliments servent à nourrir le corps quand il a faim. Lorsque nous les utilisons pour nourrir le cœur, nous ne donnons pas au cœur ce qu'il désire vraiment – le cœur désire l'amour, la sécurité, la disparition de la tristesse ; or, manger ne peut lui procurer cela. En ce cas-là, manger n'est qu'une diversion temporaire. Nous mangeons jusqu'à ce que la douleur d'avoir trop mangé soit plus grande que la douleur que nous cherchons à oublier. Et une fois la consommation d'aliments terminée, il reste l'amertume liée à la douleur profonde qui est toujours là, à laquelle s'est ajoutée la douleur physique d'avoir trop mangé.

Pour se sortir d'un tel cercle vicieux, il est donc inutile de tenter de contrôler le symptôme. Il faut s'attaquer à la cause : le besoin non comblé. Il faut :

1. découvrir l'émotion négative qui nous pousse à manger et remonter jusqu'au véritable besoin à l'origine de la compulsion, un besoin si vif que nous sommes prêts à manger sans faim pour le satisfaire ;

2. prendre les mesures nécessaires pour combler ce véritable besoin, afin que la substitution n'ait plus aucune raison d'être. Une fois qu'on a comblé ce besoin, le comportement compulsif devrait cesser de lui-même. S'il persiste, c'est que le véritable besoin n'a pas été découvert ou satisfait ;

3. trouver, si le véritable besoin est impossible à combler ou si la blessure est trop ancienne, des moyens d'exprimer l'émotion négative qui en découle. C'est la seule alternative pour remédier à la compulsion de manger. Rien ne vaut la satisfaction du vrai besoin à l'origine de cette compulsion, mais exprimer ce que l'on vit peut être d'une grande aide pour réduire le besoin de compenser, dans le sens où c'est un bon exutoire pour réduire la tension ressentie.

LE DROIT AU PLAISIR

Le plaisir est quelque chose que notre société judéo-chrétienne a du mal à accepter. Avez-vous remarqué que tout ce qui procure du plaisir est inclus dans les sept péchés capitaux ? Adorer la bonne cuisine, c'est de la gourmandise. Se trouver belle et se pomponner, c'est de la vanité. Céder aux appels de la chair, c'est de la luxure. Aimer l'argent, c'est de l'avarice. En fait, bien des bonheurs sont en quelque sorte réprimés par la société, de la même façon qu'ils étaient autrefois réprimés par la religion. « Dieu a fait l'aliment, le diable, l'assaisonnement », disait James Joyce, célèbre écrivain irlandais. Et notre bagage culturel nous dit que le bonheur n'est pas bien, que nous ne devons surtout pas profiter trop de la vie, sinon, nous risquons d'aller en enfer. Aujourd'hui, l'enfer, c'est être gros. Personne ne veut aller là.

J'veux m'en sortir, mais c'est comme un cercle vicieux. Il y a trois heures, j'étais très fière d'avoir réussi à manger un bol de crème glacée sans me sentir coupable et j'étais super bien. Mais là, c'est plus fort que moi, je regrette et j'ai envie de pleurer.

BROCOLIE,
une jeune boulimique
Extrait d'un forum portant sur les
troubles alimentaires

Nous ne croyons peut-être plus autant que nos ancêtres à l'enfer ou au paradis, mais il n'en demeure pas moins que les valeurs qu'ils nous ont transmises restent ancrées dans notre esprit. Les valeurs sociales nous imposent une certaine retenue. Se faire plaisir, prendre du temps pour soi, c'est pratiquement interdit. Prenez une pause-café quand le patron vous a confié une tâche urgente, et vous serez considéré comme paresseux ou peu dévoué à l'entreprise. Prenez quelques jours de vacances avec votre tendre moitié, loin de vos enfants, et vous vous sentirez égoïste. Nous avons le don de nous refuser le droit au plaisir, alors que le plaisir est simplement ce que l'on ressent quand on satisfait un besoin. Nous accumulons donc jour après jour des besoins insatisfaits, et ce, pour le bonheur des autres, qui se privent, eux aussi, de combler leurs besoins par altruisme. Bref, tout le monde est frustré, et les émotions négatives qui découlent de la frustration font manger une bonne partie de la population.

« La gourmandise commence quand on n'a plus faim », disait Alphonse Daudet. Est-ce vrai ? D'où vient la gourmandise ? Je ne compte plus les femmes qui m'ont donné la clé de leur problème, sans même s'en rendre compte, en me disant : « Manger est mon seul plaisir » (quand rien dans notre existence ne nous plaît, il faut bien que nous allions chercher un peu de satisfaction quelque part). À ces femmes, je réponds toujours qu'elles doivent se donner le droit au plaisir dans leur vie en général, si elles veulent se départir de leur rapport conflictuel à la nourriture. Par ailleurs, si elles considèrent que trop manger est un problème, elles doivent retourner à la source de ce problème : le manque de plaisir ou, pour être plus précise, des besoins qui demeurent insatisfaits depuis des années. Elles doivent réapprendre à être à l'écoute de leurs besoins et à y répondre. Ainsi, elles pourront dire un jour que manger n'est plus leur seul plaisir, qu'il est un plaisir parmi beaucoup d'autres. Et elles auront alors beaucoup plus de chances de voir leur consommation alimentaire revenir à un juste équilibre.

La même dynamique se retrouve chez les personnes qui se disent « gourmandes » ou prétendent être des « bons vivants » pour justifier leur habitude de manger plus qu'à leur faim. Si elles sont incapables de laisser passer une gâterie à des moments où elles savent pertinemment qu'elles n'ont pas faim, c'est en général parce qu'elles n'ont guère d'autres sources de plaisir dans leur existence. Les joies de la vie étant rares, les joies de la table prennent une énorme importance. En pareille situation, retrouver un rapport à la nourriture plus sain est loin d'être facile, car on se connaît si mal et on a si peu de centres d'intérêt qu'on ne sait même plus ce qu'on aime vraiment. Souvent, cela remonte à très loin.

Une fois qu'on a réalisé qu'on n'a jamais vraiment vécu *pour soi*, on doit s'atteler à un gros travail : se construire une nouvelle existence. C'est comme si on s'était aperçu qu'on a bâti sa maison sur de mauvaises fondations. On a eu beau essayer de colmater les brèches, de réparer, de cimenter, rien n'y a fait. Alors il faut tout démolir et reconstruire la maison ailleurs, sur d'autres fondations, pour qu'elle soit enfin solide. En d'autres termes, l'existence que l'on s'est construite durant toutes les années où l'on ne se connaissait pas bien n'est sans doute pas du tout compatible avec nos véritables aspirations, que la remise en question nous a permis de découvrir. Il y a un grand ménage à faire dans une telle vie, bâtie sans tenir compte des désirs et besoins personnels. On doit retirer des valises offertes par autrui les affaires qui ne nous conviennent pas et remplir notre propre valise, où nous mettons les choses appropriées à notre vraie nature.

Face à une personne préoccupée par son poids, on s'avance toujours sur un terrain glissant quand on aborde la question de son comportement alimentaire. Cela revient à ouvrir une boîte de Pandore. En effet, on ne peut pas isoler complètement les problèmes alimentaires d'un individu de ses autres problèmes personnels, car la nourriture étant au centre de la vie, il gère grosso modo son alimentation comme il gère tout le reste. À notre naissance, la première chose que nous apprenons à faire, c'est manger. Plus tard, nous apprenons à gérer notre vie en nous inspirant de la manière dont nous avons appris à gérer nos besoins alimentaires. Par conséquent, il est essentiel que les personnes préoccupées par leur poids s'interrogent sur leur rapport à la nourriture, puisque leur comportement alimentaire dépend du sens qu'elles ont donné aux aliments dans leur tendre enfance, en fonction des règles en vigueur dans leur milieu.

Chapitre 7
L'APPRENTISSAGE DU RAPPORT À LA NOURRITURE

La vie entre les humains, c'est le dépassement de la souffrance que nos parents ont éprouvée à notre propos ou que nous avons éprouvée à propos de nos parents.

FRANÇOISE DOLTO

C'est par la lecture des ouvrages de la célèbre psychanalyste Françoise Dolto que j'ai appris le plus de choses sur le comportement de l'être humain. Je crois, comme elle, que le respect et la confiance envers nos enfants sont à l'origine de leur respect et de leur confiance envers eux-mêmes et envers autrui.

Les travaux de Françoise Dolto portaient surtout sur la manière dont les enfants font connaître leur souffrance. Ils ont bien démontré que les moyens de communication employés par les enfants dans ce but sont souvent inattendus, mais ne sont en rien le fruit du hasard. Ces moyens de communication témoignent même d'une logique remarquable. Pour comprendre leur enfant, les parents doivent donc avoir un grand sens de l'observation, un réel désir de décoder ses messages et la ferme conviction qu'il est une personne à part entière, extrêmement sensible au monde qui l'entoure et déjà apte à le saisir. Un tel respect de l'enfant existe peu dans l'univers médicalisé qui accueille le nouveau-né. Par conséquent, c'est aux parents de veiller à ce que leur enfant soit respecté dès les premières minutes de sa vie. On ne se met jamais assez à la place des enfants. Ce chapitre vise donc à vous encourager à le faire, afin que vous retrouviez l'enfant en vous.

LES PREMIÈRES EXPÉRIENCES DE LA VIE

Penchons-nous un instant sur ce que vit un enfant à sa naissance. Ébloui par une lampe qui ferait fuir plus d'un adulte, tripoté de partout et étiré dans tous les sens alors qu'il a vécu pendant neuf mois recroquevillé dans l'utérus de sa mère en n'éprouvant que de légères sensations, le nouveau-né vit sûrement son arrivée au monde d'une manière bien différente de celle que nous imaginons. Ensuite, des créatures gigantesques se rassemblent autour de lui pour le voir prendre sa première tétée. Heureusement que sa vision ne lui permet pas de voir bien loin, car être ainsi le point de mire, pour la première fois de sa vie, d'une cohorte de géants gênerait grandement n'importe quel adulte !

Ce manque de tact envers l'enfant, je l'ai constaté à maintes reprises en tant que mère, surtout lorsque l'allaitement de ma première fille ne se passait pas comme prévu. C'est alors que j'ai compris à quel point bien des personnes ne considèrent pas un bébé comme un individu à part entière et sont par conséquent incapables de se mettre à sa place. Après sa naissance, ma fille a été pincée, pétrie, tapotée par de nombreuses mains étrangères quand elle voulait dormir, parce que la médecine avait décidé que ce n'était pas le moment où elle devait se reposer, mais celui où elle devait manger et apprendre à téter. Quelquefois, elle a même été *coachée* par cinq personnes à la fois, dont moi. Mais cela n'a jamais donné de résultats avec elle. Sûrement intimidée par les exclamations de ce qu'elle devait percevoir comme une troupe de *cheerleaders*, ma fille, qui habituellement ne pleurait presque jamais, piquait des crises que la plupart des gens interprétaient comme des manifestations d'une faim que je ne réussissais pas à assouvir. Je savais pourtant, parce que j'étais la seule à vraiment partager cette tension avec elle, que ses cris traduisaient bien mieux que mes mots ce que nous vivions durant ces moments-là : « Foutez-moi la paix ! Laissez-moi manger tranquille. Je ne peux pas manger quand je suis stressée », hurlait-elle.

C'est souvent dans un contexte similaire que les bébés expérimentent pour la première fois « l'acte alimentaire ». Ils apprennent très vite qu'ils n'ont pas le contrôle sur grand-chose, et cela doit les terrifier. L'insécurité fait donc partie, dès le début, du rapport à la nourriture. Il revient aux parents de rétablir la situation le plus rapidement possible afin de faciliter l'entrée de leur petit dans ce monde où l'alimentation n'est plus passive, mais active.

Il faut savoir que, d'entrée de jeu, la faim est la première souffrance du bébé. Apprendre à se nourrir est d'ailleurs son premier travail, et la sensation de faim est pour lui une force créatrice. C'est le désir, l'envie de ressentir la baisse de tension que les aliments provoquent en présence de la faim qui le pousse à apprendre à crier, à s'exprimer, à se faire entendre. Tous les autres besoins viendront s'ajouter à son besoin primaire de se nourrir et le pousseront également à l'action, mais aucun autre besoin ne sera aussi vital que son besoin de manger. Car avant de pouvoir apprendre à satisfaire ses autres besoins, l'enfant doit avoir le ventre plein. Ventre affamé n'a point d'oreille !

La souffrance fait partie de la vie, et ce, dès les premières minutes de la vie. Ne pas permettre à l'enfant de faire l'expérience, vitale, de la faim, c'est le priver d'une force créatrice. Cela ne veut pas dire qu'on doit s'assurer qu'un bébé est affamé avant de le nourrir. Il n'y a, en effet, pas lieu de prolonger inutilement sa souffrance, ce qui ne serait pas sans conséquences physiques et psychologiques. Mais il faut lui donner la chance de ressentir ce pourquoi il mange, c'est-à-dire pour apaiser la faim, pour éprouver le plaisir de ne plus connaître cette souffrance, qui est à la base de la survie de toutes les espèces ayant un système nerveux le moindrement évolué et un certain contrôle sur leur destinée.

Bébé doit comprendre que manger est une affaire qui le concerne. Quand les aliments lui sont présentés, cela n'est pas le fruit du hasard. Il doit apprendre qu'il est l'instigateur de ce plaisir. Déjà, il expérimente les premières bases du concept d'autonomie.

Être maman m'a permis de réaliser à quel point nourrir son bébé n'a rien d'évident, même pour une femme qui, comme moi, a une bonne connaissance du comportement alimentaire. La difficulté tient surtout au fait que chaque enfant est unique. Alors je me suis remise en question à maintes reprises et j'ai dû braver de nombreux préjugés pour m'affirmer dans la façon de nourrir mon enfant.

L'APPRENTISSAGE DE L'ACTE ALIMENTAIRE
L'acte alimentaire en tant qu'expérience sensorielle
Tout commence par la bouche. La première tétée est probablement une des premières et plus importantes expériences sensorielles du nouveau-né.

L'instinct de survie pousse ce petit être sans défense à se nourrir. D'ailleurs, les nouveau-nés laissés sur le ventre de leur mère se tortillent pour trouver leur chemin vers le sein maternel au bout d'une vingtaine de minutes au maximum. En Suède, on les laisse couramment accomplir ce périple. Ce n'est pas du tout le cas en Amérique du Nord, où on les éloigne de leur maman au bout de quelques minutes pour qu'elle puisse se reposer, et où ils doivent s'égosiller pour la retrouver à leur côté. Sur sa maman, le bébé ne perd pas contact avec l'odeur de sa mère, ce qui l'encourage à continuer sa quête instinctive du sein maternel. À l'âge de vingt minutes à peine, il a déjà réussi à travailler pour gagner sa croûte ! Cette première expérience est beaucoup plus riche que celle de la séparation imposée ici au nouveau-né, aussi bien pour lui que pour ses parents. En observant leur bébé cheminer vers sa nourriture, les parents sont portés dès le départ à faire confiance à la nature en ce qui a trait à l'alimentation de leur enfant. Ils doutent moins de l'instinct de leur bébé à s'affirmer pour se nourrir, car, en réussissant à atteindre son objectif, ce dernier leur en a mis plein la vue. Ce premier cadeau que leur enfant leur a offert – cadeau qui sera suivi par bien d'autres – les émerveille. Qu'existe-t-il de plus merveilleux que de se prouver qu'on est capable d'arriver au but quelques minutes après sa naissance ? Hélas, nous n'avons pas souvent la chance d'assister à un tel événement dans notre culture occidentale où les accouchements sont très médicalisés.

Néanmoins, le nourrisson nord-américain fait tôt ou tard l'expérience de la première tétée, au sein ou au biberon. Qu'il soit allaité ou non, le lait est sa première source de plaisir et, espérons-le aussi, sa première expérience de l'amour existant entre lui et sa mère. Pour un bébé, téter, sentir le lait chaud dans sa bouche et avaler ce liquide apaisant est une expérience sensorielle. Déjà, il a des papilles gustatives pour apprécier ce qui le nourrira et lui permettra de grandir. Il a également des cellules olfactives des plus développées pour reconnaître l'odeur de sa mère, ce qui lui permettra d'appeler cette dernière à sa façon quand il sentira son odeur et qu'il aura faim. Un bébé qui a faim se rendormira peut-être si papa vient le voir, mais pas s'il sent sa maman proche de lui. Il s'habitue à l'odeur de sa mère et l'associe très vite au plaisir de se nourrir. Sa vision lui permet de la voir pendant qu'il tête, car elle se trouve juste à la distance à laquelle un nouveau-né voit le mieux. Il voit le visage de sa mère, et son expérience sera encore plus plaisante si celle-ci lui semble heureuse de le nourrir, si elle lui sourit. C'est ce sourire qui catalyse le développement de l'enfant et qui jette les bases d'un sain rapport à la nourriture.

Avoir confiance en l'instinct maternel

Respecter la nature en ce qui concerne les repas du nourrisson est d'une grande importance. Cela va de soi pour les mères, parce qu'elles ont en elles cet instinct qui les pousse à nourrir leur enfant. Cet instinct est particuliè-rement évident durant l'allaitement. La mère allaitante sait très bien quand son bébé a faim, puisque la lactation le lui indique : elle sent ses seins s'en-gorger ou du lait s'en écouler. Ce phénomène hormonal débute tout de suite après la naissance, et ce, chez toutes les mères, même celles qui décident de ne pas poursuivre l'allaitement. Grâce à la concordance de la faim de l'enfant avec les sensations éprouvées par la mère, cette dernière reconnaît vite les signes de la faim chez son bébé. Mais la mère ne s'aperçoit pas toujours à quel point cette reconnaissance est intuitive. Si elle manque de confiance en son intuition, elle acceptera de s'en remettre à l'opinion des autres pour savoir quand son enfant a faim. Mais si elle est suffisamment sûre d'elle pour s'y fier, elle s'apercevra qu'elle sait mieux que personne décoder les signes indiquant que son enfant demande à être nourri. Le père peut, lui aussi, apprendre à reconnaître ces signes, mais il les reconnaîtra toujours de façon beaucoup moins intuitive (en partie parce qu'il n'a pas de montée de lait !). Sa femme lui devra une fière chandelle si, au cours des premiers jours après la naissance, il la confirme dans ses intuitions plutôt que de les con-tester. Pour l'avoir vécu personnellement, je sais que la nouvelle maman est bien peu reconnue par le milieu médical comme étant une source d'infor-mation fiable quant à l'alimentation de son bébé. Lorsqu'elle s'inquiète de ce que son enfant ne boit pas suffisamment, la question typique et déni-grante est toujours : « C'est votre premier bébé ? » Comme si pareille inquié-tude traduisait nécessairement un sentiment d'insécurité de nouvelle mère. Ce sont des phrases de ce genre qui diminuent le petit peu de confiance que les nouvelles mamans ont en leur aptitude à être mère. Et lorsque le père doute lui aussi de sa conjointe, c'est vraiment là où le bât blesse le plus. Durant cette période, il est tellement important que le papa soit du côté de la maman et lui fasse confiance à elle, et non pas à tous ces autres spécialistes qui n'ont aucun lien privilégié avec l'enfant, qui ne l'ont pas porté pendant neuf mois. Car il faut une sacrée confiance en soi pour continuer à croire en son intuition quand tout le monde alentour en nie l'existence !

L'instinct maternel est trop peu scientifique pour être reconnu par le milieu médical, mais il doit être reconnu par les deux parents. Il est, en effet, la meilleure source d'information, surtout pendant les premiers jours de ce petit être totalement inconnu, mais qui exprime déjà, à sa façon, son besoin de manger. Pour une maman, l'opinion de son conjoint est probablement plus importante que celle des infirmières et des pédiatres. Parce qu'il est une personne extrêmement importante à ses yeux, la confiance qu'il a en elle et en son intuition de mère peut compenser le fait qu'elle n'est pas reconnue comme compétente par le milieu médical et l'aider à se fier à ses intuitions.

Redonner à l'aliment le rôle qui lui revient : nourrir

En tétant, l'enfant pose son premier geste volontaire pour combler ses besoins. Il a exprimé le besoin primaire de manger par des pleurs et il a lui-même fourni les efforts nécessaires pour se satisfaire. Le lait représente donc sa première récompense pour avoir exprimé un besoin à son entourage, et cette récompense l'encourage à continuer d'exprimer son besoin de nourriture. L'expérience apportée par la satisfaction alimentaire aura par la suite des conséquences sur sa capacité d'exprimer ses besoins en général, comme ceux d'affection, d'amour, de sécurité, de stimulation et de repos. Mais parmi ces besoins, celui de se nourrir demeurera toujours le plus vital. Car on peut vivre, bien que très mal, sans amour, sans exercice ou sans compagnie, mais on ne peut vivre sans boire ni manger. C'est pourquoi l'acte de manger a une énorme dimension symbolique dans toutes les cultures sans exception, même les plus primitives.

On ne peut pas refuser de satisfaire le besoin de s'alimenter d'un nourrisson sans que cette attitude ait des conséquences. Certes, les parents ont de nombreux rôles importants à remplir, mais leur principal rôle est de nourrir leur enfant. Tant et si bien que, lorsqu'on demande à un enfant en bas âge de définir le mot « maman », sa première réponse est généralement : « ce qui nous donne à manger ». Ce n'est pas la femme qui l'a mis au monde, c'est la femme qui le maintient en vie en le nourrissant. D'ailleurs, le nom «nourrisson» est très révélateur: un bébé est avant tout un individu qu'il faut nourrir, jusqu'à ce qu'il soit en mesure de le faire lui-même. L'enfant se rend compte assez vite de sa dépendance et de sa vulnérabilité. C'est pourquoi les premiers mois de sa vie sont empreints d'insécurité et que l'absence temporaire de sa maman est généralement une source d'angoisse. C'est aussi pourquoi plaire à ses parents lui semble de plus en plus nécessaire à mesure qu'il grandit. Il sait très bien que, sans eux, il est perdu, il le ressent chaque jour quand il a faim. Selon leur attitude, il découvrira s'il peut leur faire confiance ou s'il lui faut pleurer interminablement avant qu'ils agissent. Si la confiance s'installe, son sentiment d'insécurité, tant avec ses parents que dans la vie en général, diminuera progressivement. Si le doute plane, son sentiment d'insécurité grandira et il aura l'impression que la vie n'est qu'un dur combat pour gagner son pain à la sueur de son front, c'est-à-dire avec des torrents de larmes.

Les parents doivent être responsables et à l'écoute de ses besoins pour que l'enfant s'aperçoive que la vie n'est pas uniquement un enfer parsemé d'obstacles. En même temps qu'il apprend à satisfaire ses besoins, il apprend à faire confiance à la vie et à avoir confiance en l'efficacité de ses comportements en lien avec sa quête de satisfaction. S'il est régulièrement ignoré durant cette quête, c'est-à-dire si la manifestation d'un besoin demeure fréquemment sans réponse, il découvre tôt ou tard que l'énergie dépensée pour exprimer un besoin est tout simplement gaspillée et apprend à ignorer, lui aussi, ses besoins, même le plus vital d'entre eux: manger. Cette attitude est celle qui lui permet de s'adapter le mieux à son environnement, au sens où elle lui permet de rester plus longtemps sur sa faim. Patienter pour manger devient ainsi une partie intégrante de son existence.

Respecter le nourrisson durant cette phase cruciale des premiers mois de son existence où il se forge une opinion de l'univers dans lequel il a été accueilli, c'est lui offrir le plus d'occasions possible de vivre de belles expériences pour acquérir une certaine confiance en l'humanité. Par la suite, ce regard positif sur la vie et cette confiance lui donneront une grande part du courage nécessaire pour traverser les épreuves de la vie et lui permettront de patienter en attendant d'obtenir la satisfaction d'un besoin. Avant de réaliser que la vie est parsemée d'obstacles, il doit avoir acquis la certitude que la vie est belle. Ce n'est qu'à partir d'un certain âge qu'il pourra nuancer son opinion, en arriver à la conclusion que la vie est belle, malgré les obstacles.

Pour un nourrisson, une belle vie, c'est essentiellement une vie où la faim fait place à la satiété grâce aux aliments qu'il découvre l'un après l'autre avec émerveillement. En somme, tel est le rôle de l'aliment : procurer une sensation de plaisir en venant combler le besoin vital de manger et, par le fait même, mettre un terme à cette souffrance liée à la faim. L'aliment fait disparaître la tension générée par la faim, et la disparition de cette tension est source de plaisir. C'est l'envie de revivre ce plaisir trois fois par jour au minimum tout au long de sa vie et d'éliminer la souffrance liée à la faim qui pousse l'enfant à renouveler l'expérience de se nourrir.

Lorsqu'on se penche sur la question de l'alimentation, il est donc impossible de ne pas prendre en compte le plaisir et les émotions naturellement reliés aux aliments. Toute la symbolique par rapport à l'acte de manger et qui est propre à chaque personne fait partie intégrante de la vie. La part émotive de l'alimentation est donc saine et nécessaire, à condition qu'elle permette au cycle faim-tension-satiété de s'instaurer correctement. Vu cette condition, comment éviter que l'un des nombreux sens cachés des aliments ne devienne problématique ? Il faut d'abord bien saisir ces nombreux sens cachés que peuvent avoir les aliments dans la vie d'une personne, pour ensuite essayer de découvrir les moyens de maintenir un rapport à la nourriture harmonieux. Les sections suivantes traiteront, par conséquent, de différents sens, ou rôles, que nous pouvons donner à la nourriture, selon les valeurs qui nous ont été inculquées dans notre enfance.

LE RAPPORT À LA NOURRITURE ET LES RÔLES ASSIGNÉS AUX ALIMENTS
L'aliment-amour

Il est normal que, en nourrissant son enfant, un parent attentionné manifeste son amour envers lui. C'est donc avec raison que l'enfant associe l'aliment à l'amour de ses pourvoyeurs à son égard. Même les adultes font systématiquement le lien entre certains aliments et l'amour de leur mère ou de leur père. Rien n'est malsain dans le fait d'associer la nourriture à l'amour, puisque l'amour est l'une des choses les plus belles et les plus importantes de la vie. « L'amour, la tendresse et la sécurité, c'est ce qui rend libre », disait Françoise Dolto. Mais d'un autre côté, le besoin d'amour est si grand chez les êtres humains que nombre d'entre eux sont prêts à tolérer bien des souffrances pour conserver l'amour des autres. Donner de l'amour et en recevoir motivent une grande partie de leurs actes. Entre manquer d'amour et manquer de nourriture, je connais pas mal de personnes qui préféreraient manquer de nourriture, du moins pendant quelque temps !

Tout va donc bien pour l'enfant tant que l'amour reçu ne dépend pas d'un comportement alimentaire quelconque, ou que son refus de s'alimenter n'est pas interprété comme un rejet de l'amour avec lequel l'aliment a été offert. Mais lorsque l'aliment sert plus à obtenir de l'amour qu'à se nourrir, c'est là que les problèmes commencent. L'aliment-amour est notamment en jeu lorsque l'enfant apprend à manipuler ses parents en refusant de manger. Si, par ce refus, l'enfant obtient que ses parents prêtent davantage attention à lui, il voit cela comme une marque d'amour, que cette attention soit positive ou négative. En consacrant beaucoup de temps à leur enfant pour arriver à satisfaire son besoin de se nourrir, les parents lui disent effectivement qu'ils l'aiment. Mais s'ils prennent son refus de manger sur un plan très personnel, ils se sentent incapables de remplir leur premier rôle parental, celui de nourrir leur enfant. L'amour étant à l'origine de leur désir d'assumer ce rôle, ils ont aussi le sentiment que ce refus constitue un rejet de l'amour qu'ils ont manifesté ou porte atteinte à cet amour. Or, ces sentiments tout à fait compréhensibles les amènent à adopter des comportements qui augmentent la satisfaction que leur enfant tire de son refus de manger. Ils jouent avec lui, lui chantent des chansons, lui préparent un autre repas ou lui offrent des gâteries parce qu'il n'a pas voulu manger ce qu'il y avait de sain dans son assiette, et ces marques d'attention, bien valorisantes pour leur enfant, l'incitent à continuer son petit manège. Et si, en dehors des repas, les parents n'accordent pas à l'enfant toute l'attention dont il a besoin, celui-ci perçoit encore mieux la grande attention qu'ils lui prêtent durant les repas. Autrement dit, s'ils ne s'attachent qu'à remplir leur rôle de pourvoyeurs de nourriture, leur enfant joue sur cette corde-là pour qu'ils s'occupent de lui. Par ailleurs, l'enfant peut également refuser de manger en réaction à ce qu'il ressent comme un manque d'amour, tel que des réprimandes, le refus de lui accorder une chose qu'il désirait ou l'incapacité de lui donner une telle chose. Que ce « manque d'amour » soit réel ou non et qu'il soit temporaire ou chronique, il peut faire naître chez l'enfant le besoin de jauger si ses parents l'aiment réellement en vérifiant s'ils désirent vraiment qu'il mange. En résumé, l'enfant peut donc apprendre à obtenir de l'amour de ses parents en refusant de manger et en arriver à l'impression que cet amour est conditionnel au fait qu'il reste volontairement sur sa faim. C'est ainsi que l'aliment devient un aliment-amour.

Il arrive aussi que des parents poussent involontairement leur enfant à adopter un certain comportement alimentaire, comme celui de manger sans faim ou de manger une portion précise, pour obtenir leur amour. Ils agissent ainsi de façon inconsciente, presque par automatisme, en se conduisant simplement comme les parents de la génération précédente. Adopter un certain comportement alimentaire fait partie de ce qu'on impose à l'enfant « pour son bien ». Afin de l'encourager à adopter le comportement voulu, on le menace de le priver de dessert s'il ne termine pas son assiette, ou on l'applaudit et le félicite à n'en plus finir quand il a tout mangé, par exemple. Comme si manger était un concours !

Les punitions auxquelles recourent certains parents pour forcer leur enfant à terminer son assiette sont parfois très subtiles. Par exemple, si l'enfant ne mange pas et que ses parents lui expliquent en long, en large et en travers tout le mal qu'ils se sont donné pour lui préparer son repas, ils lui infligent le pire des châtiments : il a fait du chagrin à ses parents. S'ils le réprimandent à chaque fois qu'il ne mange pas son repas au complet, cette réaction négative est en elle-même une punition. Jour après jour, un simple jugement réprobateur du genre « mais tu n'as rien mangé, encore une fois » fait sentir à l'enfant qu'il ne satisfait pas aux exigences de ses parents et, par conséquent, qu'il ne leur fait pas plaisir. L'amour des parents devient ainsi conditionnel à l'ingestion de la totalité des aliments offerts. L'absence de faim ou le respect des signaux de satiété mettent l'enfant dans une situation embarrassante, puisqu'ils l'empêchent de rendre ses parents heureux. Et comme tout enfant veut rendre ses parents heureux afin qu'ils l'aiment en retour, il comprendra tôt ou tard qu'il a tout intérêt à finir son assiette. Il retrouvera alors l'amour de ses parents, au prix de se faire violence pour ingurgiter plus de nourriture que nécessaire.

Mais vous avez peut-être peur que votre enfant se laisse mourir de faim si vous cessez vos petits manèges ayant pour objectif de le nourrir ? En ce cas, rassurez-vous, les enfants ne se laissent jamais mourir de faim ; à un moment donné, l'instinct de se nourrir prend toujours le dessus. Cependant, une fois que l'enfant s'est habitué à des stratégies qu'il voit comme des preuves d'amour, il ne comprend plus rien et est porté à croire que ses parents ne l'aiment plus autant le jour où ces stratégies ne sont plus employées. Alors il teste les limites de ses parents, pour s'assurer que tôt ou tard ils céderont à ses caprices, parce qu'ils l'aiment trop pour le laisser mourir de faim. Lorsqu'on décide d'arrêter le jeu, il est donc primordial de multiplier les marques d'amour envers l'enfant en dehors des repas et de porter une attention particulière à ses besoins affectifs tout au long de la journée. Les mille et une attentions pour le faire manger doivent être judicieusement remplacées par mille et une attentions en dehors des repas. Il faut lui démontrer clairement que notre amour pour lui n'a rien à voir avec notre nouveau comportement, plus ferme. Il faut le rassurer sur le fait qu'on ne le laissera jamais se laisser mourir de faim, mais qu'on pense qu'il est désormais assez grand pour faire comme maman et papa, et qu'il n'a plus besoin de jeux pour manger. Il faut absolument valider son besoin d'attention en lui confirmant qu'on comprend ce qu'il tente d'obtenir en faisant des scènes durant les repas, mais qu'on ne peut pas continuer à manifester notre amour pour lui en jouant les fins stratèges. Quand son besoin d'attention est ainsi validé et qu'il est mieux comblé en dehors des repas, l'enfant abandonne habituellement sa grève de la faim sitôt qu'il a l'estomac dans les talons. Très rares sont les enfants dans une telle détresse qu'ils sont prêts à souffrir de la faim très très longtemps pour obtenir la preuve que leurs parents les aiment. Si c'est le cas, il faut se poser la question : « Comment ces enfants en sont-ils arrivés à une détresse si énorme ? » Prenons un exemple. Lors de l'arrivée d'un deuxième enfant dans une famille, l'aîné peut se sentir tellement mis à l'écart en voyant ses parents accorder une grande attention aux repas du nourrisson qu'il en vient à se demander s'ils se préoccuperont de lui s'il cesse de manger. Car il faut admettre que ce que l'on exige d'un enfant quand son cadet arrive demande une bonne dose de maturité : il faut faire moins de bruit pour ne pas le réveiller, ne pas lui faire mal mais accepter qu'il nous en fasse parce qu'il est trop petit pour comprendre, ne pas s'opposer à ce qu'il prenne nos jouets, etc. Et, surtout, il faut accepter sa présence dans les bras des parents. Pas étonnant que l'enfant se demande : « Est-ce que je suis encore important pour papa et maman ? » Parfois, cette inquiétante question est si obsédante qu'elle est suivie d'une autre question : « Veulent-ils encore que je mange autant qu'avant ? » Le fait qu'un enfant cesse de bien s'alimenter à la venue d'un frère ou d'une sœur devrait sonner l'alarme chez des parents attentifs. L'enfant ne peut alors verbaliser son sentiment d'insécurité, mais il l'exprime par des gestes, en modifiant son comportement et en observant la réaction de ses parents. Pour comprendre ce sentiment, il faut regarder la situation en se plaçant du point de vue de l'enfant : non seulement sa maman arrête de jouer avec lui pour aller nourrir le bébé qui a faim, mais elle prend celui-ci dans ses bras pour lui donner la tétée ou le biberon et le met à la place où il se trouvait, lui, il n'y a pas si longtemps. Pour éviter qu'une grève de la faim provoquée par un sentiment d'insécurité ne se prolonge, il faut, là encore, rassurer l'enfant sur l'importance qu'il a pour nous, il faut lui dire qu'il n'a pas à s'inquiéter, car on voudra toujours le nourrir lui aussi, que jamais nous ne le laisserons mourir de faim et lui dire que nous l'aimons autant que son petit frère ou sa petite sœur. C'est essentiel, parce que, si cet enfant est prêt à faire la grève de la faim pour qu'on s'occupe de lui, cela signifie qu'il a vraiment besoin qu'on s'occupe de lui. Alors il faut agir en conséquence, au lieu de crier à l'enfant gâté.

Dans des situations semblables ou comparables à celles que nous venons d'examiner, on ne doit pas s'étonner que l'association de l'aliment à l'amour des parents (la chose la plus importante pour un enfant) influe sur la prise d'aliments et soit à la base d'un rapport malsain à la nourriture. Plus tard, on verra l'enfant devenir un adulte qui finit son assiette pour plaire à tout le monde ou pour ne pas déplaire à celui qui l'aura servi et qui, de ce fait, ne reconnaît pas les signaux de satiété. Si le refus de manger est, au contraire, une source d'amour, on verra l'enfant se métamorphoser en un être qui se complaît à faire le difficile, qui se prive pour qu'on se démène à le satisfaire en guise de preuve d'amour. Il ne respectera pas sa faim tant qu'il ne jugera pas les efforts de celui qui lui offre de la nourriture comme une preuve d'amour suffisante.

On voit à quel point il est important, lorsque nous devenons parents, de ne pas nous culpabiliser dans les moments où notre enfant ne mange pas. Notre rôle est de lui offrir des aliments, et non de contrôler sa faim et ses goûts en matière de nourriture, puisque c'est impossible. Notre rôle est de satisfaire par les aliments son besoin de manger, et non son besoin d'amour ou le nôtre. Le travail de notre enfant, car lui aussi en a un, est d'apprendre à faire des choix, dont celui d'accepter ou de refuser les aliments qu'on lui offre. Nous devons l'inciter à continuer à faire le bon choix, celui de satisfaire sa faim, son besoin de se nourrir, en respectant dans la mesure du possible sa façon de s'alimenter. Car ce bon choix, il le fera naturellement si nous n'associons pas à l'acte de manger des considérations qui ne devraient pas entrer en ligne de compte. Il faut comprendre que notre enfant a déjà une responsabilité en ce qui a trait à sa survie et que nous ne l'encouragerons à assumer cette responsabilité qu'en… ne l'assumant pas à sa place! Il doit manifester son besoin de manger et accepter d'y répondre; ce n'est pas à nous de lui dicter ce besoin ni de lui imposer notre réponse à ce besoin. Pour éviter la souffrance de la faim, il doit accepter les aliments. L'enfant en viendra à cette conclusion tout naturellement s'il n'a pas à apprendre à manger pour toutes sortes d'autres raisons, comme celle d'éviter la souffrance due à la colère ou à la tristesse de ses parents. Sa responsabilité n'est pas de plaire à ses parents par la manière dont il mange, mais de manger pour se plaire à lui-même.

L'aliment-stimulation

De nombreuses personnes élevées dans une famille nombreuse trouvent difficile de se retrouver seules à table. N'ayant jamais eu la possibilité d'apprendre à apprivoiser la solitude, ces personnes sont enclines à manger pour pallier le manque de compagnie. L'habitude de compenser sa solitude par les aliments, c'est-à-dire de manger au-delà de sa faim par ennui, peut être prise tôt dans l'enfance, juste en raison des contraintes imposées par la situation familiale.

Pour un parent débordé et épuisé, il peut être culpabilisant de laisser son enfant seul. Cependant, pour acheter quelques minutes de répit, donner à manger à son enfant est parfois bien efficace. De ce fait, on est porté à croire que laisser un biberon de lait ou de jus de fruits dans le lit de l'enfant durant la nuit réussira, au besoin, à le réconforter pendant notre absence. En outre, on interprète parfois comme de la faim l'angoisse de séparation de l'enfant, classique aux alentours de neuf mois. Alors on prend l'habitude d'offrir, au beau milieu de la nuit, un biberon au bambin en pleurs, qu'on croit affamé mais qui, en réalité, se sent seul et est bien content de cette nouvelle habitude qui ramène sa mère ou son père près de lui. De telles tactiques favorisent l'association de l'aliment à l'arrêt de la solitude. Mais si cette association ne fait pas partie de la routine, aucun problème ne se pose. C'est lorsqu'on abuse de ces tactiques que l'enfant en vient à les intérioriser. Prenons l'exemple d'un enfant vivant dans une famille monoparentale où la maman profite toujours des moments où son enfant mange pour faire autre chose, comme le ménage ou la préparation de son propre repas. Lorsque l'enfant chigne, parce qu'il n'a plus faim ou aimerait qu'elle s'occupe de lui, elle lui sert autre chose à manger. Et ce, tant et aussi longtemps que cela réussit à le calmer, car elle peut ainsi vaquer à ses occupations. Les moments où la mère lui donne à manger représentent pour cet enfant des moments où elle ne prête pas attention à lui. Et finalement, l'association du repas à l'ennui prend racine dans son esprit. Pareille routine est la meilleure façon d'apprendre à un enfant à manger par ennui. Le message qu'il entend est le suivant : « Tu t'ennuies de moi, alors voici, mange en attendant que je m'occupe de toi. » Et c'est ainsi que le besoin de manger vient remplacer son besoin de stimulation (d'action) ou son besoin affectif.

Les personnes qui mangent par ennui ou par solitude se sont probablement toutes trouvées un jour dans une situation comparable à celle que je viens de décrire ; un tel automatisme ne vient pas de nulle part. J'ai connu une femme célibataire qui se demandait depuis des années pourquoi les samedis soir où elle était seule (soit elle sortait toute seule, soit elle était seule chez elle) elle devait absolument manger des chips bien plus qu'à sa faim. Elle ne savait pas comment mettre fin à cet automatisme, car elle ne comprenait pas son origine. En creusant un peu plus dans son enfance, elle a eu un souvenir vague qui s'est transformé en révélation. Elle s'est rappelé que, chaque fois que ses parents faisaient garder leurs enfants pour sortir (habituellement le samedi soir), ils leur laissaient toujours des chips pour la soirée, en guise de compensation pour leur absence.

Jamais elle ne s'était arrêtée à ce souvenir auparavant. Il avait fallu qu'elle se pose la bonne question pour arriver à comprendre un comportement curieux, qui durait depuis des années et dont elle se sentait coupable. Je l'ai aidée à se souvenir dans quelle situation elle avait acquis cet automatisme et, tout à coup, elle en a découvert la raison, ce qui lui a permis de s'en débarrasser plus facilement.

Cette femme n'est pas la seule que j'aie rencontrée à utiliser les chips afin de se désennuyer. En effet, les chips sont l'aliment le plus fréquemment employé à cette fin. Il n'y a là aucune coïncidence. Les chips font du bruit, sont longues à manger et créent de l'action. Elles ont tout pour nous tenir compagnie ! Elles ne posent aucun problème quand on est capable de s'arrêter d'en manger une fois la faim comblée. Nos supermarchés sont remplis d'aliments et de breuvages qui, en plus de nous nourrir, nous stimulent, nous donnent du pep. Les boissons gazeuses Pepsi, Sprite et 7up n'ont pas été baptisées ainsi sans raison : leur nom évoque bien leur qualité tonique, stimulante. Les campagnes publicitaires à leur sujet également : on nous montre des images empreintes de fraîcheur, des gens dynamiques faisant la fête, des sportifs arrosés d'eau, bref, tout pour nous convaincre que ces boissons mettront de l'action dans notre quotidien monotone. À nous de tirer les bonnes conclusions de ces messages et de résister à ce conditionnement !

L'aliment-récompense

Qui d'entre nous n'a jamais entendu ses parents dire : « Finis ton assiette si tu veux du dessert » ou, plus subtilement : « Si tu n'as pas faim pour finir ton assiette, tu n'as pas faim non plus pour le dessert. » Dans la tête d'un enfant (et souvent même d'un adulte), le dessert est une partie du repas très agréable. Cette petite douceur devient lourde de sens quand, repas après repas, elle est offerte en guise de récompense pour avoir bien agi, c'est-à-dire vidé son assiette. Cet emploi, très répandu, du dessert conduit l'enfant à repousser les limites de sa faim, à vaincre sa sensation d'être déjà plein, à continuer de manger pour avoir droit au meilleur, qui reste à venir. Vu qu'on le trouve gentil d'avoir tout mangé (en passant outre aux messages que son corps lui envoyait), on lui donne « droit » au dessert. Mais on ne lui reconnaît pas le droit de se « garder de la place » pour le dessert en choisissant de laisser une partie de son assiette, ce qui serait en définitive un comportement beaucoup plus sain et moins susceptible de le mener à la surconsommation d'aliments. La mise en œuvre d'une telle stratégie par les parents expose l'enfant à de plus grands risques d'obésité. De surcroît, comme l'ont démontré certaines études scientifiques, elle favorise une préférence plus marquée pour les aliments offerts en guise de récompenses et une préférence moindre pour les aliments que l'enfant s'est forcé à manger pour avoir l'aliment-récompense[1]. Cependant, les parents qui utilisent cette stratégie sont pleins de bonnes intentions. Ils veulent apprendre à leur enfant à apprécier la valeur de son repas et s'assurer qu'il se nourrisse suffisamment. Ils veulent qu'il apprécie également son dessert préparé et offert avec amour. Mais ils oublient qu'il l'apprécierait davantage encore s'il ne se remplissait pas complètement l'estomac avant de le manger. Tous les aliments sont d'ailleurs bien meilleurs lorsque la faim est présente.

Parallèlement, l'enfant est puni s'il respecte sa faim, puisqu'on le privera d'une friandise. Même à la fin d'un repas copieux, rares sont les adultes capables de résister à un dessert appétissant, capables de dire : «Non merci, je n'ai plus faim pour le dessert. » Alors pourquoi exigerions-nous de nos enfants qu'ils en soient, eux, capables? Nous avons appris, nous aussi, à nous forcer à manger pour avoir droit au dessert, et nous reconnaissons que ce n'était pas nécessairement une bonne chose. Pensons-nous que nos enfants sont plus sages que nous? Non, ils ne le sont pas. S'ils veulent du dessert, ce n'est pas toujours parce qu'ils ont faim, mais parce qu'un dessert a souvent l'air bon, qu'il sent bon et que, de ce fait, il est difficile d'y résister.

Comment permettre à nos enfants d'établir un sain rapport au dessert? En fait, prendre régulièrement un dessert, par automatisme, n'a pas vraiment de raison d'être ; on peut très bien vivre sans avoir de dessert à chaque repas. Mais de temps à autre, un beau gâteau, une belle tarte ou n'importe quelle autre gâterie préparée avec attention traduit l'amour d'un parent désireux de faire plaisir à sa famille et satisfait les papilles gustatives de chacun sans que cela ne cause pour autant des troubles alimentaires. Qui n'a pas en tête des beaux souvenirs rattachés à son dessert préféré, préparé par maman, grand-maman ou toute autre personne importante dans sa vie? Ce dessert, qu'en plus d'avoir mangé avec la bouche, on a mangé avec les yeux et, surtout, le cœur, nous a fait du bien tout simplement parce que cette personne avait pensé à nous en le préparant. Et cette personne s'estime récompensée quand on lui dit qu'il n'en existe pas de meilleur. Il n'y a pas de mal à apprécier ce geste et à aimer le dessert pour toutes sortes de raisons symboliques qui font partie de notre culture alimentaire et de notre vie sociale. Le problème survient lorsque l'automatisme du dessert à chaque repas vient conditionner un enfant à manger plus qu'à sa faim. On peut donc prévenir cette situation en ne faisant pas du dessert un mets obligatoire, mais une douceur offerte à l'occasion, parce qu'elle est bonne, quand on a faim. Le reste du temps, on peut offrir des aliments tenant lieu de dessert et qui sont nutritifs (lorsqu'il reste encore de la place dans l'estomac, naturellement). On peut ainsi habituer son enfant à prendre régulièrement pour dessert (quand on est sûr qu'il a encore faim) un aliment sain, comme un fruit ou un yogourt, sans qu'il se sente privé, brimé. S'il nous dit qu'il n'a plus faim ou, s'il n'est pas en âge de parler, nous montre bien qu'il en a assez (en commençant à jouer avec les aliments qui restent dans son assiette, par exemple), nul besoin de lui présenter un dessert, même le plus sain du monde. Ce qui est sain lorsqu'on n'a plus faim, c'est d'arrêter de manger. Les fruits et les yogourts peuvent être consommés plus tard, une fois la faim ressentie.

Les fois où il y a un dessert spécial au menu, on peut en avertir son enfant à l'avance et le laisser se réserver une place pour ce dessert. Lui seul peut savoir ce qu'il reste de place dans son ventre, lui seul peut apprendre à développer l'aptitude d'anticiper son degré de faim, et s'il est capable de déterminer ce degré, c'est qu'il est bien à l'écoute des signaux de faim. Il est d'ailleurs très sécurisant pour un enfant, ainsi que pour un adulte, de pouvoir prévoir le moment où il devra s'arrêter afin d'avoir encore faim pour apprécier le ou les mets suivants. Cette maîtrise de l'apport alimentaire est une bonne chose et ne s'acquiert que si on a le choix de ne pas finir son assiette, ou la possibilité de déterminer la quantité d'aliments qu'elle doit contenir. Dans un milieu où l'enfant n'a rien à dire sur la portion qu'on lui sert, cela n'a pas de sens de lui reprocher de ne pas finir son assiette, car il ne pourra jamais apprendre à anticiper son degré de faim après le repas principal. Pour permettre cet apprentissage, mieux vaut prendre le risque que, au départ, il ait de temps à autre « les yeux plus grands que la panse » et qu'un certain gaspillage s'ensuive en guise d'expérience.

L'aliment-défoulement

« Je n'ai pas la *switch* », m'a déclaré un jour une patiente en voulant dire qu'il lui manquait, sur son panneau de contrôle, l'interrupteur permettant de s'arrêter de manger. Cette jeune femme contrôlait tout dans son existence, sauf son alimentation. Elle arrivait à satisfaire son besoin de plaire à tout le monde, à rester sur ses envies en ce qui avait trait à tout, excepté la nourriture. Un jour, je lui fis remarquer ce détail en lui posant la question suivante : « Avez-vous le sentiment que, dans le reste de votre vie, vous avez le contrôle ? » Sa réponse fut un oui clair et net. Elle m'expliqua qu'elle avait toujours été une petite fille modèle, mais que sa façon de se nourrir était pour elle l'échec de sa vie. Qu'elle avait réussi tout ce qu'elle avait entrepris, mais jamais à maigrir ni à se contrôler durant les périodes où elle se mettait à manger de manière compulsive. Où avait-elle appris à manger ainsi ? Elle s'en souvint au cours d'un exercice de visualisation créatrice qui nécessitait d'imaginer un repas familial typique. Elle se revit en train de manger nerveusement dans un climat de grande tension, que venait aggraver de virulentes disputes. Au moment du dessert, son père demandait : « Qu'est-ce qu'il y a comme dessert, m'man ? » Sa mère revenait avec son pouding ou sa petite tarte au sucre, et tout rentrait dans l'ordre : chacun y allait de ses commentaires sur le dessert et mettait les conflits en veilleuse, jusqu'au prochain repas. Elle se rappela aussi que, dans sa famille, les crises de colère des enfants étaient gérées en faisant diversion, souvent en leur offrant l'un de leurs aliments préférés, comme un biscuit ou un bonbon. C'est sûr qu'avec un bonbon ou un biscuit dans la bouche, il est bien difficile pour un enfant de crier ou pour un bébé, de brailler.

Dans cette famille comme dans bien d'autres, la colère n'était pas reconnue comme une émotion légitime. Un enfant piquait une colère ? On bouchait l'orifice d'où elle émergeait en le remplissant de nourriture, on enrayait la crise à l'aide d'une gâterie. Qu'apprend l'enfant quand cette tactique est souvent employée ? Que la colère est inacceptable, qu'elle dérange, mais aussi qu'elle mène à un autre type de satisfaction orale, procurée par un aliment. Son conditionnement s'effectue progressivement, et une fois adulte, il ne sait plus trop d'où vient son comportement compulsif en matière d'alimentation. Il gère la colère à l'aide des aliments. Il a appris à refouler la colère et à manger pour se défouler.

L'aliment-sacrifice

À la table familiale, le gaspillage est aujourd'hui encore l'objet de réprimandes. Même si, dans les restaurants où on peut manger à volonté, on gaspille abondamment, à la maison, on veille à ne pas gaspiller la nourriture. Néanmoins, la plupart des parents n'apprennent pas à leur petit enfant à se servir lui-même afin qu'il soit responsable de sa portion. Et puisqu'ils ne lui laissent jamais le choix de sa portion, ils ne devraient jamais lui reprocher de ne pas finir son assiette. La faim varie selon les individus, les moments de la journée et d'un jour à l'autre. Par conséquent, aucune mère ni aucun père ne peut prétendre connaître la faim de son enfant mieux que ce dernier. Toutefois, même quand l'enfant a le droit de choisir sa portion, il peut arriver qu'il évalue mal sa faim et souhaite ne pas finir son assiette, tout comme cela nous arrive aussi de temps à autre. Nous devons accorder le droit à l'erreur à nos enfants, car ce sont justement les erreurs qui permettent d'apprendre. Nous pouvons faciliter leur apprentissage de l'évaluation de la faim en nous assurant qu'ils puissent avoir un supplément au besoin, lorsqu'ils ont sous-évalué leur faim. S'ils savent qu'ils pourront toujours « en reprendre », ils seront plus enclins à « en prendre moins ». En revanche, s'ils sont convaincus qu'ils ne le pourront certainement pas, parce que tout aura été consommé par le reste de la famille, ils ne prendront pas de risque, ils se serviront une belle assiette, remplie à ras bord. Il faut absolument éviter cela, car les enfants ont déjà une tendance naturelle à se servir de généreuses portions. Et ce, parce qu'ils veulent faire comme les grands ou sont persuadés d'être devenus assez grands pour manger comme les adultes, mais aussi parce qu'il est dans la nature humaine de s'approprier le plus de ressources possible, surtout dans des périodes d'insécurité ou de pénurie. Ce n'est qu'avec de la patience et en les sécurisant quant à la possibilité d'avoir une deuxième portion que nous pouvons les conduire, à force d'explications, à se servir des assiettes qui respectent davantage leur faim. Nous devons leur faire comprendre ce qu'est le gaspillage et leur inculquer que la meilleure façon de l'éviter, c'est d'en mettre moins dans son assiette et de se resservir au besoin, et non pas de manger plus qu'à sa faim. Manger plus qu'à sa faim n'est jamais justifié, ni du point de vue économique ni du point de vue biologique.

Conscients de la valeur économique des aliments, les adultes ont souvent une vision étroite du gaspillage : dans les restes de nourriture jetés à la poubelle, ils ne voient que les dollars en train de s'envoler. Pourtant, il y a toujours moyen de réutiliser les restes. Il est aussi très pratique de cuisiner une double ration au souper en prévision des lunchs à fournir à chacun le lendemain : pas de sandwich à faire le matin, et un repas bien plus complet pour le midi. Outre une économie de temps, ce brin de planification permet une économie d'argent qui dépasse largement celle qu'on a l'impression de réaliser – car ce n'est pas parce que les assiettes sont vides qu'on a plus d'argent dans ses poches – quand on se force à finir son assiette ou qu'on force les autres à finir la leur. Lorsqu'on veut vraiment faire des économies et éviter le gaspillage, il faut apprendre à préparer des repas moins copieux et à servir de plus petites portions. Ainsi, on évite non seulement d'avoir à jeter de la nourriture, mais aussi d'avoir à dépenser de l'argent pour régler le problème de poids d'un enfant devenu obèse à l'adolescence. C'est toujours en mettant les choses en perspective que nous trouvons la meilleure solution. La satiété est en quelque sorte une frontière délimitée par la nature afin que les êtres humains n'ingèrent pas plus de calories que nécessaire, et cette frontière diffère selon les individus. Toutes les calories que nos enfants consomment au-delà de la satiété sont mises en réserve sous forme de gras. Or, les réserves de gras ainsi constituées ne servent à rien, puisque nous veillons si bien à nourrir nos enfants qu'ils ne risquent pas de connaître la famine. Ces réserves représentent donc un gaspillage bien plus réel que des aliments laissés dans une assiette. Elles ne sont pas utilisées par l'organisme, elles occupent un espace précieux et elles sont un fardeau dont la plupart se passerait bien...

Les enfants peuvent aussi en arriver à associer l'aliment à un sacrifice à force de nous entendre leur rappeler, dans le but d'éviter le gaspillage, que partout dans le monde de petits enfants pauvres n'ont jamais eu la chance de manger à leur faim. Ou leur chanter une rengaine du genre : « Quand nous étions jeunes, nous, nous aurions tout donné pour manger ce que tu laisses. » Si vous êtes de la génération des baby-boomers, peut-être avez-vous reconnu là les refrains chers à vos parents. Les enfants réagissent habituellement tous de la même façon à de tels propos : ils pensent, avec une pointe d'ironie, que leurs parents n'ont qu'à aller donner le reste de leur assiette aux petits pauvres. Ils savent très bien que ce n'est pas parce qu'ils finiront leur assiette que les pauvres mangeront plus, même s'ils n'osent pas le dire à leurs parents. La période que nous vivons n'a rien à voir avec les temps de guerre qu'ont vécus nos parents et nos grands-parents. Il est vrai que, durant la première moitié du xxe siècle, personne n'aurait osé gaspiller la nourriture. Mais il est vrai aussi que, plus souvent qu'autrement, personne ne pouvait se permettre de gaspiller de la nourriture, parce qu'il y en avait rarement trop. Étant donné que les vivres manquaient, les portions étaient généralement plus petites qu'aujourd'hui, et les gens ont vite compris qu'ils avaient tout intérêt à manger le plus possible quand le repas était copieux, parce qu'ils n'étaient pas certains de manger le lendemain. Du point de vue écologique, ce comportement est très adapté à la survie : en temps de guerre, on a besoin de faire des réserves, car il est très probable qu'on aura à les utiliser tôt ou tard. Par ailleurs, lorsque la nourriture se fait rare, on ne peut songer un instant à en laisser dans son assiette. Et si, plus tard, les denrées affluent, on est porté à considérer que ne pas finir son assiette, ça ne se fait pas, on doit l'interdire. De nos jours, nombreux sont les parents qui, comme leurs parents l'ont fait, exigent que leurs enfants vident leur assiette, malgré l'abondance de vivres. Pourtant, si ces enfants ne mangeaient pas tout le contenu de leur assiette, cela ne compromettrait pas leur survie comme cela aurait compromis celle de leurs grands-parents ou compromettrait celle des peuples du tiers monde. De surcroît, se forcer à manger est un comportement mal adapté à la survie en période d'abondance, puisque le non-respect des signaux de faim peut conduire à l'obésité et, par voie de conséquence, à certains problèmes de santé. Il faut donc se rappeler qu'un enfant ne risquant pas d'être affamé a énormément à perdre en se forçant à finir son assiette. En outre, un enfant élevé dans une famille de la classe moyenne ou riche ne voit pas en quoi il est utile qu'il se sacrifie, c'est-à-dire qu'il mange par souci de la pauvreté d'autres enfants, et il a bien raison. Il n'est pas responsable de la pauvreté dans le monde, il n'a pas à s'infliger des souffrances pour elle.

Dans certains pays moins riches que le Canada, notamment en Thaïlande, dans les régions rurales, l'hôte se sent obligé de resservir ses invités tant qu'ils finissent leur assiette, car cela prouve qu'il n'a pas réussi à satisfaire leur faim[2]. Contrairement à ce qu'ils font au Québec, les invités doivent laisser quelques bouchées dans l'assiette s'ils veulent voir le repas se terminer et leur hôte, fier d'avoir su leur plaire. Un touriste averti en vaut deux ! Ce qui est probablement inconcevable pour les Thaïlandais des régions en question, c'est de gaspiller de la nourriture en la mangeant sans avoir faim, au lieu de la garder pour plus tard dans le garde-manger. L'arrêt de l'ingestion d'aliments étant à leurs yeux une preuve de satiété, la politesse exige qu'ils nourrissent leurs invités tant qu'ils finissent leur assiette, sinon ils déshonoreraient leur famille. Et pour éviter cela, ils sont prêts à mettre leur vie en péril.

À la différence des Québécois, les habitants de certains endroits du tiers monde n'ont pas perdu de vue la fonction première de l'aliment, qui est celle de nourrir. Ils sont demeurés en contact avec leurs signaux de faim, parce qu'ils ne vivent pas dans une société de consommation orientée vers le marketing plutôt que vers le bien-être de la collectivité. Écologiquement parlant, ils ont un comportement très adapté à leur milieu, dans lequel ils doivent travailler dur pour gagner leur croûte. Ils savent manger à leur faim, sans plus, et souffrent donc rarement d'obésité. Alors, prenons exemple sur eux, dépassons les limites de notre culture, élargissons notre vision de l'alimentation, nous ne pourrons que nous en porter mieux.

Pour apprendre à nos enfants à ne pas gaspiller la nourriture, ne leur contons pas de sornettes. Expliquons-leur les choses telles qu'elles sont et de quelle manière elles peuvent les toucher. Nous pouvons leur apprendre à ne gaspiller ni l'argent ni les aliments autrement qu'en les forçant à continuer de manger une fois qu'ils sont rassasiés. Nous pouvons les amener à réaliser qu'ils sont chanceux de pouvoir manger à leur faim sans les culpabiliser pour autant. Heureux sont les adultes qui n'ont pas été forcés par leurs parents de finir systématiquement leurs assiettes, car il est bien difficile de se départir de cet automatisme par la suite.

Voici quelle pourrait être une réaction plus saine face à un enfant n'ayant plus faim. Nous pourrions lui dire, et lui répéter à chaque fois que cette situation se présente : « Si tu n'as plus faim, ne mange plus. Mais la prochaine fois, fais plus attention : remplis un peu moins ton assiette, et si tu as encore faim quand tu l'auras finie, tu pourras toujours te resservir.

Je te promets de faire attention, moi, à ce qu'il y ait généralement assez de nourriture pour que tu puisses en avoir plus si tu le veux. Comme cela, toi et moi, nous ferons tous les deux notre possible pour éviter le gaspillage. Ainsi, nous aurons plus d'argent pour nous tous quand viendra le moment d'acheter autre chose que des aliments, comme des jouets ou des vêtements. » L'enfant sera d'accord avec ce point de vue tout à fait logique et verra dans ces explications une marque de respect envers lui, respect qu'il ne perçoit pas quand on le force à finir son assiette. Il aimera bien mieux comprendre en quoi le gaspillage le touche directement qu'obéir bêtement à un ordre donné sans tenir compte de ses sensations personnelles. Ensuite, il ne nous restera plus qu'à être cohérents avec notre discours et à nous assurer dans la mesure du possible que l'enfant pourra se resservir au besoin. Il nous faudra respecter nos engagements, sinon l'enfant se sentira trahi et nous lui aurons appris, par notre attitude, non pas à respecter sa faim, mais à ne pas dire la vérité pour obtenir ce qu'il attend d'autrui.

Vous avez été conditionnée à finir automatiquement votre assiette ? Adressez-vous ce discours que vos parents auraient dû vous tenir, et concluez cette entente avec vous-même. À la différence de vos parents, qui n'avaient pas appris à le faire, vous devez penser à vous en premier lieu. Pour briser la chaîne, il faut bien que quelqu'un en sorte un jour...

L'aliment-consolation ou l'aliment antidépresseur

Lorsque leur enfant pleure, les parents ont souvent le réflexe de lui offrir un aliment. Ce geste instinctif est provoqué par le malaise physique qui est lui-même automatiquement provoqué par les pleurs. Ce malaise est probablement utile sur le plan biologique, puisque des chercheurs ont découvert que les récepteurs stimulés dans le cerveau d'une mère au bruit des pleurs de son enfant sont précisément les récepteurs de la douleur. Toute maman a ressenti, au moins une fois, ce serrement au cœur quand, au beau milieu de la nuit, elle a tout à coup entendu les cris de son bébé. Ce sont leurs pleurs et leurs gémissements qui nous poussent à veiller à la sécurité de nos enfants, donc à assurer la survie de l'espèce.

Notre désir que cesse la souffrance de notre enfant nous incite à lui offrir ce qu'il aime, qui est souvent ce que nous aimons, nous aussi. Par conséquent, nous utilisons souvent les aliments pour le consoler, et cette consolation entraîne la disparition de notre propre malaise (nos récepteurs de la douleur cessent d'être stimulés). C'est ainsi qu'un enfant en arrive à attribuer à un aliment le pouvoir de consoler. Mais l'ingestion de l'aliment-consolation ne fait pas que calmer la souffrance, elle coupe le sifflet qui servait à exprimer la tristesse. Autrement dit, le réflexe d'offrir des aliments pour consoler a deux conséquences. En premier lieu, ce réflexe – tout comme celui d'offrir un aliment pour mettre fin à la colère – donne à l'enfant le sentiment d'être récompensé parce qu'il a pleuré, par une gâterie, la plupart du temps sucrée, ce qui peut le mener à prendre l'habitude de pleurer pour obtenir cette douceur tant désirée. Le goût du sucre ainsi que tous les symboles de douceur et de plaisir qui lui sont rattachés viennent en partie du réconfort associé aux friandises dès la plus tendre enfance. En deuxième lieu, le geste d'offrir un aliment consolateur pour calmer une émotion et non la faim revient à offrir un substitut pour répondre à une tristesse due à un besoin affectif non comblé. Il favorise donc l'apparition d'un rapport à la nourriture malsain, parce que l'enfant en tire la conclusion que les aliments sont utiles pour dompter la tristesse ou pour étouffer des émotions qu'on ne doit pas exprimer. Manger plus qu'à sa faim pour combler un vide affectif ou pour refouler des émotions est un automatisme inconscient attribuable à la répétition de ce geste, lui-même dépendant d'un conditionnement social. Ne pouvant pas combler réellement le besoin qui a été ignoré, la consommation d'aliments-consolation ne fait que distraire du besoin réel. Le besoin ou l'émotion étant toujours là, elle se poursuit jusqu'à ce que le malaise soit suffisamment grand pour inciter la personne à mettre un terme à cette consommation. Quelle que soit l'émotion générée (colère, sentiments de frustration, de solitude, de culpabilité, etc.), elle demeure inexprimée, torture les entrailles et alourdit un peu plus à chaque orgie alimentaire le fardeau des émotions refoulées. C'est alors que le poids des émotions peut se traduire par un réel surpoids. Le poids des émotions, c'est ce qu'une personne mangeant pour se consoler porte en elle tant qu'elle ne s'est pas attaquée aux causes de l'émotion négative qu'elle a refoulée. Manger pour se consoler aide à continuer d'ignorer le problème initial et distrait du conflit à la base de l'émotion négative. Une fois que c'est devenu en quelque sorte un automatisme, il est ardu d'y mettre fin, car s'analyser de façon objective n'est vraiment pas une mince affaire. Vu que c'est notre instinct de survie qui nous pousse à trouver des moyens d'alléger le plus rapidement possible les souffrances auxquelles nous ne voulons pas faire face, ce comportement est bien inconscient, et donc difficile à reconnaître. Néanmoins, dans certains cas, peut-être vaut-il mieux manger pour continuer d'ignorer cette souffrance en attendant d'être prêt à l'admettre que de sombrer dans la dépression… En réalité, quand l'acte de manger sert à oublier une souffrance, c'est souvent parce que cette souffrance est tellement grande que la personne n'est pas prête à l'affronter. Tel est le fait que je dois rappeler à nombre de mes patientes pour leur expliquer qu'elles n'ont aucune raison de se sentir coupables de manger pour oublier leur souffrance. Elles devraient au contraire être satisfaites d'avoir réussi à la surmonter en mangeant, et non pas en se droguant, en buvant ou en se suicidant carrément. Une fois qu'elles ont découvert la souffrance à l'origine de leur compulsion à manger pour se consoler, elles sont plus aptes à s'observer objectivement et à se libérer de cette compulsion, ainsi que du fardeau de leurs émotions.

S'analyser afin de découvrir ce qui nous pousse à manger dans les moments de détresse est une entreprise de longue haleine. Quand cette analyse risque de mener à des conclusions que nous ne sommes pas prêts à aborder, peut-être vaut-il mieux l'interrompre. En pareil cas, le malaise généré par la compulsion à manger est peut-être plus tolérable que le cheminement nécessaire pour affronter le vrai malaise, celui qui est à l'origine de tous les maux. En effet, telle est souvent la raison pour laquelle des personnes arrêtent la thérapie ou la démarche qu'elles ont entreprise pour se libérer de leur compulsion à manger. Cet arrêt ne constitue pas un échec, puisqu'il est alors nécessaire à la stabilité émotive de ces personnes. Par contre, si elles s'étaient engagées trop tôt sur une voie qui les aurait conduites à des conclusions leur ayant fait perdre la tête, alors là, il s'agirait vraiment d'un échec. Dans une telle situation, adopter la politique de l'autruche est donc, dans un premier temps, la seule issue logique et ne doit pas être une attitude dénigrée ou considérée comme lâche. Chaque chose en son temps.

Durant l'un de mes ateliers, une femme nous a confié qu'elle éprouvait une tristesse qu'elle ne s'expliquait pas et qu'elle ne réussissait pas à exprimer. À certains moments, tout à fait imprévisibles, quelques petites larmes se mettaient à couler, sans qu'elle sache pourquoi. Elle réussissait toujours à contenir ces larmes en pensant à des choses distrayantes. Cependant, elle se demandait pourquoi elle ne réussissait pas à exprimer sa tristesse par des pleurs. Plus tard, elle nous a appris qu'elle s'était toujours sentie rejetée par sa mère ; elle était la benjamine de la famille et une enfant non désirée par cette maman épuisée. Jusqu'à ce qu'elle ait quatre ans, personne n'avait été capable de lui faire manger un aliment solide autrement qu'en le réduisant en purée pour le lui faire avaler grâce à un biberon dont le bout de la tétine avait été coupé. Par ailleurs, cette femme avait été le seul enfant de la famille élevé par ses tantes et sa grand-mère. Par tous les moyens, cette enfant avait essayé de dire qu'elle se sentait de trop, qu'elle avait l'impression de ne pas mériter de vivre (le refus de manger du nourrisson, lorsqu'il est catégorique, est souvent considéré par les psychanalystes comme un désir de mourir, ou du moins de se faire justifier dans son désir de vivre quand celui-ci ne semble pas être accepté d'emblée par la mère). Elle avait grandi en ayant sans cesse l'impression – probablement fondée – qu'au moindre son sortant de sa bouche on lui donnait une tétine ou quelque chose à manger afin de la calmer, parce que personne n'avait jamais le temps de s'occuper d'elle. Son idée qu'elle était un fardeau se confirmait à chaque fois qu'elle recevait quelque chose à manger après avoir exprimé une émotion. À l'adolescence, elle avait exprimé le rejet et le contrôle excessif dont elle se sentait victime en rejetant sa mère à son tour, si vivement qu'elle ne voulait plus être près d'elle en public. De surcroît, elle avait honte de sa mère et peur de devenir comme elle, c'est-à-dire « obèse ». Aujourd'hui, elle est, elle aussi, obèse, bien qu'elle ait toute sa vie suivi de nombreux régimes pour éviter de l'être. Autrefois, elle avait honte de sa mère obèse, à présent elle a honte d'être obèse. Étant donné qu'on ne lui a jamais permis d'extérioriser sa tristesse lorsqu'elle était enfant, cette tristesse s'est amplifiée au fil des années, de sorte que maintenant elle ne sait même plus pourquoi elle verse de temps en temps quelques larmes. C'est comme si un petit oignon avait grandi au fond de son cœur, sa pelure s'épaississant à chaque nouvelle épreuve. Inexprimées, les souffrances à l'origine de sa tristesse sont aujourd'hui au centre d'un énorme oignon, donc inaccessibles. Cette femme se reconnaissait bien dans cette analogie, puisqu'elle-même avait auparavant affirmé que ses kilos excédentaires étaient en fait une épaisse pelure d'oignon, qui était formée de nombreuses pellicules représentant chacune un rejet et qui la protégeait, masquait sa vulnérabilité. En définitive, cette femme ne cessait de manger sa tristesse, comme sa famille lui avait appris à le faire.

Cette histoire m'a vraiment touchée, comme elle a touché toutes les autres femmes du groupe, d'ailleurs. Dans les paroles de cette femme, j'ai perçu toute la tristesse qu'elle ne s'était jamais autorisée à exprimer. À l'origine de cette tristesse se trouvait un besoin d'amour semblable à celui que ressentent tous les enfants, mais qu'aucun membre de sa famille n'avait voulu reconnaître. Au fil des années, ce besoin d'amour jamais comblé avait généré des émotions négatives, principalement de la tristesse, qui non seulement n'avaient jamais été exprimées, mais n'avaient jamais été validées par l'entourage. Cette femme avait appris dès son plus jeune âge que, en cas d'émotion négative, elle devait manger, un point c'est tout. Effectivement, manger est la façon la plus facile de se divertir de la tristesse, mais cette diversion du besoin réel ne résout absolument pas le vrai problème, donc le comportement persiste.

La prise de conscience de cette réalité a permis à cette femme de vivre, les jours suivants, un important débordement d'émotions, le relâchement tant attendu par tout son être. Une catharsis en bonne et due forme. La guérison s'amorce ainsi, car la prise de conscience du nœud du problème est la première étape.

L'aliment-punition

La honte d'être comme sa mère, ou la honte d'être grosse tout court, est une émotion fréquente chez les femmes. Il m'est arrivé souvent d'entendre des clientes confirmer ce fait en me confiant leurs pensées durant leurs pertes de contrôle relatives à l'alimentation : « Je ne suis rien qu'une grosse bonne a rien », se disent-elles en se gavant. Que la perte de contrôle soit légère ou grave, quand on en vient à croire que les aliments sont une punition, que la grosseur en soi est une punition, c'est qu'à la base on ne s'aimait pas depuis bien longtemps. Il s'agit, en réalité, d'un rejet de son propre corps. Parfois, la prise de poids qui a entraîné l'association des aliments à une punition n'est même pas assez importante pour justifier de ne pas s'aimer, de se rejeter ainsi. Autrement dit, des femmes ayant un poids santé commencent à manger plus qu'à leur faim parce que, malgré leur belle apparence, elles ne s'aiment pas et ne supportent pas d'avoir engraissé. Elles refusent de changer de corps au fil des ans ou n'ont tout simplement jamais aimé leur corps. Manger les fait alors engraisser davantage. Plus tard, elles seront convaincues que leur grosseur est le motif de leur manque total d'estime de soi et qu'elles pourraient retrouver cette estime en maigrissant. Mais, au fond, elles n'en ont jamais eu beaucoup. Par conséquent, la première chose à faire pour en arriver à cesser de se punir par les aliments est de travailler sur l'estime de soi.

L'aliment-poison et l'aliment-médicament

« Mange tes légumes, c'est bon pour la santé... Pas trop de beurre, tu vas mourir d'une crise cardiaque... Ne prends pas une banane avant de te coucher, c'est lourd à digérer... Si tu manges ça, tu vas grossir... Ne mets pas de sucre, c'est mauvais pour la santé... » Toute une industrie profite de cette méfiance générale envers les aliments. On nous vend toutes sortes de produits et de méthodes pour nettoyer notre corps des toxines contenues dans les aliments que nous ingérons. Tisanes dépuratives, cures de jeûne au raisin, produits pour nettoyer le foie... tout est bon pour profiter du manque de connaissances des gens sur leur physiologie et du fait qu'ils ont l'impression de ne plus pouvoir faire confiance aux entreprises qui produisent les aliments. Cette impression n'est d'ailleurs pas totalement injustifiée. Les sociétés alimentaires et pharmaceutiques manquent effectivement de transparence en ce qui concerne leurs procédés de production. Elles emploient de nouvelles méthodes sans nous en informer et sans nous mettre en garde contre leurs effets potentiels sur la qualité des aliments ou sur notre santé. Elles savent comment profiter des vides juridiques ou contourner les lois à leur avantage pour réduire leurs coûts de production. Et les entreprises qui jouent sur notre méfiance à l'égard des aliments en affirmant que leurs produits sont biologiques se révèlent souvent aussi peu transparentes que les autres. De toute façon, nombre d'entre elles sont des filiales des géants de l'alimentation. Elles peaufinent les emballages et les étiquettes afin de rassurer les consommateurs, qui se font encore une fois berner.

Loin de moi l'idée d'entretenir la paranoïa collective portant sur les aliments, mais il est grandement temps que le consommateur cesse de croire tout ce qu'il lit sur les emballages des produits alimentaires. L'emballage sert à inciter le consommateur à acheter le produit, point. L'intention du fabricant n'est pas de fournir gentiment au consommateur les renseignements voulus pour qu'il prenne soin de sa santé, mais de faire des bénéfices. Par conséquent, choisir un aliment n'est pas une affaire d'analyse minutieuse des étiquettes. Pourtant, selon une étude publiée par l'Institut national de la nutrition, les étiquettes demeurent la source d'information principale des consommateurs. Les médias viennent en deuxième place, avec 68 % des répondants qui affirment se servir de cette source d'information en vue d'enrichir leurs connaissances sur la nutrition. Les diététistes sont pourtant les mieux formés pour répondre aux questions relatives à la nutrition. Même un médecin ne connaît pas le quart de ce que connaît un diététiste en ce qui a trait à l'alimentation. Quant à ceux qui se prétendent des spécialistes de la nutrition parce qu'ils ont simplement lu des tas de livres écrits par d'autres prétendus spécialistes, ils ne font qu'aggraver la désinformation. On ne peut pas être un vrai spécialiste en ceci ou cela et prescrire un traitement approprié si on ne sait même pas expliquer le bien-fondé de ce traitement. Les chiropraticiens, les naturopathes et autres « -pathes » et « -peutes » se sentent de taille à conseiller les gens sur l'alimentation, mais il en existe qui font parfois beaucoup de dégâts que les diététistes s'efforcent ensuite de réparer. On sait que des soi-disant spécialistes ont causé la mort d'un de leurs clients en lui prescrivant un traitement totalement inapproprié. Des incompétents réussissent à convaincre les gens qu'ils peuvent boire leur tisane miraculeuse à volonté, sans suivre aucune posologie, sous prétexte que c'est un produit naturel. Ignorant que les plantes de ces concoctions possèdent des propriétés diurétiques ou laxatives, les clients qui abusent de ces produits risquent l'arrêt cardiaque engendré par des pertes de potassium considérables. Il est déjà arrivé que des charlatans, croyant tellement au pouvoir de guérison de leur produit, recommandent l'arrêt de la prise des médicaments prescrits par le médecin. Assez souvent, cela peut avoir de sérieuses conséquences, surtout lorsque la prise des médicaments est essentielle, comme en cas de diabète ou d'hypothyroïdie, par exemple ; causer la mort d'un enfant en conseillant à un parent d'arrêter de lui donner de l'insuline, c'est grave. Pourtant, ce n'est pas de la fiction, de telles situations sont courantes. Cette dernière décennie, on a assisté à une multiplication des amateurs s'étant improvisés spécialistes de la nutrition, et la conséquence directe de cette abondance de charlatans est que monsieur et madame Tout-le-monde ne savent plus où donner de la tête. On a peine à s'imaginer que la loi soit floue au point de permettre à des gens incompétents de causer la mort en vendant leur produit. On idéalise trop le pouvoir du gouvernement en matière de législation à l'égard des vendeurs de miracles. Reconnaissons-le, le gouvernement est un appareil bureaucratique trop gros, trop lent pour arriver à rivaliser avec les fabricants de produits amaigrissants, qui pullulent. Même à la pharmacie, de mauvais produits se trouvent à côté des bons produits sur les tablettes. Il y a aussi un vide juridique en ce qui a trait aux lois sur les aliments, et l'industrie alimentaire en profitera tant et aussi longtemps qu'il n'y aura pas de sanctions sévères. Tout n'est pas rose dans les boutiques. Il faut avoir l'esprit critique et s'informer au bon endroit si on ne veut pas se faire rouler. Croire un commerçant qui affirme qu'un produit naturel est nécessairement meilleur, ce n'est pas avoir un esprit critique, c'est faire preuve de naïveté.

Alors, sur quoi doit-on fonder ses choix alimentaires ? Sur son jugement et sur les informations fournies par des personnes professionnelles, dont les compétences sont indéniables et dont le code d'éthique place la protection du public au premier plan. Si un produit est deux fois plus cher, ce n'est pas parce qu'il est meilleur. Si l'étiquette comporte un plus grand nombre d'informations, ce n'est pas nécessairement parce que le produit est plus sain.

Manger, même des aliments considérés comme pouvant augmenter le risque de développer telle ou telle maladie, demeurera toujours plus sain que de ne rien manger du tout, puisque ne pas manger entraîne la mort. Et manger en se questionnant constamment sur ce qu'on mange empêche de profiter de la vie. En matière d'alimentation comme dans bien d'autres domaines, tout est une question d'équilibre. Certes, nous nous exposons au risque d'avoir des problèmes physiques en mangeant trop de certaines choses, mais nous nous exposons aussi au risque d'avoir des problèmes psychologiques en nous préoccupant trop de ce que nous mangeons. Par manque de confiance en notre organisme et de connaissances en physiologie, nous croyons que notre corps est fragile au point qu'il faille le nourrir qu'avec des aliments sûrs. Nous nous trompons complètement. Notre corps est constitué de façon à éliminer ce qu'il ne peut pas digérer. Il n'a nullement besoin d'être purifié des aliments qu'il absorbe, car la purification se fait de façon régulière, grâce au foie. Les substances non assimilables se retrouvent principalement dans nos selles et nos urines, sinon, nous ne pourrions pas résister aux agressions de notre environnement. Même les pires polluants sont isolés dans nos tissus graisseux pour qu'ils nous nuisent le moins possible. Le corps est bien plus fort qu'on le croit, et le protéger contre tout danger est impossible, sinon nous serions éternels. Fondamentalement, nous sommes d'une constitution qui est loin d'être fragile. Bien sûr, nous pouvons augmenter nos chances d'être en bonne santé en prenant certaines mesures, mais ce n'est certainement pas en cessant de manger. D'ailleurs, il y a dans notre alimentation tout autant de substances bénéfiques que de substances nocives. À force de craindre la maladie et la mort, nous en perdons de vue l'essentiel: manger pour le plaisir de nous nourrir, de répondre à un besoin vital. Nous tentons de nous soigner à l'aide des aliments, alors que leur rôle n'est absolument pas de guérir: les aliments ne sont pas des médicaments. Au fond, manger pour se soigner, c'est manger par peur. Le besoin à l'origine de cette attitude en est un de sécurité. Ayant constamment le sentiment que notre santé est menacée, nous mangeons pour nous soigner. Ce sentiment d'insécurité est encore une autre composante émotive qui fait obstacle à un bon rapport à la nourriture. Alors comblons le besoin réel en rassurant les individus sur leur santé et en dynamitant les mythes ainsi que les idées fausses par rapport à l'alimentation. Ainsi, nous réussirons peut-être à ouvrir la voie vers un meilleur rapport aux aliments.

L'aliment-plaisir

Parmi tous les rôles attribués à la nourriture, il ne faut surtout pas oublier le plus important, qui est celui de procurer du plaisir, et grâce auquel notre espèce a survécu jusqu'à aujourd'hui. C'est quand on analyse ce fait du point de vue écologique, ou anthropologique, que le plaisir associé aux aliments prend tout son sens. Ce plaisir indéniable provient des sensations physiques que nos papilles gustatives reçoivent et transmettent à notre cerveau, ainsi que de la sensation de bien-être ressentie quand la douleur de la faim disparaît à la suite de la consommation d'aliments. Nous mangeons pour nous nourrir, mais si manger ne nous procurait pas du plaisir, nous n'éprouverions aucune envie à l'égard des aliments et nous ne serions pas portés à trouver des moyens de nous nourrir.

À l'origine, l'homme n'ayant pas à sa disposition la multitude d'aliments que nous avons de nos jours, il ne risquait pas de faire passer le plaisir avant la faim. Il devait travailler dur pour gagner sa croûte, et le plaisir de manger était le fruit de ses efforts. Au fil des siècles, il a évolué, découvert de meilleurs moyens de se nourrir. Finalement, l'abondance en est venue à faire partie de sa vie. Avec elle, la gourmandise était née. Sans l'abondance d'aliments, la gourmandise ne peut exister. Avec cynisme et réalisme, Coluche disait dans son sketch *Les discours en disent long* : « Je voudrais rassurer les peuples du monde qui ne mangent pas assez : ici, on mange pour vous ! » Devant l'abondance et la diversité des aliments qu'il a sous les yeux, il est normal que l'enfant d'aujourd'hui ait envie de goûter à tout et d'explorer la panoplie de saveurs à sa disposition. Cette curiosité est saine quand elle favorise une alimentation variée et équilibrée. Mais lorsque les seuls aliments que l'enfant découvre ont une faible valeur nutritive, c'est là que les problèmes surgissent. La curiosité de l'enfant à l'égard des aliments et son désir de jouer sont tout à fait naturels, et l'industrie alimentaire, notamment celle du fast-food, sait en profiter. Cette industrie met de plus en plus en œuvre des techniques de marketing savantes pour fabriquer des produits ou élaborer des concepts capables d'attirer les enfants : biscuits en forme d'animaux, parcs récréatifs dans les restaurants, roulés aux fruits qui s'étirent ou se roulent, ketchup avec des pépites de couleurs, etc. Des heures et des heures de « plaisir » sont investies chaque année pour faire manger les enfants. Notre société de consommation donne ainsi à l'aliment une nouvelle fonction, celle d'amuser. Jamais nos grands-parents n'auraient osé jouer avec la nourriture, offerte avec parcimonie dans les familles, toujours nombreuses à leur époque. Cela aurait été considéré comme un sacrilège, au même titre que la gourmandise, l'un des sept péchés qu'il fallait confesser.

L'association de l'aliment à un jouet, très récente, entraîne de fâcheuses conséquences. Entre autres, elle encourage l'enfant à choisir des aliments pour leur apparence plutôt que pour leur valeur nutritive. Résultat : son besoin de jouer entre en conflit avec son besoin de manger. Il mange deux ou trois biscuits supplémentaires pour la seule raison que c'est amusant de manger des petits animaux. S'il a envie de continuer à rouler le roulé aux fruits, il prétend avoir encore faim pour que ses parents lui en donne un autre. Avec les mille et une raisons de manger que la société donne aux enfants, il n'est pas étonnant que leur poids moyen ne cesse d'augmenter. Nombreux sont les enfants qui font les difficiles parce qu'ils ont été exposés trop tôt à des aliments-jouets. Nombreux sont les parents victimes de leurs enfants qui les menacent de ne pas manger s'il n'y a pas du fast-food au menu…

On ne peut mettre un enfant totalement à l'abri de l'influence qu'exerce sur lui la société de consommation. On ne peut pas lui cacher la présence de toutes les gâteries ayant une valeur récréative plutôt que nutritive. Par conséquent, on doit lui apprendre à faire la part des choses. Mais pour ce faire, il faut attendre qu'il soit en âge de comprendre les choses. Il est donc préférable de ne pas l'exposer trop tôt à tous ces aliments récréatifs mis sur le marché pour l'inciter à manger. D'ailleurs, le plus tard sera le mieux ; il découvrira bien assez vite leur existence. La seule chose à espérer, c'est qu'il les découvrira après avoir pris goût aux aliments sains et être demeuré suffisamment longtemps à l'écoute de ses signaux de faim et de satiété.

Autre conséquence de la société de consommation, où l'industrie alimentaire ne cesse de sortir de nouveaux produits aussi alléchants les uns que les autres, les enfants, comme les adultes, sont facilement tentés de consommer un aliment juste parce qu'il est nouveau, et ce, même s'ils sont déjà rassasiés. Voilà pourquoi le dessert est souvent de trop dans l'estomac. Dans notre culture occidentale, le dessert est presque toujours sucré et est surtout apprécié parce qu'il est plus beau et plus bon que le plat principal. Si ce n'était pas le cas, nous respecterions notre faim beaucoup plus facilement, nous ne nous laisserions pas si souvent tenter par le dessert. Lorsque nous refusons de prendre du dessert à la fin d'un repas copieux, on nous dit fréquemment : « Ça se mange sans faim. » Cette expression est utilisée pour évoquer l'idée d'un mets vraiment appétissant. Or, l'adjectif « appétissant » qualifie une chose qui éveille l'appétit. Il s'agit donc d'une chose qui renouvelle le désir de manger. Mais cela ne signifie pas pour autant que le besoin physique, lui, existe encore.

Les enfants doivent apprendre à vivre avec cette réalité. Oui, ils sont convaincus d'avoir encore faim quand nous leur présentons différents desserts ou diverses collations amusantes. Ils veulent en manger, et c'est normal. Notre rôle est alors de leur faire comprendre la différence entre le besoin de manger et le désir de manger. Ils doivent réussir à percevoir et à dire qu'ils n'ont pas faim, mais que l'aliment est si beau qu'ils ont malgré tout envie d'y goûter. Vu qu'ils n'ont déjà plus faim, une fois que nous les aurons laissé y goûter, ils devront s'arrêter, et non s'empiffrer. Quant à nous, nous ne devrons surtout pas les conduire à se sentir coupables d'avoir gaspillé la quasi-totalité du merveilleux dessert ou du breuvage plein de bulles fluo que nous leur avons offert, mais pour lequel ils n'avaient pas faim! Si, en tant qu'adultes, nous avons donné à un enfant déjà rassasié envie de goûter à un autre aliment, en lui présentant après un repas soit un dessert, soit une collation amusante, montrons-lui au moins que nous sommes fiers qu'il ait été capable de s'arrêter!

À l'âge adulte, le plaisir de manger associé aux relations sociales est probablement un reste de l'association de l'aliment à l'amusement durant l'enfance. Cette association est d'ailleurs encouragée par notre culture alimentaire nord-américaine. Pour conserver un bon rapport à la nourriture, nous devons effectivement éviter de nous sentir coupables à chaque fois que nous associons l'aliment au plaisir d'être en bonne compagnie. Si nous ne nous autorisions pas à vivre ce plaisir d'une façon saine, chaque célébration deviendrait vite un calvaire. Ce n'est pas parce que nous avons du plaisir à manger lors d'un événement social que nous mangeons nos émotions ou que nous avons un problème. Dans toutes les cultures, les « rites », les fêtes et autres événements sociaux visant à célébrer quelque chose d'important représentent de belles occasions de faire bombance. Il serait plutôt anormal de s'en priver, surtout quand la fête est plaisante en soi. Par contre, il y a dans notre société des rites un peu absurdes, comme celui consistant à organiser un buffet ou un bon repas juste après un enterrement. Manger le cœur gros, et cacher sa peine parce qu'on n'est pas seul, quelle souffrance! Pour ma part, non seulement je n'ai jamais été capable de manger avec plaisir après un enterrement, mais manger avec peine, dans tous les sens du terme, m'a valu d'importants dérangements gastriques le reste de la journée. Je crois qu'il faut sortir sa souffrance pour faire de la place au retour normal des aliments. Plusieurs personnes m'ont dit qu'elles avaient commencé à manger leurs émotions après la mort d'un être cher. Mais comment peut-on vivre sereinement un deuil et ne pas remplacer sa peine par la nourriture quand le premier acte qui est exigé de nous après un enterrement est de manger? Pour moi, penser aux endeuillés est la moindre des choses quand on planifie les événements entourant un enterrement. À ce sujet, mes volontés sont claires : enterrez-moi après le repas, pas avant! Ainsi, mes proches pourront se retrouver seuls à vivre leur deuil à leur façon après m'avoir fait leurs adieux. (Quelle déformation professionnelle, j'aurai pensé à favoriser l'adoption d'un sain rapport à la nourriture chez les autres même après ma mort !) Heureusement pour eux, je compte bien être centenaire...

Grandir dans un milieu où la plupart des événements sociaux incitent à manger est donc un obstacle majeur à l'apprentissage du respect de la satiété. Alors apprenons à apprécier le plaisir de manger en agréable compagnie sans abuser des nombreux aliments qui sont des symboles de célébration.

Bien sûr, il n'est pas nécessaire d'être invité à un événement spécial pour éprouver du plaisir à manger. Un simple repas en famille devrait, en principe, être plaisant. Pour un enfant, le repas familial représente sa première expérience réelle de socialisation. Le partage des aliments (et des paroles, si le contexte est propice à la communication), la naissance du sentiment d'appartenance et l'impression de faire partie de la famille sont des expériences qui influent sur la manière dont l'enfant perçoit son milieu, sa « société » à lui. En lui offrant une ambiance la plus douce possible et en favorisant la communication, on démontre à l'enfant que la société est un endroit où il fait bon vivre, où il a sa place et où manger est une activité agréable. Par contre, si le repas familial est une succession de réprimandes, de querelles de couple et de séances de bouderie, le stress vécu par l'enfant l'empêche de profiter du moment et l'expérience, censée en être une de socialisation, en est plutôt une de désocialisation. On ne peut imaginer pire climat que celui d'un champ de bataille. Hélas, c'est fréquemment dans semblable climat que se déroulent les repas familiaux. Parfois, le fait que l'enfant ne mange pas atténue les tensions au sein du couple ou met fin à la dispute conjugale, car, pendant que les parents s'acharnent sur leur enfant, ils ne s'engueulent pas.

Et l'enfant qui ne veut pas que ses parents se disputent comprend cela bien vite. Alors il ne faut pas s'étonner qu'il n'ait pas d'appétit au moment des repas ou qu'il devienne turbulent à table. L'appétit des enfants est tout aussi perturbé par le stress que celui des adultes.

En revanche, lorsque le climat est agréable, le plaisir de manger s'accroît et la socialisation s'effectue. L'enfant perçoit l'acte de manger comme plaisant, l'associe à une activité qui lui permet de s'épanouir et de prendre sa place au sein de la cellule familiale, à une activité durant laquelle il est écouté et respecté en tant qu'individu à part entière, et non dompté comme un animal domestique. Un enfant ne peut pas savoir comment prendre sa place dans la société si on ne lui a pas laissé la chance de prendre sa place dans la famille. Nombre de comportements alimentaires et sociaux sont appris à la table familiale. On apprend à accepter ou à refuser systématiquement une deuxième portion sans se demander si on a faim ou non, selon ce que nos parents considéraient comme poli ou non. On apprend à manger vite afin de sortir de table le plus vite possible, parce que les parents se disputent et qu'on aime bien mieux jouer que les écouter. On apprend à jouer avec la nourriture pour attirer l'attention des autres, dès l'instant où on a compris qu'on pouvait ainsi empêcher les autres de se chicaner. On apprend à se taire à table, parce qu'il ne faut pas parler la bouche pleine. On apprend à prendre part aux discussions, si nos parents nous écoutent raconter notre journée et se montrent intéressés par nos propos d'enfants. Bref, on a tendance à sous-estimer l'importance de l'ambiance des repas de famille, mais c'est bel et bien à la table familiale qu'on apprend ou non à s'affirmer en société. Si l'ambiance est plaisante durant notre repas, on apprend à apprécier le plaisir de manger. Les deux concepts, « plaisir » et « manger », s'associent alors tout naturellement.

Pour apprécier le plaisir de manger, pas besoin d'avoir eu une mère qui frisait les carottes et faisait des porcs-épics avec les fruits, ou des crêpes ayant la forme de chacune des lettres de votre prénom. Le principal élément du repas qui apporte le plaisir de manger est la communication.

UNE QUESTION D'ÉQUILIBRE

Tous ces différents aspects de l'acte alimentaire forment l'individu et font de son rapport à la nourriture une caractéristique complexe, qui lui est propre. L'alimentation n'a donc pas pour seule fonction de nourrir, et il serait dommage de réduire une si belle chose à sa plus simple expression, de la dénuder de toute la symbolique qui alimente la personnalité de chacun. Dans l'éducation alimentaire, il ne faut pas aspirer à éliminer complètement la composante affective de l'alimentation. Il faut plutôt viser l'équilibre entre les divers rôles que peut jouer l'alimentation dans sa vie et mieux saisir les nombreux sens cachés des aliments.

Écouter sa faim et sa satiété est tout ce qu'il y a de plus naturel. Ce sont les interventions de l'entourage qui viennent inhiber les mécanismes de régulation innés. Lorsqu'on réalise l'énorme potentiel d'autorégulation qu'on a dès la naissance, on réalise à quel point il est important de faire confiance à la nature. Au lieu de la contrarier, il faut aller dans son sens, car elle est propre à guider l'apport alimentaire d'une personne tout au long de sa vie.

Chapitre 8
RETROUVER UN MODE DE VIE SAIN

Il n'y a point de recette pour embellir la nature. Il ne s'agit que de voir.

AUGUSTE RODIN

S i l'on en croit les propos de nombreux prétendus spécialistes de l'alimentation, le corps humain n'est pas très résistant. Si vous prenez les fruits avec votre repas, vous risquez d'avoir des problèmes de digestion. Si vous mélangez les produits céréaliers et les viandes, vous vous exposez à une intolérance à l'insuline. Si vous mangez du pain avec des pâtes, vous allez grossir. Si vous buvez beaucoup d'eau, vous allez maigrir. Si vous consommez du homard avec du lait, vous pouvez en mourir! Comment se fait-il que l'homme des cavernes, qui n'avait pas de telles connaissances, ait pu évoluer jusqu'à ce jour, et que tout à coup, au cours de la dernière décennie, son corps soit devenu fragile au point que son bien-être dépende de ce genre de détails absurdes?

L'ASSIETTE SANTÉ

Loin d'être un outil compliqué, un guide alimentaire doit avant tout être compris avec les yeux, pas avec la tête. Vous êtes-vous déjà demandé pourquoi le *Guide alimentaire canadien* a choisi pour symbole l'arc-en-ciel, ou pourquoi les Américains utilisent la pyramide pour le leur? Ce n'est pas pour des raisons esthétiques, mais bien pour représenter une notion cruciale de l'alimentation saine.

En effet, l'arc-en-ciel et la pyramide s'avèrent tout à fait appropriés pour illustrer la proportion que nous devrions accorder à chaque groupe alimentaire dans notre alimentation. Dans le *Guide alimentaire canadien*, le fait que les groupes « légumes et fruits » et « produits céréaliers », respectivement illustrés en vert et en jaune, occupent une place plus importante sur la figure que les groupes « produits laitiers » et « viandes et substituts » indique que ces aliments devraient être consommés en plus grande quantité. Mais les gens saisissent rarement ce message, qui constitue l'essence même du *Guide alimentaire canadien*. En général, ils retiennent qu'il existe quatre groupes d'aliments, mais ils ne s'attardent pas à la part relative que doit représenter chaque groupe dans l'alimentation, car ils ne comprennent pas le but d'une telle présentation visuelle. Il y a pourtant de bonnes raisons de présenter les choses ainsi, d'un point de vue pratique comme d'un point de vue physiologique.

J'ai entendu dire que si on mangeait du homard avec du lait, on pouvait en mourir.

Amélie,
13 ans

Le corps humain satisfait ses besoins nutritionnels à partir de quatre types de nutriments : les glucides, les protéines, les gras, les vitamines et minéraux, répartis dans les quatre groupes alimentaires. Mais ceux-ci ne sont pas nécessairement interchangeables. Cela signifie qu'on ne peut remplacer un groupe alimentaire par un autre sans s'exposer à de graves carences en certaines vitamines, en minéraux ou autres éléments particuliers, ainsi qu'à une baisse d'énergie. C'est pourquoi tous les groupes du *Guide alimentaire* sont importants, précisément parce qu'ils comportent des proportions différentes des quatre nutriments de base. Le tableau 6 résume les principales caractéristiques des nutriments essentiels et ce que ces nutriments fournissent à l'organisme.

TABLEAU 6

Les principales caractéristiques des 4 types de nutriments

Nutri-ments	Calories fournies par gramme	Proportion du total de calories nécessaire pour satisfaire les besoins en énergie	Fonction dans l'organisme	Groupes d'aliments fournissant ces nutriments
Glucides	4	50-55 %	Fournir de l'énergie à court terme, carburant principal du cerveau et des muscles	Pains et produits céréaliers surtout, fruits et légumes, féculents (pomme de terre et maïs)
Protéines	4	15-20 %	Matériau de construction des organes	Les viandes et leurs substituts ainsi que les produits laitiers en sont les plus riches
Gras	9	30 %	Réserve d'énergie à long terme	Présent dans les aliments des groupes « produits laitiers » et « viandes et substituts », mais beaucoup plus abondant dans les aliments communément appelés « autres aliments »
Vitamines et minéraux	0	Traces	Fonctions vitales multiples	Les aliments de tous les groupes fournissent des vitamines et minéraux, mais ceux du groupe des fruits et légumes sont ceux qui en contiennent la plus grande variété

Chaque groupe alimentaire a sa fonction propre et apporte des nutriments spécifiques. Le groupe des produits céréaliers constitue principalement une source de glucides, c'est-à-dire de sucres, aussi appelés « hydrates de carbone ». Les fruits et légumes sont surtout recommandés en raison de leur teneur élevée en vitamines et en minéraux. Les produits laitiers ainsi que les viandes et leurs substituts fournissent surtout des protéines et des gras. Le tableau 7 montre clairement à quel point les quatre groupes alimentaires sont complémentaires, et donc non interchangeables. La seule façon simple de procurer à l'organisme tous les nutriments essentiels mentionnés dans la première colonne consiste à cumuler les nutriments des quatre groupes. En effet, se limiter à trois groupes sur quatre compromet déjà grandement la satisfaction des besoins.

TABLEAU 7

Les nutriments clés dans le
Guide alimentaire canadien pour manger sainement[1]

Guide alimentaire	Légumes et fruits	Produits céréaliers	Produits laitiers	Viandes et substituts
protéines	✓	protéines	protéines	protéines
matières grasses	✓	✓	matières grasses	matières grasses
glucides	glucides	glucides	✓	✓
fibres	fibres	fibres	✓	✓
thiamine	thiamine	thiamine	✓	thiamine
riboflavine	✓	riboflavine	riboflavine	riboflavine
niacine	✓	niacine	✓	niacine
folacine	folacine	folacine	✓	folacine
vitamine B12	✓	✓	vitamine B12	vitamine B12
vitamine C	vitamine C	✓	✓	✓
vitamine A	vitamine A	✓	vitamine A	✓
vitamine D	✓	✓	vitamine D	✓
calcium	✓	✓	calcium	✓
fer	fer	fer	✓	fer
zinc	✓	zinc	zinc	zinc
magnésium	magnésium	magnésium	magnésium	magnésium

La majorité des gens s'étonnent que les produits céréaliers soient recommandés en aussi grande quantité, puisqu'on a tendance à les considérer comme des aliments « engraissants ». Or, tel qu'on l'a précisé au chapitre 3, il s'agit là d'un des mythes les plus puissants en matière d'alimentation. Car les pains et les produits céréaliers constituent la source d'énergie principale pour notre corps, surtout notre cerveau et nos muscles. Ainsi, il est évident que de réduire le carburant principal de notre corps aurait pour effet d'empêcher ce dernier de maintenir son poids. La perte de poids associée à une restriction en sources d'hydrates de carbone, c'est-à-dire les pains et produits céréaliers, ne peut être durable, tout simplement parce qu'il est impossible pour le corps humain de survivre longtemps sans son carburant principal en quantité suffisante. Tôt ou tard, le corps enverra des signaux de faim intense afin de susciter la consommation des aliments lui procurant ce carburant. Le corps résiste à une telle privation, par instinct de survie : il est impossible d'y échapper. Par conséquent, quelle que soit la méthode d'amaigrissement fondée sur le principe de restriction des glucides qu'on utilise, la reprise des kilos perdus est presque inévitable. C'est parce que la perte de poids provient de la restriction des pains et produits céréaliers que nous en sommes venus à croire que ceux-ci font grossir. En fait, lorsque nous nous en passons, nous maigrissons, mais de façon artificielle et incompatible avec la santé, et lorsque nous revenons à notre apport initial de glucides, nous retrouvons notre poids d'origine. Ainsi, se passer de produits céréaliers peut faire perdre du poids temporairement, mais en consommer normalement ne fait pas prendre de poids pour autant. Autrement dit, cesser de s'en priver en renonçant à certains types de régimes ne fait que nous ramener au poids habituel que nous avons peine à accepter, mais qui est le nôtre.

Pour éviter d'hypothéquer sa masse musculaire, qui est à la base de la capacité motrice et représente un facteur clé dans le maintien d'une bonne santé, il faut absolument fournir à son corps le carburant qu'il requiert, c'est-à-dire des aliments sources de glucides, tels les pains et produits céréaliers, les autres féculents et les fruits. Étant donné la quantité de glucides nécessaire, sans ces aliments, il serait difficile de fournir suffisamment d'énergie à notre corps. Selon les *Recommandations sur la nutrition pour les Canadiens*, « le régime alimentaire des Canadiens devrait leur fournir 55 % de la quantité totale d'énergie sous forme de glucides provenant de diverses sources ». On a constaté que l'incidence des maladies cardiovasculaires et de certains types de cancer était moins élevée chez les personnes dont le régime alimentaire était riche en glucides complexes et en fibres[2]. Or, en 1995, l'apport en glucides des Québécois était inférieur aux 55 % recommandés, avec une consommation moyenne allant de 46 à 51 % des calories totales. Les Québécois se rattrapent en consommant des gras, avec un apport de 32 à 35 % des calories totales, au lieu de 30 % ou moins.

L'objectif des recommandations préconisant d'accroître la proportion de l'apport énergétique quotidien fourni par les glucides ne vise pas à augmenter l'apport énergétique total, mais à remplacer les matières grasses par les glucides comme source d'énergie. En effet, lorsqu'une personne réduit sa consommation de matières grasses, elle réduit aussi de façon importante la quantité d'énergie qu'elle reçoit de son alimentation, puisque les matières grasses fournissent deux fois plus d'énergie que les protéines ou les glucides. Comme l'apport en matières grasses est réduit, il faut le compenser par une augmentation de l'apport en glucides[3].

Le *Guide alimentaire canadien* indique cette répartition de façon simple, sans avoir à se casser la tête à compter les calories ou les grammes de gras et de sucre. Lorsqu'on suit un régime amaigrissant qui recommande de prendre seulement trois portions de produits céréaliers par jour et pas plus d'un fruit, on n'atteint même pas la moitié des 55 % de calories requises sous forme de glucides. Et j'ai connu des personnes qui n'en consommaient même pas une portion par jour ! Pas étonnant qu'une perte de poids s'ensuive… et qu'une « dent sucrée » apparaisse. On a pu vérifier cela au moyen d'une étude scientifique évaluant la préférence qu'ont les enfants pour les aliments sucrés. On a constaté que les enfants qui consommaient moins d'aliments sucrés en raison d'une restriction imposée par leurs parents avaient une préférence plus marquée pour ce type d'aliments[4]. D'ailleurs, il est bien naturel d'acquérir un intérêt démesuré pour quelque chose dont on manque continuellement et qui est essentiel à la survie. Encore une fois, le corps résiste et, heureusement, c'est lui qui gagne la partie ; sinon, on mourrait. Tout cela explique pourquoi les femmes qui réussissent à ne consommer qu'un seul produit céréalier par jour se retrouvent tout de même, tôt ou tard, découragées et désabusées, ne sachant plus quoi faire pour maigrir. Autrement dit, à trop vouloir se priver de sources saines de glucides, on en vient à désirer des aliments sucrés, et souvent les plus sucrés et les moins nutritifs, qui ont meilleur goût ! Et n'oublions pas que l'on apprend ainsi à notre corps à conserver ses réserves de gras.

En fait, suivre le *Guide alimentaire canadien*, qu'est-ce que cela veut dire ? Il existe une règle très simple, qui convient à la majorité des gens, pour combler ses besoins dans les bonnes proportions de glucides, de protéines et de gras. Cette règle permet d'atteindre ce qu'on appelle « l'équilibre alimentaire ». Il suffit de prendre au moins trois repas « complets » par jour, en d'autres termes, de consommer à chacun de ses trois repas au moins un aliment du groupe des produits céréaliers, un aliment du groupe des fruits et légumes, et au moins un des aliments des deux autres groupes, c'est-à-dire celui des produits laitiers et celui des viandes et substituts. Avec trois repas ainsi constitués, les besoins minimaux en glucides, protéines et gras sont généralement comblés. On les complète par des collations visant à satisfaire sa faim entre les repas. À l'équilibre, il ne reste donc qu'à ajouter la variété, autrement dit, à ne pas choisir toujours les mêmes aliments dans chacun des groupes. Cela permet de se procurer toutes les vitamines et tous les minéraux essentiels, en rendant son alimentation bien plus agréable.

Cette première règle simple s'applique à tous et à tous les âges. Bien sûr, la première question qui vient à l'esprit est la suivante : « Quelles sont les quantités recommandées ? » J'y répondrai ainsi : « Ça dépend. » L'indice le plus important, pour connaître la portion qui vous convient à un moment donné, est le degré de votre faim. Il s'agit de consommer un repas équilibré, qui vous procurera une agréable sensation de satiété une fois terminé, et non celle d'être « bourrée ». Nulle autre que vous ne peut savoir quelle quantité d'un aliment saura vous satisfaire. C'est votre corps qui vous dira si vous lui donnez suffisamment de ce dont il a besoin pour qu'il vous envoie des signaux fiables. Une chose est certaine, bien peu d'adultes peuvent combler leurs besoins en mangeant moins de deux portions de produits céréaliers par repas, car le minimum, pour un enfant de quatre ans, est d'environ cinq portions par jour, ce qui correspond en fait aux normes du *Guide alimentaire*. Pour visualiser plus facilement ce qu'il faut mettre dans son assiette trois fois par jour pour combler ses besoins minimaux, je conseille souvent d'utiliser sa main (voir figure 4 page suivante). Ce moyen comporte l'avantage de contrer le réflexe qu'ont les personnes préoccupées par leur poids de mesurer des tasses et des grammes, ou de compter des calories. Fermez votre poing. On a toujours son poing sur soi ! Le poing d'une personne costaude est plus gros que celui d'une personne fluette, et sera donc à l'image de ses besoins. Il s'agit d'un guide personnalisé. En outre, quand une personne regarde son poing pour se guider dans la composition de son repas, elle se tourne vers une partie de son corps, ce qui constitue un bon début. Ce n'est pas encore son estomac, mais au moins ce n'est pas une quantité fixe de calories à calculer, complètement étrangère à son corps, sans tenir compte de sa nature ni de sa faim au moment où on prépare le repas.

FIGURE 4

Une assiette santé à portée de la main

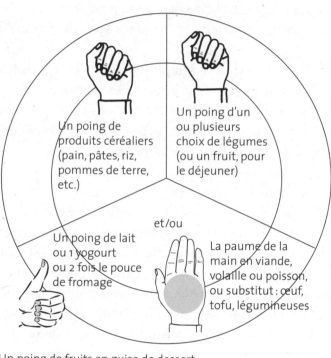

Un poing de produits céréaliers (pain, pâtes, riz, pommes de terre, etc.)

Un poing d'un ou plusieurs choix de légumes (ou un fruit, pour le déjeuner)

et/ou

Un poing de lait ou 1 yogourt ou 2 fois le pouce de fromage

La paume de la main en viande, volaille ou poisson, ou substitut : œuf, tofu, légumineuses

Un poing de fruits en guise de dessert, ou, encore mieux, à la collation du matin et de l'après-midi

Regardez votre poing fermé. Si, à chaque repas, vous mettez dans votre assiette une quantité de produits céréaliers ou de féculents équivalente au volume de votre poing fermé, vous ne vous exposez pas à une carence en glucides ; vous en consommez probablement assez. À condition d'y ajouter ce qui suit : un autre poing fermé sous la forme de fruits, au repas ou encore à la collation ; un poing de légumes au dîner et au souper pour accompagner les féculents et une paume de viande. La viande peut être remplacée par des substituts ou par au moins une autre source de protéines, comme un produit laitier; l'important, c'est que l'assiette contienne une source de protéines, même s'il ne s'agit pas d'une énorme quantité. Vous utilisez votre poing pour les féculents et les légumes, votre paume pour la viande et vous avez l'impression que cela est trop peu? C'est peut-être parce que votre niveau d'activité est élevé: vous vous dépensez beaucoup physiquement. Quoi qu'il en soit, laissez-vous guider par votre faim. Optez pour un poing et quart ou un poing et demi, ou encore une paume et quart pour la viande, mais assurez-vous que cela soit vraiment par faim, non par habitude, ou tentez de prendre régulièrement de solides collations, composées, par exemple, d'un fruit et d'un produit laitier, pendant au moins deux semaines avant de conclure que cette assiette santé consommée au repas ne vous satisfait pas.

Votre appétit est insuffisant pour de telles quantités? C'est bien possible, car vos besoins varient d'une journée à l'autre, et chacun a son métabolisme propre. Qu'à cela ne tienne: là encore, c'est vous qui décidez. Mangez des aliments de tous les groupes, mais, de grâce, arrêtez de manger quand «ça ne rentre plus». Vous pourrez toujours prendre une collation quelques heures plus tard. Qui a dit qu'il ne fallait manger que trois fois par jour? Il n'est nullement malsain de prendre six petits repas, ou trois repas moins copieux auxquels s'ajoutent trois collations.

Être attentif aux sensations de faim et de satiété est donc la deuxième règle à suivre pour adopter un rapport à la nourriture plus sain. Bien que nous soyons probablement tous d'accord sur le bien-fondé de cette règle, il nous faut également reconnaître à quel point elle est plus facile à énoncer qu'à mettre en pratique, comme nous l'avons vu dans les chapitres précédents. Peut-être que le chapitre suivant vous éclairera davantage encore sur les saines attitudes à adopter. En tout cas, mieux répartir votre consommation en observant la règle de l'équilibre alimentaire constituera déjà un pas énorme dans la bonne direction. Cela vous permettra non seulement d'améliorer votre rapport à la nourriture, mais aussi de vous mettre, autant que possible, à l'abri des troubles alimentaires ou de soigner ceux dont vous souffrez. Dès maintenant, vous pouvez évaluer l'équilibre de votre alimentation en répondant aux cinq questions suivantes:

1. Est-ce que je prends trois repas complets par jour, c'est-à-dire contenant *au moins* un aliment du groupe des produits céréaliers *et* un aliment du groupe des fruits et légumes, ainsi qu'*au moins* un aliment du groupe des produits laitiers ou de celui des viandes et leurs substituts?

2. Est-ce que je consomme les minimums recommandés par le *Guide alimentaire canadien*, particulièrement en ce qui a trait au groupe des pains et produits céréaliers? (La figure 4 montre à quel point il est essentiel que les différents apports pour chaque groupe alimentaire soient bien répartis et non regroupés au même repas.)

3. Est-ce que je choisis des aliments parmi les quatre groupes alimentaires, et est-ce que je fais varier mes choix d'aliments au sein de chacun des groupes?

4. Après les repas, est-ce que je me sens confortablement rassasiée, « bourrée » ou encore un peu affamée?

5. Ai-je réparti mon apport alimentaire en trois repas moins importants qu'avant en ajoutant trois collations nutritives?

LES « AUTRES » ALIMENTS

Vous avez peut-être l'impression qu'une vie à suivre le *Guide alimentaire canadien* en est une bien trop « rangée » pour vous, et qu'il vous serait très difficile de vous passer de tous les aliments qui n'y figurent pas. Vous avez parfaitement raison! C'est pourquoi la catégorie des « autres aliments » existe, à consommer toutefois avec modération. Cependant, le concept de modération étant plutôt subjectif, il importe de préciser davantage l'usage adéquat de ce groupe d'aliments. Au fond, les aliments qui procurent du plaisir mais ont peu de valeur nutritive ne devraient pas être consommés de façon à remplacer les aliments de l'un des quatre groupes du *Guide alimentaire*. Il faut les considérer comme s'ils faisaient partie d'un groupe venant ajouter à l'arc-en-ciel, un arc supplémentaire, en dessous de celui des viandes et substituts. Une prise quotidienne d'aliments moins nutritifs est donc acceptable, mais pas au détriment des besoins nutritionnels. Étant donné que plusieurs des « autres aliments » ne sont pas aussi nutritifs ou comportent plus de gras, de sel ou de sucres concentrés, il est important de ne pas les utiliser couramment à la place des aliments à valeur nutritive plus grande. Par exemple, si vous mangez chaque jour trois barres de chocolat et que vous ne pouvez vous en passer, demandez-vous sérieusement si cette rage ne proviendrait pas du manque d'un autre groupe important, comme celui des produits céréaliers ou celui des fruits. Les personnes à la « dent sucrée » ou à la « dent salée » compensent parfois un manque de glucides dû à une consommation insuffisante de produits céréaliers, ou de fruits et légumes, aliments dont nous avons le plus besoin. Et petit à petit, leur corps laisse plus de place aux autres aliments, car il manque trop de calories et de fibres. Par contre, si vous évitez toute gâterie parce que vous avez l'impression de ne pouvoir vous contrôler, vous agissez exactement de façon à confirmer cette impression. Plus grand sera votre sentiment de culpabilité devant la consommation de ce type d'aliments, plus vous courrez le risque de leur accorder une valeur exceptionnelle, ce qui vous conduira à les consommer avidement le jour où la tentation se présentera. Car il ne faut jamais dire : « Fontaine, je ne boirai pas de ton eau. » Tôt ou tard, vous vous trouverez face aux aliments que vous fuyez. Alors mieux vaut les affronter graduellement dans votre quotidien et apprendre à les apprivoiser pour bâtir petit à petit votre confiance en vous face à ces gâteries. C'est en mangeant qu'on apprend à manger. Tout est dans la façon de percevoir ces aliments, car ils ne sont pas des poisons, mais bien des occasions de stimuler ses papilles gustatives agréablement quand on a faim. Pourriez-vous imaginer vivre sans aucun corps gras ? Plus de margarine ou d'huile pour vos rôties ou pour la cuisson, plus de vinaigrette ou de mayonnaise ? Cela vous empêcherait de manger régulièrement du pain, des viandes, de la salade, ainsi qu'une foule d'aliments essentiels pour la santé, sans compter que vous vous exposeriez à une carence en acides gras, qui sont également essentiels. C'est pour cela que le *Guide alimentaire* recommande une petite quantité de gras insaturés tous les jours. À présent, imaginez ce qui se passerait si vous vous interdisiez de manger des condiments, sous prétexte qu'il y a du sel dedans ? Des gâteaux ? Adieu, repas d'anniversaire ! Du vin ou de la bière ? Des hamburgers sans relish ni moutarde ? Difficile à expliquer aux hôtes de votre barbecue... Certes, il est possible de se passer de tout cela pendant un certain temps, mais jamais très longtemps. Et si l'on se prive trop, l'envie revient de plus belle. Alors, pourquoi tant de mes clientes se sentent-elles si coupables d'avoir mangé une pâtisserie ou des frites et si soulagées quand je leur dis que cela m'arrive également ? Parce que la campagne visant à faire peur qui perdure dans le discours populaire relatif aux sucres et au gras donne l'impression que, si on en mange, on tombera malade ou on prendra du poids. Si c'était vrai, personne n'aurait un poids moyen, puisque tout le monde consomme des sucres et des gras. La seule différence entre une personne mince et une personne obèse qui mangent une part de gâteau, c'est qu'il y a plus de risques que la seconde s'en sente coupable. Il y a donc fort à parier que la consommation d'aliments plus riches engendrera chez la personne obèse toute une série d'émotions négatives, qui ne feront que l'encourager à manger davantage.

Ce qui compte vraiment, c'est donc de manger les « autres aliments » sans se sentir coupable. Une bonne façon de les intégrer intelligemment à son menu est de se promettre qu'ils seront consommés dans les limites de la faim et ne prendront pas la place d'un aliment des quatre autres groupes alimentaires. Car il vaut bien mieux manger un bol de chips quand on a faim que de manger huit pommes quand on n'a pas faim.

FAVORISER LES CONTRÔLES INTERNES PLUTÔT QU'EXTERNES

Si le *Guide alimentaire canadien* prévoit des portions différentes pour différents groupes d'âge, c'est parce que nous avons des besoins différents aux différentes étapes de notre vie. Plus notre corps connaît de transformations, comme durant la croissance ou la grossesse, plus il a besoin d'énergie. De plus, chaque personne a un niveau d'activité qui lui est propre. Plus on est actif, plus on a des besoins élevés. Le *Guide* précise donc que les personnes ayant un niveau d'activité plus élevé que la moyenne peuvent avoir besoin de plus de portions. Ainsi, à titre d'exemple, la majorité des enfants ont besoin d'à peu près cinq portions de produits céréaliers par jour pour combler leurs besoins en énergie, tandis qu'un athlète en entraînement intensif peut dépasser les recommandations du *Guide alimentaire* en consommant plus de dix portions de produits céréaliers pour satisfaire ses besoins. Il est probable que vos besoins d'adulte ayant une routine ordinaire métro-boulot-dodo se situent quelque part entre ces deux extrêmes. Pourtant, bien des femmes au régime ont une alimentation qui ne comblerait même pas les besoins minimaux d'un enfant de quatre ans ! Elles habituent leur corps à vivre en pénurie de carburant et connaissent bien les rages d'aliments sucrés qui surviennent tard dans la journée ou durant la fin de semaine. Leur erreur n'est pas d'avoir succombé à la tentation, mais de n'avoir pas satisfait leur corps au moment où il criait famine. Bref, si vous évitez ou limitez grandement votre consommation de pains, de produits céréaliers et de fruits – parce que vous savez qu'ils contiennent des sucres et que vous croyez que ceux-ci font grossir ou sont nocifs –, le manque de carburant sous forme de glucides créera chez vous des rages alimentaires presque impossibles à contrôler. Alors, de grâce, épargnez-vous les montagnes russes du cycle privation-compulsion en vous donnant le droit de combler votre faim !

Malgré tous ses aspects positifs, le *Guide alimentaire canadien* peut devenir une arme qui se retournera contre vous. Comme toute autre source de renseignements ou de recommandations sur la nutrition, il peut être un contrôle externe puissant, auquel la plupart des personnes au régime veulent se soumettre à tout prix. De nombreuses femmes suivant à la lettre le *Guide alimentaire* se fourvoient en croyant ne pas être au régime. Pourtant, ce guide peut fournir les règles d'un régime faisant autant de ravages que les autres régimes, quand on l'utilise dans l'optique de « contrôler » religieusement ses portions. Ainsi, plusieurs régimes populaires qui prétendent s'appuyer sur le *Guide alimentaire* semblent a priori « équilibrés ». Toutefois, ces régimes amaigrissants n'en sont pas moins fondés sur des restrictions touchant le nombre de portions et, pour la plupart, le nombre de calories, particulièrement celles qu'apportent les pains et les produits céréaliers. Habituellement, ces méthodes recommandent rarement de manger du pain à volonté. Bien sûr, vous maigrissez, puisque vous ne mangez pas à votre faim ! On rationne votre consommation relative à ce groupe d'aliments parce qu'on sait qu'elle entraîne des pertes de poids rapides, voire spectaculaires lorsque les restrictions sont sévères. Mais attention ! Vous n'obtiendrez pas une perte de poids plus importante ni une perte de gras corporel plus durable avec ces méthodes qu'avec les autres. Qui plus est, une personne qui adopte ce moyen de contrôle n'apprend pas à écouter les signaux de faim et de satiété que lui envoie son corps. Chaque semaine, elle est en attente du diagnostic de la pesée, chiffre fatidique qui dictera sa consommation de la semaine suivante. Elle perd ainsi contact avec ses propres besoins. N'importe quel régime, même s'il est fondé sur le *Guide alimentaire canadien*, peut s'avérer trop restrictif pour vous, et sera donc impossible à suivre toute votre vie. La reprise de poids sera inévitable à partir du moment où vous cesserez de « faire attention ». Et ne vous illusionnez pas, tôt ou tard, vous cesserez de respecter les restrictions alimentaires conseillées, puisque vos besoins physiques ne seront pas satisfaits. Même avec une méthode s'appuyant sur les quatre groupes du *Guide*, vous risquez de « jouer au yoyo ».

COMMENT SE NOURRIR INTELLIGEMMENT ?

Pour pouvoir manger sainement, il faut s'assurer d'avoir la bonne attitude vis-à-vis des aliments. Fréquemment, cela signifie qu'il faut se déconditionner et refuser de reprendre la route des régimes ou des interdits alimentaires. Le tableau 8 résume les attitudes et comportements favorables et défavorables à un sain rapport à la nourriture. En fait, plus on approfondit la question de l'alimentation saine, plus on réalise que le bien-manger dépasse largement le contenu de l'assiette. Toutes les conditions entourant l'acte de manger influent sur le rapport à la nourriture, et donc, en fin de compte, sur la santé.

TABLEAU 8

Les changements d'attitude à adopter en priorité
pour améliorer son rapport à la nourriture

Bien se nourrir, ce n'est pas...	Bien se nourrir, c'est...
• s'interdire tout ce qu'on aime manger • se sentir coupable de manger quelque chose qu'on aime • suivre les portions recommandées par le *Guide alimentaire* canadien comme s'il s'agissait d'un régime • s'interdire de manger à sa faim • se forcer à finir son assiette • catégoriser les aliments en « permis » et « interdits » ou « sains » et « malsains » • se forcer à manger des aliments parce qu'ils sont bons pour la santé • fuir, éviter les aliments avec lesquels on a l'impression de perdre le contrôle	• se faire confiance et être à l'écoute de ses besoins alimentaires • prendre plaisir à savourer, sentir, goûter les aliments • Manger des aliments des quatre groupes du *Guide* pour que son alimentation soit équilibrée et variée • évaluer son niveau de faim avant de commencer à manger et son niveau de satiété avant de continuer à manger, quel que soit le type d'aliment • rendre les aliments sains plus accessibles que les aliments moins nutritifs, sans exagérer, c'est-à-dire sans s'interdire ces derniers et sans leur conférer de valeur émotive particulière • considérer d'un œil critique les messages qui circulent à propos de l'alimentation

L'IMPORTANCE DES COLLATIONS

Plusieurs de mes clients n'ont jamais mangé entre les repas. Soit parce qu'ils ont appris que ce n'était pas bon, soit parce qu'ils sont trop occupés, soit parce qu'ils sont convaincus de ne pas avoir faim. Pourtant, les collations sont souvent un outil précieux dans la reconquête d'une meilleure écoute de la faim et de la satiété. Quand on s'habitue à passer six heures sans manger deux fois par jour, parce qu'on est trop occupé, le corps s'adapte en nous faisant manger davantage aux repas, ou bien en se rattrapant plus tard, lorsqu'on sera moins occupé (la fin de semaine, par exemple). Voyons comment le simple fait de prendre une collation le matin peut changer complètement votre façon de vous alimenter le reste de la journée. Quand vous prenez une collation dans la matinée, l'urgence de vous nourrir le midi est moindre ; vous êtes porté à respecter vos signaux de satiété, et votre consommation d'aliments correspond à vos besoins. Dans l'après-midi, vous avez donc faim, ce qui vous incite à prendre une deuxième collation. Grâce à cette collation, vous mangez moins que d'habitude au souper et, de ce fait, vous avez faim en soirée pour une troisième collation. Finalement, vous aurez l'impression d'avoir mangé plus qu'avant, mais vous aurez juste mangé plus souvent (à condition, bien sûr, que vous ne vous soyez pas forcée à manger par obligation de finir votre assiette !). Si vous réussissez à vous habituer pendant quelques semaines à cet apport plus uniforme (les deux premières semaines sont les plus difficiles), il devrait s'opérer des changements en vous : vous aurez faim avant la collation, ce qui ne se produisait pas auparavant. Ce sera, entre autres, parce que vous mangerez moins aux repas. Votre corps se sera adapté, mais cette fois-ci, pour le mieux. Il veillera à vous signaler ses besoins, car il saura que, désormais, vous l'écoutez. Plus vous persévérerez, plus les signaux s'accentueront, et plus vous aurez de chances d'harmoniser davantage votre mode de vie avec vos besoins, car la sensation de faim vous encouragera à prendre le temps de manger. En fin de compte, étant donné que vous serez plus vite rassasié aux repas, vous entreposerez une moins grande partie des calories.

L'ACTIVITÉ PHYSIQUE

On ne peut parler de mode de vie sain sans aborder le sujet de l'activité physique. Pour une personne qui a suivi des régimes toute sa vie, être au régime est en quelque sorte une habitude, une vieille routine. Par contre, faire du sport représente généralement une corvée. Pas étonnant, car, quand on a passé des années à ne pas donner à son corps le carburant dont il avait besoin, on ne peut s'attendre à une performance extraordinaire. Le corps est une machine qu'il faut alimenter au moins trois fois par jour.

Lorsque vous sautez des repas, la transformation de carburant en énergie n'a pas lieu. Pour améliorer votre santé, vous devez donc viser à la fois une saine alimentation et un mode de vie actif.

Hier soir, j'ai essayé des maillots de bain pour cet été. Une horreur! C'était horrible. Je ne me baignerai pas de l'été, moi, accoutrée de même…

LOLIE
Sur un forum de jeunes consacré aux troubles alimentaires

Vous avez peut-être déjà mis l'activité physique au cœur de votre vie durant un certain temps, dans le but de maigrir. Et comme en ce qui concerne les régimes, vous avez l'impression que les bonnes résolutions ne mènent jamais loin; trop difficiles à tenir… C'est sans doute parce que vous continuez à voir l'activité physique comme un moyen de maigrir, donc comme un devoir, plutôt que comme un aspect agréable de votre vie. Et si vous laissiez tomber complètement la mentalité régime, même en ce qui a trait à l'exercice?

Vous avez des goûts, des valeurs et des centres d'intérêt qu'il vous faut respecter. Il faut que vous découvriez exactement ce qui vous plaira tout en vous faisant bouger. Par exemple, quand vous avez examiné vos valeurs, avez-vous mis l'amour en premier et la santé en deuxième? Serait-ce par amour pour les autres que vous renoncez toujours à vos résolutions? Si c'est le cas, vous devez trouver une activité qui ne sera pas en conflit avec votre valeur principale. Si les économies d'argent sont importantes pour vous, ne vous abonnez pas à un gymnase de prestige; trouvez plutôt des moyens gratuits de vous mobiliser. Vous pouvez faire la même démarche en examinant vos goûts. Êtes-vous plutôt artiste ou intellectuelle? Vos passe-temps préférés sont-ils sédentaires, comme la lecture, la peinture ou la musique? Une démarche sensée serait de combiner votre activité physique régulière à ces centres d'intérêt, par exemple d'aller peindre ou lire dans un parc, ou de faire du vélo en écoutant de la musique. Vous aimez la télé? Installez un vélo stationnaire ou un tapis d'exercice devant votre téléviseur, et commencez par faire de l'exercice durant les publicités! Il y en a tellement qu'au bout de deux ou trois heures d'écoute vous aurez sûrement atteint trente minutes d'activité physique. Les efforts ne sont pas consécutifs? Non, mais c'est mieux que rien. Et peut-être que vous y prendrez goût, ou que vous ressentirez un bien-être qui vous encouragera à continuer durant l'émission. Ces idées ne sont que quelques exemples de ce qu'on peut imaginer pour rendre l'activité physique agréable, et donc durable.

Très souvent, les contraintes de temps sont aussi un facteur d'abandon important. Là encore, puisque vous réorganisez votre vie, pourquoi n'abandonneriez-vous pas certaines choses qui ne sont pas réellement compatibles avec vos valeurs afin de vous donner du temps pour être un peu plus active? Par exemple, si vous avez votre santé à cœur mais travaillez soixante heures par semaine, vous ne réussirez sans doute pas à faire régulièrement quelques minutes d'exercice en revenant du travail. Pour qu'une telle habitude soit durable, il faudra qu'elle s'insère dans le cadre de votre travail (une marche au dîner ou à la pause, une activité entre collègues, etc.).

Les femmes, surtout les mères, n'ayant généralement pas l'habitude de s'accorder du temps pour leurs loisirs favoris, sont bien loin de s'en accorder pour faire de l'exercice. Si c'est votre cas, vous devez donc commencer par prendre l'habitude de réserver une toute petite partie de votre emploi du temps à… vous-même. Si vous réussissez à bloquer une heure par semaine pour assister à un cours ou participer à toute autre activité qui vous plaît, vous vous habituerez petit à petit à vous consacrer du temps, et votre entourage s'organisera en conséquence. Une fois votre emploi du temps modifié, il vous sera plus facile de remplacer l'activité sédentaire par une activité physique (un cours de peinture par un cours de danse, par exemple). Et un jour ou l'autre, vous apprécierez ce temps destiné à vous ressourcer, vous serez plus épanouie, et tout votre entourage en bénéficiera. En décompressant ainsi de temps à autre, vous donnerez à vos enfants un exemple qui ne les conduira pas, plus tard, à vouloir jouer la superwoman ou le superman.

Cette démarche vous semble difficile à entreprendre ? Commencez par un tout petit engagement : chaque semaine, donnez-vous l'obligation de vous faire plaisir (autrement que par les aliments, de préférence…). C'est la méthode du « Je m'aime donc je… » Une semaine, vous pouvez vous dire : « Je m'aime, donc je… m'achète un nouveau vêtement. » La semaine suivante : « Je m'aime, donc je… quitte le bureau à une heure normale. » Tout geste qui témoigne de votre amour envers vous-même fera l'affaire. Traitez-vous au moins une fois par semaine de la même façon que vous traitez les autres. Un jour, après avoir réussi à vous offrir bien des moments de détente et de repos, vous entreverrez peut-être la possibilité de vous dire : « Je m'aime, donc… je bouge ! »

Au fond, l'activité physique ne devrait pas être une corvée. C'est une façon de combler le besoin d'action et de saine stimulation. Et l'habitude aidant, combler ce besoin important par l'exercice physique plutôt que par des distractions moins actives (comme regarder la télévision) devient étrangement satisfaisant. On y prend goût sitôt qu'on a trouvé l'activité qui nous plaît vraiment. Se lancer dans l'exercice physique sans penser à soi serait de l'autosabotage, une façon de renforcer son sentiment d'échec et donc d'abaisser son estime de soi.

DES CRITÈRES DE RÉUSSITE PLUS FIABLES

Vous désirez modifier votre mode de vie sainement ? Plus question de vous peser chaque jour. À partir de maintenant, ce qui compte, ce sont les habitudes que vous allez changer, pas les résultats que vous lirez sur la balance. Désormais, vos critères de réussite pourraient être certains buts que vous vous serez fixés, tels que :

- prendre des collations régulières ;
- respecter la satiété aux repas ;
- marcher trois fois par semaine.

Et surtout, ne mettez pas la barre trop haut : fixez-vous des objectifs que vous pouvez atteindre. Les petites réussites mèneront à de plus grandes. Tout changement, aussi minime soit-il, peut faire une différence sur le plan de la santé mentale ou physique. Et à la longue, les habitudes finissent par ne plus être conditionnelles à l'atteinte d'un certain poids.

Grâce à votre persévérance, vous aurez peut-être l'impression que votre corps change, que votre tour de taille s'amincit. Mais que ce soit le cas ou non, votre état d'esprit, lui, aura changé. Il aura évolué vers une attitude plus libre envers vous-même. Pour décrire ce cheminement simplement, ce poème, en guise de conclusion à ce chapitre, décrit parfaitement l'état d'âme qui mène un individu à un sain rapport à la nourriture et à son corps :

Un régime... de vie[5]

Je ne me fais plus violence avec leurs régimes de tous acabits. Je cède la place à la douceur dans ma vie. Je le mérite tant ! J'ose affirmer que malgré les canons de beauté, je suis belle, réellement.

Je ne me laisse plus dicter les quantités de nourriture à manger pour répondre aux normes sociales, ou les moments où j'ai faim. J'écoute plutôt mon corps, qui lui sait mieux que quiconque ce dont il a besoin et ce qui lui convient. Dorénavant, je me fie à mes sens. Ils sont mes compagnons depuis ma naissance.

J'ai faim, donc je mange. Je prends tout le temps qui m'est nécessaire pour le faire. Je choisis ce dont j'ai envie, et je le déguste pleinement. Quand je suis satisfaite, je m'arrête, heureuse de m'être fait plaisir. Et surtout, je ne me sens plus coupable.

Je fais du sport pour le plaisir que cela me procure, pour me sentir bien dans mon corps. Plus jamais je ne le fais dans le but de maigrir. Je ne mange plus non plus d'aliments pour maigrir. La joyeuse salade verte qui éclate de fraîcheur dans ma bouche à chaque coup de dents devient si triste lorsqu'elle a un goût de régime !

Je ne vis plus avec angoisse les transformations de mon corps. Elles font partie de mon histoire, des choses qui m'ont sculptée, qui m'ont modelée. J'apprends à les aimer. Je n'attends plus d'être mince pour réaliser mes rêves cachés.

J'ai aussi le droit de dire non, de cesser de nourrir les autres en m'oubliant constamment. Moi aussi, j'ai besoin de cette nourriture affective si précieuse, que j'offre si généreusement à tous vents.

Et surtout, j'ai le droit de dire « Je m'aime ».

Chapitre 9
AIDER LES ADOS

Quand on sait entendre, on parle toujours bien.

MOLIÈRE,
Les femmes savantes

Il n'y a pas si longtemps, l'abondance était un état inconnu. Tout le monde devait travailler dur pour gagner son pain. Même ici, les années de guerre ont laissé dans l'esprit de nos grands-parents un vague sentiment d'insécurité en lien avec la quête de nourriture. Aujourd'hui, l'Occident est malade à cause de l'abondance de denrées. Dans le chaos de la profusion, comment préserver un sain rapport à la nourriture d'une génération à l'autre ? Comment aider les jeunes à ne pas être prisonniers des choix que nous avons faits pour eux ? Je ne prétends pas connaître ce que l'avenir réserve à mes enfants, car tout ce qui touchera l'acte de manger dans les prochaines décennies est imprévisible. Mais je sais que, pour les aider à avoir un sain rapport à la nourriture quel que soit le milieu dans lequel ils évolueront, je peux les inciter à préserver l'essentiel: le respect de soi et l'écoute des besoins. Autrement dit, je peux les aider à accorder la plus grande importance à cette essence de la vie qui est le pivot de l'acte de manger: la satisfaction d'un besoin vital.

LES ATTITUDES FAVORABLES À LA PRÉVENTION DES TROUBLES ALIMENTAIRES ET DE L'OBÉSITÉ

Heureusement, la plupart des enfants et des adolescents n'ont pas encore de sérieux troubles alimentaires. Mais pour empêcher qu'ils ne prennent cette mauvaise direction, il faut leur fournir de bons repères et d'excellents boucliers. Et ce, dès leur plus jeune âge.

Poser les bonnes questions

Quand on a fini de nourrir un enfant, notre premier réflexe est de lui demander: «Tu en veux encore?» Pourquoi ne pas lui permettre, dès sa plus tendre enfance, de découvrir ce que sont la faim et la satiété en lui demandant plutôt: «As-tu encore faim?» Très jeune, un enfant est capable de comprendre cette question. Ma deuxième fille a su dire «faim» et «pu faim» avant même de savoir dire son nom. Elle avait environ 18 mois. Pour apprendre à un tout-petit ce que signifie l'expression «avoir faim», il faut l'utiliser souvent. Par exemple, lorsqu'on sent qu'il a faim ou qu'il n'a plus faim. Car même pour nous indiquer qu'il n'a plus faim, il nous envoie en quelque sorte un signal: il jette les aliments par-dessus bord et balaie sa tablette! Le moment est alors venu de lui dire: «Tu n'as plus faim», et de le retirer de sa chaise haute. Il comprendra ainsi que, à partir du moment où on n'a plus faim, on cesse de manger.

Autre bonne question à poser à un enfant: «As-tu une petite faim ou une grosse faim?» S'il est trop petit pour se servir lui-même, nous pouvons aussi lui demander son avis sur la portion que nous sommes en train de lui servir: «Penses-tu que tu as faim pour plus?» ou «Penses-tu en avoir trop?» Mais nous devons quand même faire preuve de bon sens, car le bon sens est une faculté qu'il n'a pas encore acquise. Par exemple, s'il veut que nous ajoutions une quantité monstre de frites dans son assiette, nous pouvons toujours lui dire: «Tu aimes beaucoup les frites, à ce que je vois! Nous allons commencer par cette portion, et je te promets que si tu en veux d'autre, je t'en donnerai. Tu vois, je mets cela de côté. Comme ça, il y en aura pour toi si tu as encore faim.»

Donner le «goût» de bien manger

La néophobie alimentaire, autrement dit la peur de goûter, est fréquente chez les enfants et, jusqu'à un certain point, normale. Elle s'atténue habituellement à mesure qu'ils acquièrent de la maturité. Devant cette phobie, les parents n'ont donc pas lieu de s'inquiéter outre mesure tant que leur enfant réussit à combler ses besoins alimentaires malgré son menu peu audacieux. Par contre, ils doivent se garder de lui mettre une étiquette en fonction de cette phobie, parce qu'il risquerait en ce cas de s'identifier au genre de personne que cette étiquette évoque. Il n'est pas rare qu'un jeune refusant de manger tout ce que ses parents lui proposent se fasse dire: «Tu fais encore la dégoûtée » ou « Tu fais encore le difficile », alors qu'il ne fait en réalité que les imiter, quand il ne cherche pas par cette tactique à attirer sur lui l'attention de ses parents. Étant donné qu'il est vital de manger, les parents insistent et mettent en œuvre tous les moyens possibles pour le faire manger. Et plus ils insistent, plus leur enfant résiste ! Ce fait a d'ailleurs été confirmé par les résultats d'une étude scientifique : les parents qui exercent des pressions sur leur enfant pour qu'il mange tel ou tel aliment mal aimé créent un environnement négatif qui entraîne une préférence moindre pour cet aliment[1].

Comment éviter ce problème ? Tout simplement en encourageant l'enfant à manger les aliments en question parce qu'ils sont bons. Vous voulez que votre enfant mange des fruits ? Vous désirez lui faire goûter quelque chose de nouveau et de bon pour la santé ? Commencez par en manger vous-même et manifestez votre plaisir de manger cet aliment, par exemple en disant : « J'aime tellement les mangues, c'est mon fruit préféré ! C'est tellement juteux ! Veux-tu y goûter ? » Si, fidèle à ses habitudes, il dit non, ne soyez surtout pas fidèle à votre habitude d'insister et de lui débiter vos arguments pour qu'il en mange, comme en disant : « Voyons donc ! Goûte, c'est bon pour la santé ! » Aucun aliment, même le plus sain, ne devrait être mangé juste parce qu'il est bon pour la santé. Il faut avant tout en aimer le goût. Alors, si votre enfant n'aime pas cet aliment, il y a une multitude d'autres aliments sains que vous pouvez lui proposer ; il y en a pour tous les goûts. D'ailleurs, pour la santé de votre enfant, il est préférable qu'il aime les aliments nutritifs pour leur goût, et non pour leur effet sur la santé. S'il ne veut pas goûter un aliment, vous pourriez lui répondre ceci, par exemple : « Tu ne veux pas y goûter ? Ah, bon. Tu ne sais pas ce que tu manques. C'est tellement délicieux ! Si jamais tu changes d'idée, dis-le-moi, ça me fera plaisir de le partager avec toi. » Il y a de fortes chances que votre enfant, habitué à une prise de bec à chaque fois qu'il refuse de manger, sera plus ou moins troublé par votre nouvelle attitude. La tactique ne donnera pas nécessairement de résultats la première fois, mais à la longue vous parviendrez à vos fins. Chose certaine, elle a plus de chances d'être gagnante que celle centrée sur la persuasion, que vous utilisez probablement si votre enfant résiste encore malgré tous vos efforts.

La coercition et l'alimentation ne font pas bon ménage. Bien manger doit suivre votre enfant toute sa vie, et non uniquement pendant qu'il est sous votre tutelle. Il est donc essentiel que l'alimentation saine qu'il adopte soit conforme à ses goûts.

Encadrer au lieu de contrôler

Vous ne pouvez mieux faire pour votre enfant que de commencer, dès son plus jeune âge, à l'encourager à adopter une alimentation saine, et propre à l'allécher. C'est l'un des plus beaux cadeaux que vous puissiez lui faire pour qu'il demeure en bonne santé. Même en ne lui ayant jamais présenté la santé comme une raison de manger certains aliments, si vous lui avez donné l'occasion d'apprendre à aimer toute une variété d'aliments sains, vous n'aurez pas à vous inquiéter de sa consommation d'aliments moins nutritifs. Certes, il en mangera et il aimera aller chez McDonald, mais son alimentation de base sera composée d'aliments sains, puisqu'il en aimera un nombre encore plus grand qui sont bons pour la santé.

Ce n'est pas seulement par le dialogue qu'on peut rendre l'alimentation saine alléchante, loin de là. Pour qu'un enfant aime manger ce qu'on lui sert, il faut qu'il aime manger tout court. Et pour cela, il ne faut pas que l'acte de manger devienne pénible en raison du climat dans lequel se déroulent ses repas. Par exemple, si les repas sont immanquablement un moment de conflit, il ne prendra pas goût aux repas en famille. Il appréciera bien plus les sorties au restaurant, où l'ambiance est détendue. Même tout jeune, l'enfant est sensible à l'atmosphère. Si le moment des repas en est un où il doit demeurer passif, où il ne peut que regarder l'adulte le nourrir sans participer à quoi que ce soit, il s'ennuiera et aura toujours envie d'agripper la cuillère dirigée vers sa bouche ou de mettre les doigts dans son bol. Le refus de lui donner la possibilité de vivre des expériences constructives sera pour lui une frustration, qu'il associera au repas. Pour qu'il apprenne à manger de façon autonome, il a besoin de toucher, de découvrir, et il veut faire comme vous. En respectant sa curiosité, vous rendrez l'acte de manger agréable et l'encouragerez ainsi à continuer sur le chemin de la découverte. Pourquoi ne lui donneriez-vous pas une cuillère ou ne le laisseriez-vous pas manger lui-même des petits bouts d'aliments pendant que vous le nourrissez? Sortez votre papier journal, tapissez-en le tour de sa chaise haute, et attendez-vous à ce qu'il se salisse! Une fois qu'il aura développé un peu plus sa motricité et sa capacité de raisonner, vous pourrez lui enseigner les bonnes manières.

Heureusement, tout de suite après le « stade du non », viendra le stade où il aura envie de tout faire pour vous plaire. Il voudra faire comme les grands, et vous pourrez alors en profiter pour lui enseigner les règles de la bonne conduite, à son rythme.

Pour faire l'apprentissage de la vie en général et de tout ce qui touche à l'alimentation en particulier, un enfant a besoin d'encadrement. Certains appellent cela de la *discipline*, d'autres de l'*autorité parentale*. Cependant, il y a toute une différence entre ce que signifient ces deux mots et ce que signifie le mot *encadrement*. La discipline et l'autorité sont ce à quoi on se plie par peur des représailles, sans comprendre la situation. L'encadrement est ce qui fournit à l'enfant des repères, autrement dit « un cadre », pour qu'il apprenne ce qu'il peut faire et ne pas faire, en découvrant les conséquences de ses actes. Pour que l'enfant comprenne bien les limites imposées par ses parents, le cadre doit être composé d'un matériau solide, pas de gélatine. Si le cadre change à chaque fois que l'enfant en vérifie, en « teste » les limites, il ne peut pas saisir la conséquence de son acte. Et s'il teste les limites, c'est d'ailleurs avant tout pour s'assurer qu'elles existent encore ! Il peut se montrer frustré quand on le contrarie, mais il sait très bien quand il fait quelque chose d'interdit. S'il fait une chose qui est interdite, c'est simplement afin de s'assurer qu'elle l'est bien. Par conséquent, changer la limite à ce moment-là ne fait que le déconcerter.

Voyons plus concrètement comment les choses se passent. Mettons qu'on ait réussi à faire comprendre à un enfant que jeter de la nourriture par terre est une conduite inacceptable. Puis, un jour, on le laisse faire cela, on le laisse dépasser la limite. Là, il ne sait plus où il en est ; il lui faut vraiment tester la limite à nouveau. En fait, il doit vérifier si elle existe encore, car on lui a laissé entendre que peut-être elle n'existait pas dans certains cas. Il doit remettre en question un point qui était réglé dans sa tête. Imaginez-vous que vous arriviez dans un nouveau milieu de travail où les règles changent constamment. Un jour, les jeans sont permis, un autre jour, ils ne le sont plus, sans que vous sachiez pourquoi. Vous vous sentiriez sûrement en insécurité et pas mal désorientée dans ce milieu. Votre enfant est comme vous. Il veut savoir exactement quelles sont les règles, et c'est pour cela qu'il essaie tout à plusieurs reprises. Il doit affermir sa conviction quant aux limites fixées tant que l'issue n'est pas claire dans sa tête. Le moment où il a tout à coup le droit de jeter sa nourriture par terre n'est pas un moment agréable pour lui, contrairement à ce que l'on peut croire. Il est plus confus que rassuré. Le cadre a fléchi, et il a trouvé une brèche dans ce cadre. Le carré s'est transformé en un polygone inconnu, qu'il doit explorer pour le connaître plus en détail. Ne sachant plus où il en est, il se pose des questions et se tient ce raisonnement : « L'autre jour, je n'avais pas le droit de faire ça et aujourd'hui, j'ai le droit de le faire. Quelle est la différence entre avant et aujourd'hui ? Je vais essayer à nouveau pour éclaircir ce mystère. » Au lieu de pouvoir se concentrer sur autre chose, il doit revenir en arrière, reprendre à zéro une expérience qu'il avait déjà faite. Cette expérience, il voulait juste en vérifier le résultat afin d'être plus sûr de lui. Mais comme le résultat n'a pas été le même que la première fois à cause de l'ambivalence de l'adulte, il n'est pas certain que le premier résultat était le bon. Ainsi, l'enfant évolue dans un monde malléable, aléatoire, trop flexible pour pouvoir l'orienter. Et on ne lui rend pas service en le laissant croire que tout est flexible, car il ne peut se concentrer à apprendre de nouvelles règles ; il cherche constamment à vérifier les anciennes.

Éviter les sobriquets dévalorisants

On donne plus facilement des surnoms insinuant la laideur que la beauté. Face de pou, Face de ci, Face de ça… Dans notre héritage judéo-chrétien, la vanité fait partie des sept péchés capitaux. Par conséquent, on hésite à avouer qu'on se trouve beau, mais pas à rester modeste en prétendant qu'on se trouve laid, et on n'a pas besoin d'être issu d'une famille croyante et pratiquante pour rougir à la suite d'un compliment sur notre belle apparence. Parallèlement, il est beaucoup plus facile pour la majorité des gens de critiquer que de complimenter, même leurs propres enfants, qu'ils aiment pourtant plus qu'eux-mêmes. Le résultat en est que, en général, les enfants enregistrent un bien plus grand nombre de commentaires négatifs que de commentaires positifs à leur égard.

Les commentaires négatifs sur l'apparence, même sous forme de blagues, sont très nocifs ; ils portent atteinte à l'estime de soi, et ce, pour toute la vie. Les enfants qui se font traiter de bouboules ou de toutounes n'ont nulle envie d'en rire. Ils n'ont pas le sens de l'humour quand la plaisanterie porte sur leur personne, et ils ont bien raison. Estimant qu'ils doivent apprendre à rire d'eux-mêmes, on les rabaisse, on les humilie, sans tenir compte du fait qu'ils ne sauront rire d'eux-mêmes que si on leur a fourni les outils nécessaires pour bâtir leur confiance en leur beauté et en leurs capacités.

Dire à un enfant qu'il est beau ne peut pourtant pas le rendre vaniteux ou centré sur son apparence si on ne se lance pas dans des louanges exagérées et portant essentiellement sur son physique. Les petits compliments ne doivent surtout pas être réservés aux moments où il ressemble à une gravure de mode, car la beauté de l'enfant qui mérite d'être soulignée n'a rien à voir avec sa tenue vestimentaire. Un enfant doit être complimenté sur sa beauté intrinsèque, qui concerne toute sa personne, et non uniquement son apparence. En d'autres termes, il ne doit pas être complimenté seulement sur sa beauté physique, mais aussi sur son sourire, son charme et ses qualités intérieures. Mais ce n'est qu'en élargissant sa propre vision de la beauté qu'on peut mener un enfant à avoir une saine image de lui-même, incluant une saine image de son corps. Le but à viser est de valoriser sa personnalité tout autant que son apparence. Car plus il sera convaincu d'être une belle et bonne personne, mieux il saura surmonter les épreuves pour réaliser ses rêves.

Valoriser les qualités personnelles et éviter les propos discriminatoires à l'égard des personnes grosses

Les enfants qui traitent leurs camarades de classe de « bouboules » ont forcément appris à le faire quelque part. Les adultes reconnaissent que les enfants peuvent être très méchants entre eux, mais, en fait, leur méchanceté n'est que le reflet de celle du monde des adultes. Cette méchanceté-là est parfois véhiculée par les parents, mais le plus souvent elle l'est par les émissions télévisées, où l'agressivité des relations interpersonnelles est généralement bien plus intense que dans le milieu familial. Comme presque tous les animaux, l'être humain est assurément porté à la méchanceté (ou l'agressivité) et à avoir l'esprit de compétition. Il doit donc maîtriser cet instinct primitif, mais il n'y réussit pas toujours. De ce fait, les comportements agressifs ou méchants font plus ou moins partie de la vie, et les enfants doivent apprendre à y faire face. Cet apprentissage est tout à fait possible, puisque, à la différence des animaux, les êtres humains sont capables de raisonner, d'avoir de l'empathie et de vivre en société sans nécessairement écraser leurs semblables. Mais si nous parlons des personnes grosses en employant des termes péjoratifs devant les enfants, ou acceptons d'écouter de tels propos à la télé, il ne faut pas s'étonner qu'ils fassent de même, ni qu'ils se mettent au régime par peur de devenir gros.

Favoriser le développement d'une saine image du corps et l'acceptation de soi

Être bien dans son corps, c'est-à-dire s'être fait une saine image de son corps, est à la base de l'acceptation de soi. Ce n'est pas réservé qu'aux maigres. Quel que soit son poids, toute personne peut accepter son corps tel qu'il est et se sentir fière de l'habiter. Cette acceptation de soi est à l'origine de la confiance en soi et de l'estime de soi.

Par conséquent, une saine image de son corps a bien plus de chances que n'importe quel régime amaigrissant de rendre un enfant heureux. Un enfant conscient de sa beauté et de sa valeur est bien armé pour résister aux préjugés et aux pressions sociales. Il se sent capable d'accomplir de grandes choses et pourra, durant toute son existence, réaliser ses rêves, sans que son poids soit une entrave. Ses parents étant le premier contact qu'il a avec la société, c'est à travers leurs yeux que l'enfant apprend à comprendre le monde qui l'entoure et ce que celui-ci exige de lui. Ses parents ont donc à jouer un rôle capital pour qu'il se sente bien dans sa peau.

Qu'est-ce que j'ai fait pour retomber dans cette foutue galère ? Je ne me supporte plus, je n'avale presque plus rien : du café, de l'eau, du café, une tasse d'eau chaude… c'est l'enfer. Pire qu'avant. Et le plus terrible dans cette histoire, c'est que je demande de l'aide et qu'on ne m'en donne pas, ou que je dois attendre 7-8 mois pour en avoir. « Allez dans votre CLSC, ils vont vous aider », m'ont-ils dit. Ben, au CLSC, ils m'ont dit d'aller à telle place, et à cette place-là, on m'a encore envoyée ailleurs… Laissez tomber ! Je suis plus capable, ça se voit pas assez…

BUMBLEBEE,
propos recueillis sur Internet

Cela a été confirmé par certaines études menées dans le but de déterminer les facteurs qui augmentaient le plus le risque d'adopter des comportements alimentaires fondés sur la restriction et la privation alimentaires. L'une d'elles a notamment révélé que le niveau d'estime de soi est le plus déterminant de tous les facteurs[2].

Le développement d'une saine image de son corps commence dès la naissance. Puisque de l'opinion de ses parents dépend la première opinion que l'enfant se fait de lui-même, il est impossible qu'un enfant se trouve beau si ses parents le trouvent laid. Nous connaissons tous des adultes qui nous semblent plutôt laids, mais qui, malgré leur laideur, paraissent heureux et réussissent à séduire des personnes très belles. Ces femmes et ces hommes croient réellement en leur valeur et en leurs qualités, et leur charisme est issu de cette estime de soi, parfois proche de l'égocentrisme.

L'IMPACT DE L'ATTITUDE PATERNELLE DANS LES COMPORTEMENTS ALIMENTAIRES RESTRICTIFS

« Papa a raison ! » Eh oui, les enfants semblent aussi influencés par leur père que par leur mère dans la manière dont ils voient leur corps et leur poids.

Si le fait qu'une mère suit des régimes augmente les risques que sa fille se mette au régime, il n'en demeure pas moins que l'attitude du père peut renforcer ce comportement, ou même le provoquer. Une étude portant sur les causes des troubles alimentaires a effectivement démontré que l'attitude du père était bel et bien impliquée, elle aussi, dans ces troubles. Afin de plaire à leur père, filles et garçons répondaient à ses attentes ou se conformaient à des critères de beauté élevés en adoptant des comportements alimentaires restrictifs[3].

Mon père, il aime les femmes rondes ou ordinaires. Pas les maigrichonnes de la télé. À moi, il me dit que je suis belle comme ma mère. Ça me fait du bien quand il me dit ça, et en même temps, ça me prouve qu'il aime ma mère telle qu'elle est, au naturel.

MAUDE,
17 ans

Les propos que les pères doivent surveiller ne sont pas seulement ceux qui concernent leur fille, mais ceux portant sur tout le monde. Un père ne doit jamais oublier qu'il est le premier amour de sa fille. Ce qu'il pense d'elle et des femmes en général est donc d'une importance capitale pour elle. S'il manifeste du mépris pour les femmes grosses, sa fille fera tout pour ne pas en devenir une. Ce faisant, elle sera sans doute portée à adopter très tôt des comportements alimentaires restrictifs, qui l'exposeront à cette possibilité au lieu de l'en éloigner.

Respecter l'horloge biologique des enfants

L'habitude d'arriver à une heure raisonnable pour le souper peut sembler insignifiante, mais est très précieuse pour aider les enfants à adopter un sain rapport à la nourriture. Quand le père arrive à la maison à 19 h, par exemple, la mère réussit rarement à faire patienter l'enfant jusqu'à cette heure tardive. Vers 17 h, il a faim, donc il commence à être irritable. La mère sait que son enfant a faim, mais elle se trouve devant un dilemme : doit-elle faire manger son enfant seul et attendre son mari pour souper ou manger avec son enfant et ne pas partager son repas avec son mari ? Si elle choisit la première solution, son enfant sera accaparant pendant qu'elle mangera avec son mari, parce qu'il sait que le moment où ses parents prennent leur souper ensemble en est un durant lequel ils ne portent pas beaucoup attention à lui. En outre, ses repas en solitaire ne lui permettront pas de vivre de riches expériences favorables à sa socialisation. Si elle choisit la seconde solution, elle ne soupera pas avec son mari, ce qui la décevra beaucoup, parce que, comme la plupart des femmes, elle attache une grande importance aux occasions propices à la communication dans le couple et dans la famille. Les femmes n'ont pas nécessairement toute la confiance requise pour s'affirmer dans ce choix de privilégier la compagnie de leur enfant plutôt que celle de leur mari. Résultat : bébé mange seul et est un observateur de la scène du repas de ses parents, jusqu'à l'âge où il est capable d'ignorer sa faim jusqu'à 19 h. La plupart du temps, la femme choisit cette solution, en trouvant des tactiques pour faire patienter son enfant jusqu'à l'arrivée du père : elle lui donne un verre de jus de fruits à 17 h, des petites carottes à 17 h 30, et à 18 h, l'enfant court partout et tourne autour d'elle sans arrêt en quémandant de la nourriture. Mais elle refuse de lui en donner : « Non, lui dit-elle, tu n'auras plus faim au souper. »

En fait, le souper de l'enfant est déjà compromis, car quand il avait faim, il n'a pas pu manger à sa faim, mais à 19 h il a tellement grignoté qu'il n'a plus vraiment faim. Malgré tout, ses parents se bagarreront peut-être avec lui pour qu'il finisse son assiette. De plus, il aura bien compris que la compagnie de son papa était plus importante pour sa mère que le respect de sa faim à lui, ce qui l'incitera encore plus à vouloir attirer leur attention en refusant de manger et en s'arrangeant pour que ses parents ne puissent se parler une seule minute durant le repas. Un manège de ce genre aurait pu être évité si le conjoint qui arrive plus tard avait saisi l'importance de faire son possible pour rentrer tôt au bercail ou d'accepter que sa famille mange avant lui les jours où il est retenu par son travail. Il ne l'a pas compris, parce qu'il n'a jamais été à la maison vers 17 h pour entendre son enfant se plaindre : « Maman, j'ai faim ! J'ai faim ! Pourquoi on peut pas manger tout de suite ? » Et il n'a pas conscience qu'il met sa femme dans l'obligation de lui répondre : « Parce qu'on attend papa. » Mais l'enfant ne voit aucun rapport entre l'horaire de son père et le creux douloureux qu'il a à l'estomac.

Manger seul, après sa famille, ne modifiera pas le rapport à la nourriture du père, mais manger trop tard parce qu'il faut attendre papa perturbera celui des enfants. Rappelons-nous que toutes les trois ou quatre heures le carburant circulant dans le sang commence à manquer et que le corps réclame d'être réalimenté. La routine des repas doit donc dépendre de cette routine physiologique, et les parents doivent veiller à ce qu'elle s'installe ainsi. Il est impossible que la routine physiologique des enfants s'adapte complètement à l'horaire de leurs parents. Et prendre leurs repas en dehors des heures où leur corps crie famine conduit les enfants à ne plus percevoir les signaux de faim et de satiété. Bref, les parents doivent préserver l'harmonie entre les heures des repas et les besoins alimentaires de leurs enfants le plus longtemps possible afin de leur permettre d'acquérir un bon rapport à la nourriture et d'accorder de l'importance, donc de faire confiance, à leurs sensations physiques.

Comprendre que l'alimentation n'est pas un jeu de guerre

Pour de nombreuses personnes, être père signifie faire preuve d'autorité. Que l'on ait raison ou non de penser ainsi, il n'en demeure pas moins que les papas « bonasses » se sentent habituellement moins valorisés que les autres dans notre société. Quel que soit le niveau d'autorité qui lui convient, un père ne devrait jamais oublier qu'il ne pourra pas gérer un besoin vital de son enfant en lui apprenant la discipline. L'alimentation et la discipline ne font jamais bon ménage. On a effectivement constaté que les enfants dont l'alimentation est excessivement contrôlée par leurs parents, soucieux de prévenir l'obésité, ont plus tendance que les autres enfants à manger quand ils n'ont pas faim, à consommer plus de calories et à avoir un excès de poids[4]. De plus, la réaction intuitive des parents qui consiste à resserrer l'étau et à exercer un contrôle de l'alimentation encore plus grand une fois que le surpoids est devenu réalité tend à augmenter les risques que le problème de poids ne s'aggrave[5].

C'est donc dire que, de la même façon qu'on ne peut imposer à l'enfant une routine de défécation, on ne peut forcer la faim ni la satiété à venir chez lui sans que cela cause des conflits. Bien sûr, on n'est pas obligé de tolérer que son enfant jette par terre tout le contenu de son assiette. Jeter les aliments par terre n'est pas un besoin vital, sauf durant la période classique où bébé veut tester la loi de la gravité! Mais il y a fort à parier que, si un enfant jette des aliments par terre, même durant cette période d'exploration, c'est qu'il n'a plus tellement faim. S'entêter à vouloir le faire manger ne sert ainsi à rien.

« Jouer » son rôle

Dès la naissance de l'enfant, le père a à jouer un rôle crucial dans son éducation, mais difficile à tenir. Car quand il a un bobo, bébé préfère maman. Et même si papa berce exactement comme maman, donne la même nourriture aux mêmes heures, il n'y a que maman pour faire cesser les pleurs en moins de deux secondes.

Mon père me trouve capable de faire les mêmes choses que mes frères. Quand il joue au hockey avec nous, je fais partie de l'équipe. Je suis traitée comme mes frères. J'aime le sport, et j'en ferai toujours.

ALIZÉE,
14 ans

Quelle ingratitude envers le papa qui a passé vingt minutes à essayer de consoler son enfant! Le père est forcé d'admettre qu'il n'est tout simplement pas une maman. Le comportement de bébé ne signifie pas qu'il n'aime pas son papa, mais qu'il ne veut pas quitter sa mère, surtout quand il ne va pas bien. Face à ce comportement, le père est souvent tenté d'abandonner la partie, de remettre bébé dans les bras de maman au premier cri. Et la mère, qui veut apaiser son enfant et sait qu'elle le peut en quelques secondes, ne trouvera sans doute rien à redire à ce geste.

Ce n'est pas quand ça va mal qu'il faut faire voir au bébé qu'il est aussi bien avec papa qu'avec maman, c'est quand tout va bien. Plus le père s'occupe de son enfant, notamment en jouant avec lui, plus il sera facile à cet enfant d'apprendre à se séparer physiquement de sa mère, même si dans les mauvais moments ce sera le plus souvent sa mère qu'il cherchera. Ce rôle de « séparateur » que doit remplir le père est essentiel pour que son enfant acquière son autonomie. Et ce rôle, le père n'est pas censé le jouer uniquement durant l'enfance de son fils ou de sa fille, il doit également le jouer durant toute son adolescence. En jouant avec son enfant, il agit en faveur non seulement de la bonne santé de cet enfant, mais aussi de son bon équilibre mental et affectif. Maman trouvera certainement que papa a le beau rôle puisque, quand il arrive, l'enfant bondit de joie : il sait que la fête commence. Alors maman doit admettre qu'elle n'est tout simplement pas un papa ! Les mères sont jalouses de ce bon côté de la paternité, et les papas envient les mamans d'être de si bonnes consolatrices. Mais ne devraient-ils pas être avant tout heureux que leur enfant soit aussi heureux avec l'un qu'avec l'autre de ses parents ? Pour un enfant, ses deux parents sont aussi importants l'un que l'autre, mais ils jouent chacun un rôle bien différent auprès de lui et ces deux rôles se complètent à merveille.

Par conséquent, les papas peuvent contribuer énormément au bien-être, physique et mental, de leur enfant. Le père qui joue avec son enfant dès la naissance l'aide à se séparer progressivement de sa mère, et en continuant de lui accorder de l'attention lorsqu'il est au stade délicat de l'adolescence, il lui fait sentir qu'il est une personne importante, ce qui augmente l'estime de soi de son enfant. Par ailleurs, étant donné que le bagage social des hommes et des femmes n'est pas le même, les papas ont plus envie de bouger que les mamans. Ils sont donc les mieux placés pour transmettre le goût de bouger à leur fille, non pour qu'elles restent minces, mais pour le plaisir que cela procure. Les pères devraient faire du sport autant avec leur garçon que leur fille et considérer celle-ci comme capable de faire les mêmes activités physiques que les garçons. Si elle a envie de jouer au hockey ou de faire du karaté, pourquoi pas ? L'essentiel est qu'elle bouge, car un mode de vie actif est garant d'une bonne santé à tout âge, quel que soit le poids. L'essentiel est qu'elle se sente une personne importante pour son père, qu'elle se sente privilégiée que papa délaisse maman, ne serait-ce qu'un quart d'heure par jour, pour s'occuper d'elle. Si maman a envie de se joindre à lui, sa fille sera contente aussi. Mais il ne faut pas que la présence de maman ou du garçon de la famille soit nécessaire pour qu'il remplisse son rôle vis-à-vis de sa fille.

Un garçon, quant à lui, adoptera des comportements favorables à la bonne santé s'il voit son papa le faire. Un père qui va faire les courses et participe à la préparation des repas avec son fils favorise l'autonomie de ce dernier en matière d'alimentation, car, une fois adulte, plus il sera capable de cuisiner, moins il sera dépendant du fast-food. Les femmes ayant des siècles d'avance sur les hommes en ce qui concerne la préparation des repas, il est grand temps que les rôles traditionnellement attribués aux unes et aux autres évoluent. Le mariage n'étant plus le lien durable qu'il était autrefois, il est maintenant souhaitable que les garçons n'aient plus sous les yeux l'exemple d'un père dépendant de leur mère pour se nourrir. Ils n'auront sûrement pas la chance d'avoir toujours à leur côté une représentante de la gent féminine pour remplir leur assiette comme à l'époque de leurs grands-mères! Dans l'exercice de ma profession, je vous assure que j'ai rencontré bien des hommes qui, après une séparation, regrettaient de ne pas avoir appris à cuisiner plus tôt et en avaient marre de devoir manger tous les jours au restaurant.

Le jeune garçon imite la manière de se nourrir de son papa. On a constaté, par exemple, que les fruits et les légumes n'étaient pas les aliments préférés de ces messieurs, qui ont plutôt tendance à être carnivores que frugivores. Mais si le père en mange une bonne quantité régulièrement, le fils fait souvent la même chose, ce qui est rarement le cas s'il voit sa mère se bourrer de salade tous les midis. Le garçon prend en général son père pour modèle principal, et la fille, sa mère. Le parent du sexe opposé a une influence sur l'enfant, mais ne détermine pas vraiment son comportement, à moins, bien sûr, que le parent du même sexe ne soit absent (de corps ou d'esprit...). C'est l'une des raisons pour lesquelles les rôles sociaux n'évoluent pas si rapidement qu'on le voudrait.

UN TRAVAIL D'ÉQUIPE

Pour compléter ces principes, plusieurs trucs concrets peuvent aussi favoriser un sain rapport à la nourriture. C'est petit à petit que l'oiseau bâtit son nid. Certains de ces trucs vous sembleront peut-être inadaptés à votre situation. C'est à vous de voir ceux qui pourront vous être le plus utiles et d'y aller à votre rythme pour acquérir les attitudes que vous jugez souhaitables, dans l'ordre qui vous semble le plus naturel. En plus d'aider votre enfant, elles vous aideront peut-être vous-même à mieux vous voir et à mieux voir votre assiette. Prenez le temps de bien intégrer chaque nouvelle attitude, car chacune représente une réussite. Les attitudes proposées ci-après sont, en effet, des défis, car elles ne sont pas forcément naturelles. Mais cela ne signifie pas qu'il est indispensable de réussir à les adopter toutes sans exception. Même si vous ne relevez que quelques-uns de ces défis, surtout si vous avez choisi ceux qui vous semblent les plus significatifs, vos enfants s'en porteront mieux.

Défi 1 : Mangez en famille

Les enfants qui mangent en la compagnie de leurs parents mangent mieux. Premièrement, parce qu'ils ont ainsi accès à une alimentation plus complète et plus variée. Deuxièmement, parce qu'ils mangent plus souvent dans un climat agréable. Et troisièmement, parce que le moment des repas est le meilleur moment pour dialoguer avec eux et leur montrer qu'on s'intéresse à eux.

Défi 2 : Rendez plus accessibles les aliments nutritifs

Qu'est-ce qui est le plus visible ou qui occupe le plus grand espace dans votre garde-manger ou votre réfrigérateur ? Les aliments les plus sains devraient abonder et être à la portée de vos enfants, alors que les aliments moins nutritifs comme les grignotines ou les friandises devraient occuper une place moins grande et plus reculée dans votre garde-manger (sans pour autant être interdits). Ainsi, tout naturellement, votre enfant modifiera sa façon de s'alimenter, sans que vous ayez à parlementer avec lui ou à le contrôler. Car ce qui lui sautera aux yeux sera ce qu'il consommera le plus souvent, et ce qu'il verra le moins sera ce qu'il ne consommera qu'occasionnellement. Autrement dit, s'il a facilement accès à toute une variété d'aliments sains qu'il aime, il aura moins tendance à se gaver de gâteries.

Défi 3 : Créez une routine

La routine permet d'éviter bien des discussions. Si, à chaque début de repas, vous éteignez la télévision avant de vous mettre à table, vous n'aurez pas besoin d'expliquer à votre enfant qu'on ne regarde pas la télé en mangeant. Par ailleurs, si vous mangez toujours à peu près à la même heure, votre enfant aura tout naturellement faim quelque temps avant les repas. En répétant toujours les mêmes gestes et en suivant toujours le même horaire, vous offrirez à votre enfant un cadre rassurant et ne lui encombrerez pas l'esprit avec des choses à apprendre pour les oublier ensuite et en apprendre de nouvelles. Dès son plus jeune âge, fixez un ensemble de règles simples qui, plus tard, vous simplifieront la vie et faites attention à ne pas vous montrer trop souple par rapport à ces règles qui sont à la base de votre propre routine.

Défi 4 : Encouragez votre enfant à choisir la quantité de nourriture qui lui est servie

La faim varie d'une journée à l'autre et d'une personne à l'autre. Aucune mère ni aucun père ne peuvent prédire ce que seront les besoins de leur enfant à un moment précis. Cependant, les signes de faim et de satiété que montre leur enfant constituent des repères fiables. Lorsque votre enfant commence à jouer avec sa nourriture, à ne plus s'intéresser à ce qu'il y a dans son assiette ou à ne plus ouvrir la bouche, par exemple, c'est qu'il approche de son seuil de satiété. Il serait alors néfaste de lui imposer de finir son assiette, surtout s'il n'a pas choisi lui-même la quantité de nourriture qu'elle contient. Par conséquent, encouragez-le à vous guider quand vous le servez ou laissez-le se servir lui-même s'il est assez grand. Ainsi, il apprendra à mieux évaluer sa faim. Et accordez-lui le droit à l'erreur !

Défi 5 : Faites participer votre enfant à la préparation des repas

Dépendre de l'industrie alimentaire et de la restauration pour assurer sa subsistance est incompatible avec une alimentation saine et nutritive. De plus, pour un enfant, un plat cuisiné à la maison ou à la préparation duquel il a participé est bien plus appétissant qu'un plat tout préparé. Dans les limites de ses capacités, laissez donc votre enfant préparer le repas avec vous. Mesurer les aliments, les mélanger, les mettre en morceaux et casser des œufs sont des petites tâches qu'il trouvera certainement amusantes et qui lui permettront de s'intéresser aux aliments et de s'engager un peu plus sur la voie de l'autonomie. Imaginez avec quelle fierté il vous préparera plus tard son premier repas sans aucune aide! De surcroît, en lui transmettant vos connaissances culinaires, vous l'inciterez à prendre de saines habitudes alimentaires dont il profitera tout au long de sa vie.

Défi 6 : Respectez le droit qu'a votre enfant de ne pas manger du tout ou de ne pas tout manger

S'il n'est pas malade, un enfant qui exprime sa volonté de ne pas manger est habituellement en train de vérifier si, oui ou non, il a le contrôle de ce qu'il met dans sa bouche, s'il a le choix de manger ou non. Quelle réponse donner à un tel refus ? « C'est ton choix. Moi, je mange parce que j'ai faim et que je sais que, si je ne mange pas, je le regretterai une fois qu'il n'y aura plus rien à manger sur la table. » Devant cette réponse, votre enfant se rendra compte que manger ou ne pas manger ne regarde que lui et que ce n'est pas en refusant de manger qu'il obtiendra plus d'attention, positive ou négative. Lorsqu'il l'aura entendue à quelques reprises, il s'apercevra qu'il a tout intérêt à manger pour lui-même, et non pour plaire ou déplaire aux autres, ni pour attirer leur attention sur lui.

Défi 7 : Répondez au vrai besoin

Le besoin de manger doit être comblé par la nourriture. Le besoin d'être consolé doit être comblé par un geste consolateur, pas par une gâterie alimentaire. Le besoin d'être valorisé doit être comblé par des encouragements et des félicitations, pas par une récompense sucrée. Donner des aliments à un enfant pour répondre à toutes sortes de besoins autres que son besoin de se nourrir revient à lui faire acquérir des réflexes susceptibles de demeurer très longtemps ancrés en lui. Plus tard, il ne sera probablement plus conscient des motifs qui le poussent à manger quand il est triste ou contrarié, ou bien pour se récompenser. Alors cherchez à découvrir les vrais besoins exprimés par votre enfant afin de lui offrir ce qu'il réclame réellement. Manger est le moyen de faire cesser cette souffrance qu'est la faim, ce n'en est pas un pour gérer les émotions ou pour s'en distraire.

Défi 8 : Prévenez les rages d'aliments

Les épisodes de compulsion alimentaire ou les rages de faim incontrôlables sont souvent des réponses à une période de restriction ou de privation trop sévère. Ils représentent la façon dont le corps réagit à la privation : celui-ci amplifie les signaux de faim plus tard dans la journée, ou les jours suivants. Par conséquent, habituez votre enfant à répondre à la faim aussitôt qu'il la ressent, en lui offrant des collations saines et nutritives entre les repas, par exemple. Vous éviterez ainsi qu'il se gave durant les repas parce qu'il attend toujours trop longtemps pour assouvir sa faim.

Défi 9 : Chassez la culpabilité par rapport à la nourriture

Les médias sont souvent porteurs de messages culpabilisants par rapport aux aliments, notamment ceux ayant un bon goût. Parfois, nos traditions familiales le sont aussi. Il arrive, par exemple, que des parents cherchent à faire vibrer les cordes sensibles de leur enfant pour l'inciter à manger plus. Ils lui disent qu'il doit manger parce que des enfants meurent de faim, parce que tel ou tel plat a été préparé spécialement pour lui, etc. D'autres jouent un peu plus franchement la carte de la culpabilité : « Si tu manges ça, tu vas engraisser » ou « Si tu manges ça, tu vas être malade ». Ces remarques peuvent sembler anodines aux adultes, mais elles sèment dans la tête d'un enfant l'idée que la maladie ou la prise de poids est une punition venant sanctionner quelque chose de mal, dans ce cas-ci manger. Évitez donc de jouer la carte de la culpabilité pour tenter d'amener votre enfant à bien se nourrir.

Défi 10 : Suivez votre instinct

Vous savez mieux que quiconque reconnaître les besoins de votre enfant. Parfois, vous ne savez pas pourquoi, mais quelque chose vous dit que votre enfant a faim, qu'il a mal, ou qu'il est fatigué, même s'il ne parle pas. En effet, de nombreux petits gestes qu'il répète jour après jour vous permettent de ressentir intuitivement ce que ressent votre enfant. Pour le nourrir, soyez donc attentive ou attentif à ces petits gestes et laissez-vous guider par votre instinct de mère ou de père. Chaque enfant étant différent, cet instinct est aussi valable que des connaissances purement théoriques. Ne négligez pas cet outil précieux en vous laissant influencer par des conseils en matière de nutrition qui ne sont pas adaptés aux besoins de votre enfant.

Défi 11 : Faites des compromis plutôt que d'interdire certains aliments

Quand un enfant est affamé, il est normal qu'il ait envie de manger tout un paquet de biscuits. Face à une telle envie, commencez par valider ce que ressent votre enfant en reconnaissant qu'il est normal qu'il ait faim. Ensuite, trouvez un compromis qui ne nuira pas à la qualité de son alimentation. Par exemple, offrez-lui un seul biscuit et quelque chose de plus nutritif, comme des crudités, pour qu'il puisse patienter durant quelques minutes avant de se mettre à table. S'il a encore faim après le repas, il pourra prendre d'autres biscuits. Ainsi, il apprendra non seulement à faire des compromis, mais aussi à accorder de l'importance à la valeur nutritive des aliments. Et il ne développera pas un goût excessif pour les aliments moins nutritifs, ce qui pourrait être le cas s'ils lui étaient toujours refusés.

Défi 12 : Vantez les bienfaits de la nourriture plutôt que d'en souligner les méfaits

Avoir peur de manger quelque chose par crainte d'être malade, c'est considérer les aliments comme des poisons, ou comme une source de punition (la maladie). Le rapport à la nourriture fondé sur la peur est largement entretenu par les médias, et c'est le rôle des parents de neutraliser cela. Pour apprendre à votre enfant à aimer se nourrir sainement, remplacez vos remarques négatives à l'égard de certains aliments peu nutritifs par des commentaires positifs à l'égard de ceux qui le sont. Ne ménagez pas vos remarques du genre : « Qu'elles sont bonnes ces carottes ! Et en plus, elles sont pleines de vitamines ! »

Défi 13 : Évitez les catégorisations rigides

L'alimentation de votre enfant doit être vue dans son ensemble. Ce n'est pas parce qu'il mange du chocolat à l'occasion qu'il deviendra obèse, ni parce qu'il mange de la salade à chaque repas qu'il sera en bonne santé. Même le plus sain des aliments peut devenir nocif s'il est consommé en trop grande quantité ! Pour adopter un sain rapport à la nourriture, votre enfant ne doit pas avoir l'impression que s'alimenter comporte de nombreux dangers. Laissez-lui le plaisir d'intégrer à son menu tous les aliments qui le tentent, même les moins nutritifs. Ceux-ci font partie intégrante d'une saine alimentation, à condition qu'ils ne prennent pas la place des aliments plus nutritifs et qu'ils soient consommés dans les limites de la faim. L'alimentation saine est avant tout une question d'équilibre.

Défi 14 : Persévérez

Ce n'est pas nécessairement la première fois qu'on mange des brocolis qu'on les apprécie. Il est bien connu qu'il faut souvent offrir 5, 10 ou même 15 fois un aliment à un enfant avant qu'il ne veuille y goûter, ou qu'il ne l'apprécie vraiment. Ce n'est qu'en présentant à plusieurs reprises un aliment à votre enfant, parfois cuisiné différemment, que vous obtiendrez qu'il le goûte. Voyez à long terme en vous disant qu'il n'a pas à en manger tout de suite, mais qu'un jour il en mangera sûrement s'il vous voit l'apprécier et revenir à la charge sans insister.

Défi 15 : Bougez ensemble !

L'activité physique est la meilleure façon de prévenir l'obésité ou de rectifier une situation problématique de poids. Mais elle n'est pas merveilleuse seulement pour cela ! Quel que soit notre poids, nous avons tous intérêt à bouger plus, pas seulement pour aider le plus gros de la famille, mais aussi parce que c'est capital pour nous. C'est pour cela que nous avons des muscles ! Nous sommes faits pour bouger, pas pour végéter devant la télé.

Conclusion
LA FIN DE LA FAIM

J'ai décidé d'être heureux parce que c'est bon pour la santé.

VOLTAIRE

« Plus une fille de 12-13 ans est grosse, moins il y a de probabilités qu'elle ait des relations sexuelles avant 15 ans. Pour celle dont le poids est normal, la probabilité est deux fois plus élevée[1]. » Laquelle de ces adolescentes est la plus chanceuse ? Celle dont la silhouette attire les regards, ou celle dont les kilos sont un bouclier protecteur ? Lorsqu'on lit de telles statistiques, on s'imagine plus facilement le dilemme devant lequel se trouvent les jeunes filles d'aujourd'hui : plaire, et ce, très tôt, pour entrer dans la ronde de la séduction et vivre des expériences un peu trop vite à son goût, ou plaire moins et acquérir une plus grande maturité avant de passer à l'acte mais envier les plus minces. Pour une jeune ado, le choix est clair : il est bien plus *cool*, bien plus *in* de rester vierge le moins longtemps possible. Du côté des garçons, la situation est tout autre : le fait d'avoir un poids plus élevé que la moyenne n'influe nullement sur la probabilité qu'ils aient des relations sexuelles plus tôt.

Comment réagir à de telles données quand on voit sa fille approcher de l'âge de la puberté ? Il y a de quoi avoir peur, surtout ici, puisque la même étude révèle qu'au Québec nous sommes les vainqueurs des relations sexuelles précoces, avec plus de 20 % des adolescentes de 14-15 ans qui affirment avoir déjà fait l'amour, comparativement à 13 % pour la moyenne canadienne, et que les jeunes filles québécoises, avec celles du Nouveau-Brunswick, sont les plus susceptibles d'avoir des relations sexuelles non protégées à l'aide d'un préservatif[2].

Les entreprises commerciales sont en train de voler l'enfance des individus afin d'en faire des consommateurs le plus rapidement possible. L'image de la jeune femme fatale permet à celles spécialisées dans la confection de vêtements d'enrôler des adolescentes pour présenter leurs collections. Quant à celles proposant toutes sortes de régimes amaigrissants, elles offrent des solutions très tentantes à toutes les jeunes filles qui n'ont pas l'impression d'être adéquates, à un stade de leur vie où l'image est bien plus importante que n'importe quoi d'autre, y compris la virginité. Résultat : malgré l'abondance de nourriture, les filles se retrouvent très jeunes terriblement affamées. Certes, il est très difficile de se passer de manger quand la variété des produits est aussi énorme que leur quantité, mais les jeunes filles sont bien déterminées, puisque la majorité d'entre elles ne comblent pas leurs besoins alimentaires. Au début, la ronde des régimes semble inoffensive aux jeunes et aux plus vieux, qui la voient souvent comme une mode ou un état passager. Mais quand ils réalisent que ce n'est pas le cas, il est souvent trop tard. L'estime de soi en a pris un sacré coup, et le capital de santé aussi.

À toutes les femmes adultes qui viennent me consulter, qui savent à quel point avoir faim ne les a pas fait maigrir et à qui je dois annoncer qu'elles se sont fait rouler, je tire mon chapeau. Année après année, jour après jour, se faire violence pour atteindre un idéal est loin d'être une tâche facile, surtout quand il s'agit d'un idéal impossible à atteindre. Bien que le but visé n'ait pas été le bon, il n'en demeure pas moins que ce qui émane de ces femmes engraissées par l'ennemi des régimes est une bonne dose de courage et de force de caractère, qu'il ne reste qu'à convertir en détermination à s'aimer soi-même. Je mets au défi toutes les minces qui regardent de haut les plus grassettes au restaurant, mais mangent, comme moi, diététiste, plus que la plupart de mes clientes, d'essayer de faire comme elles ne serait-ce qu'une journée en ne s'autorisant à manger ce jour-là que deux ou trois portions de produits céréaliers et des légumes. Croyez-moi, vous ne souhaiterez pas que vos filles vivent cette expérience. Depuis les années 1970, les femmes croient bien faire en « faisant attention », mais se font piéger. Au nom de la santé, on leur conseille de suivre des tas de régimes. Il est grand temps que ces femmes qui ont sagement suivi ces conseils ressentent de nouveau la faim et la satiété, brûlent leur menu hypocalorique-hypoglucidique-hypolipidique et disent en substance à leur fille : « Ne te fais pas avoir comme moi ! »

Les femmes sont maintenant arrivées au bord du précipice, et toute la société les regarde pour voir si elles vont sauter pour lui faire plaisir. Alors au lieu de se jeter dans le vide, on devrait plutôt avoir la sagesse de rebrousser chemin. De choisir la vie, et non l'enfer des régimes. Cela dure depuis trop longtemps, depuis des décennies. Toute une vie au régime pour plus de 80 % des femmes et jeunes filles. Il est temps que la rivalité féminine se transforme en solidarité féminine, entre femmes de tous les poids. Il est temps que la société voit les femmes et que les femmes au régime se voient telles qu'elles sont : des femmes extraordinaires. Il est temps que tout le courage de résister à la nourriture soit utilisé pour résister aux pressions sociales. Il est temps que toute l'énergie dépensée à rejeter les aliments serve à rejeter la déformation du corps à laquelle femmes, hommes et enfants sont contraints.

Manger pour le plaisir, parce que les aliments ont un goût délicieux et une odeur alléchante, et parce qu'il est si agréable d'assouvir sa faim, savez-vous ce que c'est ? Les personnes minces ne sont pas les seules à avoir le droit de connaître ce plaisir. Nous avons tous le droit de combler ce besoin primaire qui est celui de manger et de goûter le plaisir que cela procure quand les papilles gustatives sont chatouillées, quand les aliments viennent revitaliser le corps, lui redonner toute son énergie. À tous, jeunes et moins jeunes, je souhaite ce grand « petit bonheur », trois fois par jour au moins. J'espère que ce livre leur permettra de le découvrir, les aidera à faire le grand saut vers une vie plus douce, vers la paix du corps, vers la fin de la faim.

NOTES

CHAPITRE I

1. Données extraites de l'«Enquête sociale et de santé auprès des enfants et adolescents, 1999», Institut de la statistique du Québec.
2. Informations et références publiées sur le site Internet de l'Institut national de la nutrition, tel que consulté en décembre 2004.
3. Currie et autres, «Health and Health Behaviour among Young People, Health Behaviour in School-aged Children: a WHO Cross-national Study (HSBC)», *International Report*, 2000, 132 p. (cité dans l'Enquête sociale et de santé auprès des enfants et adolescents, 1999, Institut de la statistique du Québec).
4. Brassard et Mongeau, cité dans l'«Enquête sociale et de santé auprès des enfants et adolescents, 1999», Institut de la statistique du Québec.
5. A. E. Becker et autres, *Eating Behaviours and Attitudes Following Prolonged Exposure to Television among Ethnic Fijian Adolescent Girls,* Boston, Department of Social Medicine, Harvard Medical School.
6. A. Kroke et autres, «Recent Weight Changes and Weight Cycling as Predictors of Subsequent Two Year Weight Change in a Middle-aged Cohort», *International Journal of Obesity and Relatal Metabolic Disorders,* vol. 26, n° 3, 26 mars 2002, p. 403-409; A. E. Field et G. A. Colditz, «Frequent Dieting and the Development of Obesity among Children and Adolescents», *Nutrition,* vol. 17, n° 4, avril 2001, p. 355-356.
7. S. M. Boles et P. B. Johnson, «Gender, Weight Concerns, and Adolescent Smoking», *Journal of Addictive Disorders,* vol. 20, n° 2, 2001, p. 5-14.
8. R. S. Strauss et H. M. Mir, «Smoking and Weight Loss Attempts in Overweight and Normal-weight Adolescents», *International Journal of Obesity and Relatal Metabolic Disorders,* vol. 25, n° 9, septembre 2001, p. 1381-1385.
9. N. H. Falkner et autres, «Social, Educational, and Psychological Correlates of Weight Status in Adolescents, *Obesity Research,* vol. 9, n° 1, janvier 2001, p. 32-42.
10. «Enquête de 2004 sur la santé dans les collectivités canadiennes: Nutrition» et «Enquête Santé Canada de 1978 à 1979».
11. ObÉpi – Roche, 2006, cité sur le site Internet du Bureau de la statistique française.

12. Données tirées de l'article « GAD2, un gène prometteur pour traiter l'obésité »,
    Journal du CNRS, nᵒ 177, octobre 2004.

13. Sources : Santé Québec, « Enquête Santé Québec, 1987 » ; « Enquête sociale et
    de santé, 1992-1993 et 1998 » ; Statistique Canada, « Enquête sur la santé dans
    les collectivités canadiennes, cycle 1.1 (2000-2001) et cycle 2.1 (2003) », fichier
    de partage des données québécoises.

14. Institut de la statistique du Québec.

15. Données publiées sur le site de la Société canadienne de chirurgie esthétique
    plastique, décembre 2002, cité dans la grille thématique du Réseau québécois
    d'action pour la santé des femmes, « Chirurgie esthétique… du rêve au cau-
    chemar ».

16. Données publiées sur le site de l'American Society for Aesthetic Plastic Surgery,
    mars 2003, cité dans la grille thématique du Réseau québécois d'action pour
    la santé des femmes, « Chirurgie esthétique… du rêve au cauchemar ».

CHAPITRE 2

1. Serge Zeyons, *La femme en 1900 - Les années 1900 par la carte postale,* Éditions
   Larousse, 1994, p. 80.

2. Gertrud Lehnert, *Histoire de la mode au xxᵉ siècle,* Éditions Konemann, 1999,
   p. 9.

3. *Ibid.,* p. 12.

4. *Ibid.,* p. 18-31.

5. *Ibid.,* p. 32-33.

6. *Ibid.,* p. 42-43.

7. *Ibid.,* p. 51.

8. *Ibid.,* p. 52-53.

9. Margo Maine, Body Wars, *Making Peace with Women's Bodies,* Éditions Gurze,
   2000, p. 211.

10. Gertrud Lehnert, *op. cit.,* p. 57.

11. Margo Maine, *op. cit.,* p. 210.

12. *Ibid.,* p. 213.

13. *Ibid.,* p. 214.

14. *Ibid.,* p. 282-284.

15. *Ibid.,* p. 10.

16. Bruno Remaury, *Le beau sexe faible : Les images du corps féminin entre cosmétique et
    santé,* Éditions Grasset, 2000, p. 34.

CHAPITRE 3

1. N. Marieb, *Anatomie et physiologie humaine*, Éditions ERPI, 1992, figure 25.12, p. 846.
2. *Ibid.*, p. 848.
3. Fabrice Imperiali, « Les origines de l'obésité », *Journal du CNRS*, n° 177, octobre 2004.
4. K. M. Flegal et autres, « Excess Deaths Associated with Underweight, Overweight and Obesity », *Journal of the American Medical Association*, vol. 293, n° 15, 20 avril 2005, p. 1861-1867.
5. T. R. Wessel et autres, « Relationship of Physical Fitness vs Body Mass Index with Coronary Artery Disease and Cardiovascular Events in Women », *JAMA*, vol. 292, n° 10, 8 septembre 2004, p. 1179-1187.
6. A. Tremblay et E. Doucet, « Obesity: A Disease or a Biological Adaptation? », *Obesity Reviews*, vol. 1, n° 1, 1er mai 2000, p. 27-35.
7. Santé Canada, « Lignes directrices canadiennes pour la classification du poids chez les adultes », *in* « Chronique Prévention en pratique médicale – Information aux médecins, de l'agence de la santé et des services sociaux de Montréal ».
8. Fabrice Imperiali, « Un syndrome de la modernité », *Journal du CNRS*, n° 177, octobre 2004.

CHAPITRE 4

1. Adapté de E. N. Marieb, *Anatomie et physiologie humaine*, Éditions ERPI, 1992, p. 854-861.
2. *Ibid.*, p. 788-792.
3. Wikipédia, encyclopédie sur Internet, article « Cognitive distortion », décembre 2006.

CHAPITRE 5

1. Selon un sondage maison de l'Association de Santé publique du Québec (données présentées au Colloque « Le marché de la beauté: un enjeu de santé publique » du Réseau québecois d'action pour la santé des femmes, novembre 2006).
2. J.L. Jarry, « The meaning of body image for women with eating disorders », *Canadian Journal of Psychiatry*, n° 43, 1998, p. 367-374.
3. Inspiré de Kaz Cooke, *Real Gorgeous, the truth about body and beauty*, Norton and Company, 1996, p. 220-225.

CHAPITRE 6

1. Keys et autres, *The Biology of Human Starvation*, Minneapolis, University of Minnesota Press, 1950, cité dans J. Polivy, « Psychological Consequences of Food Restriction », *Journal of American Dietetic Association*, n° 96, 1996, p. 589-592.

CHAPITRE 7

1. J. Newman et A. J. Taylor, *Experimental Child Psychology*, n° 64, 1992, p. 200-216, cité dans *Glucide-Info 2006*, publié par l'Institut canadien du sucre.
2. Histoire vécue et racontée par mon conjoint, qui a visité un petit village du nord de la Thaïlande.

CHAPITRE 8

1. Information publiée sur le site de Santé Canada, « Renseignements sur le Guide alimentaire à l'intention des éducateurs et des communicateurs – Pour manger sainement, faites place à la variété, table des nutriments-clés dans le *Guide alimentaire pour manger sainement* », consulté le 11 décembre 2006.
2. Information publiée sur le site de Santé Canada, « Renseignements sur le Guide alimentaire à l'intention des éducateurs et des communicateurs – Les glucides », consulté le 11 décembre 2006.
3. Santé Québec, *Enquête sur la nutrition 1990*, publiée en 1995.
4. D. G. Liem et autres, « Sweet Preferences and Sugar Consumption of 4- and 5-year-old Children : Role of Parents », *Appetite*, vol. 43, n° 3, décembre 2004, p. 235-245.
5. Centre des femmes de Verdun, *Guide d'animation sur l'obsession de la minceur*.

CHAPITRE 9

1. R. Casey et P. Rozin, *Appetite*, n° 12, 1989, p. 171-82, cité dans *Glucides-info 2006 – Problèmes actuels touchant les enfants*, publié par l'Institut canadien du sucre.
2. J. Pesa, « Psychosocial Factors Associated with Dieting Behaviors among Female Adolescents », *Journal of School Health*, vol. 69, n° 5, mai 1999, p. 196-201.
3. M. Miller-Day et J. D. Marks, « Perceptions of Parental Communication Orientation, Perfectionism, and Disordered Eating Behaviors of Sons and Daughters », *Health Commun*, vol. 19, n° 2, 2006, p. 153-163.
4. J. O. Fisher et L. L. Birch, « Eating in the Absence of Hunger and Overweight in Girls 5 to 7 of Age », *American Journal of Clinical Nutrition*, n° 76, 2002, p. 226-231.

5. M. S. Faith, « Parental Feeding Attitudes and Styles and Child Body Mass Index : Prospective Analysis of a Gene-environment Interaction », *Pediatrics*, vol. 114, n° 4, octobre 2004, p. 429-436.

CONCLUSION

1. Didier Garriguet, « Enquête longitudinale nationale sur les enfants et les jeunes (ELNEJ) », citée dans *Le Quotidien de Statistique Canada*, 3 mai 2005.
2. *Ibid.*

TABLE DES MATIÈRES

Achevé d'imprimer au Canada
sur papier Quebecor Enviro 100 % recyclé
sur les presses de Quebecor World Saint-Romuald

100%